Power-Sprachkurs

DEUTSCH ALS FREMDSPRACHE FÜR FORTGESCHRITTENE

Sprachkurs mit Buch und zwei CDs

von
Christine Breslauer

PONS GmbH
Stuttgart

PONS
Power-Sprachkurs
DEUTSCH ALS FREMDSPRACHE
FÜR FORTGESCHRITTENE

von
Christine Breslauer

Auf der Basis von:
ISBN 978-3-12-562763-5

Die zum Buch passende **Wortliste** mit Übersetzungen in **Englisch**, **Russisch**, **Spanisch**, **Französisch**, **Arabisch** und **Farsi** finden Sie auf **www.pons.de/power-sprachkurs**

1. Auflage 2018

www.pons.de
E-Mail: info@pons.de

Projektmanagement: Angela de Riese
Redaktion: Anke Levin-Steinmann
Logoentwurf: Erwin Poell, Heidelberg
Logoüberarbeitung: Sabine Redlin, Ludwigsburg
Titelfotos: Schwarzwälder Kirschtorte: Fotolia/Wilfried Wirth; Elbphilharmonie: Shutterstock/sunfun
Einbandgestaltung: Anne Helbich, Stuttgart
Layout: Petra Michel, Gestaltung & Typografie, Essen
Satz: Digraf.pl - dtp services
Druck und Bindung: Gebr. Geiselberger GmbH, Altötting

Printed in the EU.
ISBN: 978-3-12-562981-3

So benutzen Sie dieses Buch

Sie wollen Ihre Deutschkenntnisse weiter vertiefen und die Sprache noch besser **verstehen**, **sprechen**, **lesen** und **schreiben**. Der **Power-Sprachkurs Deutsch als Fremdsprache für Fortgeschrittene** enthält alles, was Sie dazu brauchen. Er ist unterhaltsam, motivierend und vermittelt Ihnen ein lebendiges Bild des heutigen Deutsch. Zusätzlich erfahren Sie viel Nützliches und Interessantes rund um Land, Leute und Kultur.

Wie lernen Sie mit dem Power-Sprachkurs?

Jede Lektion besteht aus acht Seiten und ist nach dem gleichen Prinzip aufgebaut.

- **Eintauchen:** Hier werden Sie auf den Dialog und die Inhalte der Lektion vorbereitet.
- **Verstehen:** Hier werden Kommunikationssituationen, Grammatik und Wortschatz präsentiert und das Hörverstehen trainiert.
- **Anwenden:** Hier wird der Stoff der Lektion systematisch erklärt und in abwechslungsreichen Übungen gefestigt.

Rückblick

Nach jeweils vier Lektionen können Sie in einer **Wiederholungseinheit** Ihre Kenntnisse überprüfen, Gelerntes auffrischen und gezielt vertiefen.

So lernen Sie am schnellsten:

- Lernen Sie regelmäßig und in kurzen Etappen. Lieber mehrmals fünfzehn Minuten in der Woche als nur einmal zwei Stunden.
- Verweilen Sie nicht zu lange bei einem Punkt. Denn Sie werden sehen: Auch wenn Sie noch nicht alles im Detail verstanden haben, lösen sich Unklarheiten von selbst, wenn Sie voranschreiten.
- Hören Sie alle Tonaufnahmen immer wieder an.

Anhang

Im Anhang finden Sie viele nützliche Lernhilfen.

- **Lösungen:** Hier finden Sie die Lösungen zu allen Übungen im Kurs.
- **Hörtexte:** Alles, was Sie auf den **CDs** hören, können Sie hier nochmals nachlesen, sofern der Text nicht direkt in der Lektion abgedruckt ist. Hier finden Sie auch eine deutsche Übersetzung zu allen Dialogen.
- **Grammatik:** In der systematischen Grammatik finden Sie schnell Antworten auf Ihre Grammatikfragen.

Folgende Icons helfen Ihnen, den Überblick zu behalten und schnell vom Übungsteil zu den passenden Zusatzmaterialien zu gelangen:

 Verweis auf die systematische Grammatik

 Hören Sie den zugehörigen Audiotext auf CD

 Interessantes über Land und Leute

 Nützliche Lern- und Sprachtipps

Wortschatz-Infos

CD 1 enthält Audio-Dateien. CD 2 ist eine MP3-CD.
Unter **www.pons.de/power-sprachkurs** finden Sie auch den gesamten Inhalt der CDs zum Download als MP3-Dateien. Außerdem finden Sie hier die zum Wortschatz des Buches passende **Wortliste mit Übersetzungen in Englisch, Russisch, Spanisch, Französisch, Arabisch und Farsi.**

Viel Spaß und Erfolg!

Ihre PONS-Redaktion

Die zum Buch passende Wortliste mit Übersetzungen in Englisch, Russisch, Spanisch, Französisch, Arabisch und Farsi finden Sie auf www.pons.de/power-sprachkurs

LEKTION 1 Das Wiedersehen

CD 1 - TR. 1

1

Was haben unsere Hauptfiguren Thomas Kowalski, seine Frau Susanne, ihre gemeinsame Tochter Lisa und seine Kolleginnen Sylvia und Aynur in den letzten Monaten gemacht? Hören Sie sich die Sätze von Ihrer CD an und schreiben Sie die Verben in die Lücken.

feierte | arbeitete | fotografierte | besuchte | beendete

1. Thomas Kowalski ____________ in der Redaktion.
2. Aynur ____________ ihr Praktikum.
3. Susanne ____________ viele Ausstellungen.
4. Sylvia Moser ____________ viel.
5. Lisa ____________ ihren siebten Geburtstag.

2

Zwei der Hauptfiguren treffen sich gleich in einem Kaufhaus. Waren Sie selbst schon einmal in einem deutschen Kaufhaus? Sehen Sie sich die Bilder an und lesen Sie die Wörter laut.

die Rolltreppe

die Kleidung

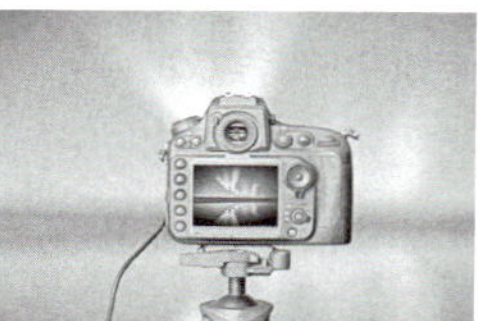
der Fotoapparat

das Heft

das Erdgeschoss

die Fotoabteilung

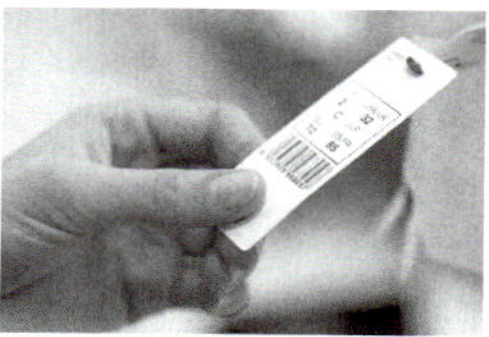
der Preis

der Stift

3

 CD 1 - TR. 2

Susanne Kowalski kauft mit ihrer Tochter Lisa in einem Kaufhaus ein. Dort treffen sie Sylvia, eine Kollegin ihres Mannes. Sie haben sich lange nicht gesehen, weil Sylvia im Ausland gearbeitet hat.

 SPRACHTIPP

Nach dem Hören können Sie den Text im Anhang auch noch einmal lesen und Ihre Antworten kontrollieren.

Susanne und Sylvia sprechen über drei Themen. Hören Sie das Gespräch und nummerieren Sie die Themen in der richtigen Reihenfolge.

____ A Einkaufen

____ B Wie es ihnen geht

____ C Freunde und Kollegen

4

 CD 1 - TR. 2

Hören Sie das Gespräch noch einmal und entscheiden Sie: Sind die folgenden Aussagen richtig oder falsch? Kreuzen Sie an.

	RICHTIG	FALSCH
1. Sylvia geht es sehr gut.	☐	☐
2. Thomas konnte nicht mitkommen, weil er arbeiten musste.	☐	☐
3. Sylvia and Aynur haben keinen Kontakt mehr.	☐	☐
4. Susanne hat schon das Goethe-Museum besucht.	☐	☐
5. Lisa braucht neue Spielsachen.	☐	☐
6. Sylvia möchte einen Fotoapparat kaufen.	☐	☐
7. Susanne lädt Sylvia zum Abendessen ein.	☐	☐

5

CD 1 - TR. 2

Was kann man sagen, wenn man sich lange nicht gesehen hat? Ergänzen Sie die Sätze aus dem Dialog.

geht · Grüß · nicht wieder einmal · Zufall · Kontakt · lange nicht

1. Hast du noch ______ zu Aynur?
2. Sag mal, möchtest du ______ zum Abendessen kommen?
3. Hallo, Sylvia! So ein ______!
4. Wir haben uns ja ______ gesehen.
5. ______ Aynur von mir!
6. Wie ______ es euch?

6

Die Aussprache von **s**, **ss** und **ß**

(1) Stimmhaftes s [z] (wie das Summen einer Biene) spricht man am Anfang eines Wortes und einer Silbe.
Hören Sie die Beispiele und sprechen Sie nach.

CD 1 - TR. 3

ge**s**ehen - Mu**s**eum - **S**u**s**anne

(2) Stimmloses s [s] (wie das Zischen einer Schlange) spricht man am Ende eines Wortes oder einer Silbe und bei **ss** und **ß**.

Beachten Sie, dass der Vokal vor **ss** kurz gesprochen und vor **ß** lang gesprochen wird. Hören Sie die Beispiele und sprechen Sie nach.

CD 1 - TR. 4

Kaufhau**s** - Erdgescho**ss** - genie**ß**en

7

Wenn Sie jemanden treffen, den Sie lange nicht gesehen haben, können Sie die folgenden Ausdrücke verwenden.

1. So ein Zufall!
2. So eine angenehme Überraschung!
3. Lange nicht gesehen!
4. Wir haben uns ja eine Ewigkeit nicht gesehen.
5. Wie geht's denn so?
6. Erinnern Sie sich / Erinnerst du dich noch an mich?
7. Haben Sie / Hast du noch Kontakt zu Rita?
8. Grüßen Sie / Grüß Frau Kolb von mir.
9. Wir müssen uns unbedingt mal wieder treffen.

CD 1 - TR. 5

Hören Sie Track 5 auf Ihrer CD. Welche der Sätze 1 bis 9 hören Sie? Notieren Sie die Nummern.
Sätze ___ ___ ___

8

Was können Sie fragen und antworten, wenn Sie einen alten Freund wieder treffen? Lesen Sie die Sätze 1 bis 6 und ordnen Sie die Reaktionen zu. Wiederholen Sie die Sätze laut!

1. Haben Sie noch Kontakt zu Herrn Müller?
2. Wie geht's denn so?
3. Hast du noch Urlaub?
4. Wann fängt dein Praktikum an?
5. Erinnerst du dich noch an Maria?
6. Wir müssen uns unbedingt mal wieder treffen.

___ A Ganz prima. Und selbst?
___ B Am nächsten Montag.
___ C Ja, klar. Ich treffe sie regelmäßig.
___ D Ja, sehr gern. Ruf mich an!
___ E Nein, ich habe ihn sehr lange nicht gesehen.
___ F Nein, ich arbeite schon wieder.

Nützliche Ausdrücke zum Thema Urlaub:
Ich bin im Urlaub.
Ich fahre in Urlaub.

9

In einem Kaufhaus gibt es viele **Waren** (Produkte) und **Abteilungen**. Abteilungen sind zum Beispiel:
Spielwaren, Haushaltswaren, Sportartikel, Schuhe, Damenbekleidung, Herrenbekleidung, Schmuck, Kosmetik, Zeitschriften, Fernseher und Computer.

Wo bekommen Sie diese Waren? Schreiben Sie die Abteilung in die Lücke.

1. Hefte, Stifte und Papier: ______________
2. Jacken für Kinder: ______________
3. Taschen aus Leder: ______________

Lederwaren
Kinderbekleidung
Schreibwaren

10

SPRACHTIPP
Die Wörter **der Stock**, **das Stockwerk** und **die Etage** sind synonym. Das Wort **Etage** kommt aus dem Französischen und man spricht das **g** wie ein stimmhaftes **sch**.

Sie sind Kunde in einem Kaufhaus und suchen ein bestimmtes Produkt. Dann können Sie einfach fragen:
- Entschuldigung, wo bekomme ich ... ?
Mögliche Antworten:
- Im Erdgeschoss / In der ersten Etage / Im zweiten Stock.
- Nehmen Sie die Rolltreppe nach oben / nach unten.
- Fahren Sie mit dem Aufzug eine Etage höher / tiefer.
- Fahren Sie in die erste Etage / in den zweiten Stock.
Manchmal fragt eine Verkäuferin oder ein Verkäufer:
- Kann ich Ihnen helfen?
Wenn Sie keine Hilfe brauchen, können Sie antworten:
- Nein danke, ich sehe / schaue mich nur um.

CD 1 - TR. 6

Wo finde ich ...? Hören Sie drei kurze Dialoge und schreiben Sie den richtigen Ort in die Lücke. Vorsicht: Zwei Orte passen nicht!

1. ______________
2. ______________
3. ______________

2. Etage
Spielwaren
1. Stock
oben
Erdgeschoss

11

Substantive verbinden: Der **Genitiv**

Der Genitiv beschreibt das vorangehende Substantiv. Lesen Sie die drei Beispiele aus dem Hauptdialog:

die Ausstellung ← **des Museums**
die Batterie ← **meines Fotoapparates/Fotoapparats**
am Ende ← **der Rolltreppe**

Vergleichen Sie die Formen von Nominativ und Genitiv:

	Nominativ	Genitiv
Maskulin	der/ein Mann	**des/eines** Mann**es**
Neutrum	das/ein Museum	**des/eines** Museum**s**
Feminin	die/eine Frau	**der/einer** Frau
Plural	die/ - Eltern	**der**/ - Eltern

Was ist anders? Ergänzen Sie jetzt die Regeln:

1. Maskuline und neutrale Substantive bekommen die Endung **-es** oder ___.
2. Der bestimmte Genitivartikel ist **des** für maskuline und neutrale Substantive sowie ___ für feminine Substantive und den Plural.
3. Der unbestimmte Genitivartikel ist ___ und ___.
4. Die Endungen von **mein**, **dein**, ... sind wie die von **ein**: die Schwester mein___ Frau.

12

Schreiben Sie die Genitivform in die Lücke.

1. die Kollegin *(eine Freundin)*:
   die Kollegin ______________
2. der Preis *(die Hefte)*:
   der Preis ______________
3. der Bruder *(mein Vater)*:
   der Bruder ______________.

13

SPRACHTIPP

Eigennamen erhalten die Genitivendung **-s** und stehen normalerweise vor dem Substantiv: Karl**s** Tochter, Lisa**s** Stifte. Das Substantiv steht dann ohne Artikel!

Welcher Genitiv passt zu welchem Substantiv? Verbinden Sie die Wörter.

1. Sylvias	___	**A**	der Kaufhäuser
2. die Batterie	___	**B**	Tasche
3. das Kaufhaus	___	**C**	eines Fotoapparats
4. die Waren	___	**D**	meines Kindes
5. die Kleidung	___	**E**	der Stadt

14

 11

Das **Präteritum** der regelmäßigen Verben und der Modalverben ist nicht schwer:

	erzählen	**können**	
ich	erzähl**te**	konn**te**	**-te**
du	erzähl**test**	konn**test**	**-test**
er/sie/es	erzähl**te**	konn**te**	**-te**
wir	erzähl**ten**	konn**ten**	**-ten**
ihr	erzähl**tet**	konn**tet**	**-tet**
sie/Sie	erzähl**ten**	konn**ten**	**-ten**

Bei Verben mit einem Infinitivstamm auf **-t** oder **-d** (arbeit-, beend-) steht ein **e** vor der Präteritumsendung: ich arbeit**ete**, ich beend**ete**.
Die Modalverben haben im Präteritum keinen Umlaut: ich **konnte**, du **musstest**, wir **durften**.
Das Modalverb **mögen** ändert seinen Stamm: ich **mochte**, du **mochtest**, …

Schreiben Sie das **Präteritum** der angegebenen Verben in die Lücken.

1. Er ________________ nichts. *(sagen)*

2. Meine Eltern ________________ mich gestern. *(besuchen)*

3. Warum ________________ ihr nicht mitkommen? *(dürfen)*

15

In der folgenden Erzählung fehlen die Verben. Ergänzen Sie den Text im **Präteritum** mit den unten angegebenen Verben. Achten Sie auf die Endungen.

kaufen wollen sein machen warten besuchen

Gestern ________________ (1) ich einen Spaziergang in der Stadt. Ich war auch in einem Kaufhaus. Dort ________________ (2) ich Batterien für meinen Fotoapparat besorgen. Dann ________________ (3) ich noch eine Zeitschrift und ________________ (4) ein Café. Dort ________________ (5) schon meine Freunde und wir hatten viel Spaß. Es ________________ (6) ein schöner Tag!

SPRACHTIPP

Erinnern Sie sich? Die Präteritumsformen von **sein** (ich war, du warst, er war…) und **haben** (ich hatte, du hattest, er hatte, …) sind unregelmäßig.

16

26

Keine Angst vor langen Wörtern wie **Spielwarenabteilung**.
In der deutschen Sprache gibt es sehr viele lange Wörter, die aus zwei, drei oder sogar mehr Einzelwörtern bestehen. Die zusammengesetzten Wörter sind leichter zu verstehen, wenn man die einzelnen Wörter trennt: **Spiel** + **Waren** + **Abteilung**.
Das letzte Substantiv in dem zusammengesetzten Wort bestimmt den Artikel, also: **die Abteilung** → **die Spielwarenabteilung**.

LEKTION 2 Kleidung und Mode

1

Es wird Herbst. Zeit für neue Kleidung! Sehen Sie sich die **Mode für den Herbst** an und lesen Sie die Wörter laut.

der Mantel

der Schal

die Handschuhe

das Hemd

der Pullover

der Anorak

die Jeans

der Rock

2

Beschreiben Sie die Kleidung. Was tragen die Frau, der Mann und das Kind im Herbst? Ergänzen Sie die Sätze mit den Wörtern in Klammern.

WORTSCHATZ

dunkel ⟷ hell
gemustert = mit einem Muster, z.B. Blumen

1. Die Frau: Sie trägt einen gemusterten Pullover und einen ______ Rock. Der Pullover ist aus ______ und man muss ihn ______ waschen. *(Wolle / dunklen / mit der Hand)*
2. Der Mann: Seine Kleidung ist elegant. Das ______ Hemd und der leichte ______ stehen ihm ______. *(sehr gut / Mantel / weiße)*
3. Das Kind: Es trägt eine Jeans und einen ______ Anorak. Aber ich finde, die ______ passt ihm nicht. Sie ist ______. *(Hose / hellen / zu klein)*

3

CD 1 - TR. 7

Susanne und ihre Tochter Lisa befinden sich in einem großen Kaufhaus und suchen nach Kleidung. Eine Verkäuferin hilft ihnen. Hören Sie das Gespräch ein erstes Mal.

Welcher Titel passt zu dem Gespräch? Kreuzen Sie an.

1. ☐ Neue Kleidung für Lisa
2. ☐ Keine schöne Kleidung gefunden

4

WORTSCHATZ

Eine **Lieblingshose** ist eine Hose, die man besonders gern und oft trägt. Sie können **Lieblings-** mit vielen anderen Wörtern verbinden, z.B. **Lieblingspullover**, **Lieblingsfarbe** usw.

Jetzt wissen Sie, welche Kleidung Lisa gefällt und welche nicht. Ergänzen Sie die Sätze und schreiben Sie die Wörter in die Lücken.

Pullover   Sweatshirt   karierte   hellblauen   weich

1. Lisa gefällt die ____________ Hose.
2. Sie findet den roten ____________ nicht schön.
3. Sie mag lieber den ____________ Pullover.
4. Der hellblaue Pullover ist so schön ____________.
5. Sie möchte kein ____________.

kariert

WORTSCHATZ

Wenn Ihnen jemand **vielen Dank** für einen Hinweis oder Ihre Hilfe sagt, können Sie antworten: **Gern geschehen!**

CD 1 - TR. 7

5

Was antworten Susanne, Lisa oder die Verkäuferin? Hören Sie das Gespräch noch einmal und kreuzen Sie die richtige Antwort an.

1. Kann ich Ihnen helfen?
- ☐ **A** Nein, danke.
- ☐ **B** Ich schaue mich nur um.
- ☐ **C** Wir suchen eine Hose.

2. Was für eine Hose soll es sein?
- ☐ **A** Ich möchte keine Hose.
- ☐ **B** Vielleicht eine Jeans.
- ☐ **C** Wir kommen mit.

3. Soll es eine bestimmte Farbe sein?
- ☐ **A** Ja, grün.
- ☐ **B** Eigentlich nicht.
- ☐ **C** Eine rote Hose, bitte.

4. Wo sind die Umkleidekabinen?
- ☐ **A** Ja, ich probiere sie an.
- ☐ **B** Dort hinten.
- ☐ **C** Nein, ich mag lieber den hellblauen.

5. Ist die Hose groß genug?
- ☐ **A** Ja, ich denke schon.
- ☐ **B** Nein, sie passt mir nicht.
- ☐ **C** Nein, sie ist zu klein.

6. Aus welchem Material ist der Pullover?
- ☐ **A** Es ist ein schöner Pullover.
- ☐ **B** Ich mag diesen Pullover.
- ☐ **C** Er ist aus Wolle.

6

Kennen Sie diese Situation? Sie probieren ein neues Kleidungsstück an und sind unsicher. Dann können Sie fragen:

- **Wie finden Sie / findest du die Hose?**
- **Wie gefällt Ihnen / dir diese Farbe?**
- **Steht mir dieses Kleid?**

Positive Reaktionen können sein:

- **Der Rock steht Ihnen / dir ausgezeichnet.**
- **Das ist sehr schick / modern / modisch / in Mode!**
- **Die Hose passt hervorragend zu der roten Bluse.**

Negative Reaktionen können sein:

- **Der Mantel passt nicht. Er ist nicht groß genug.**
- **Diese Stiefel gefallen mir nicht.**
- **Der Pullover steht Ihnen / dir nicht so gut.**

SPRACHTIPP

1. Das Verb **passen** bezieht sich bei Kleidungsstücken auf die richtige Größe.
2. Der Ausdruck **passen + zu** (mit Dativ) bedeutet, dass zwei Kleidungsstücke, zwei Farben usw. miteinander harmonieren.
3. Das Adjektiv **schick** bedeutet „modisch und elegant".
4. Der Ausdruck **etwas steht jemandem** + Adjektiv oder + „nicht" bedeutet, dass ein Kleidungsstück an einer Person gut oder nicht gut aussieht.

Hören Sie drei Reaktionen auf Ihrer CD. Sind sie positiv oder negativ?

1. CD 1 - TR. 8 ☐ positiv ☐ negativ
2. CD 1 - TR. 9 ☐ positiv ☐ negativ
3. CD 1 - TR. 10 ☐ positiv ☐ negativ

7

Mit den folgenden Wörtern können Sie Kleidung beschreiben:

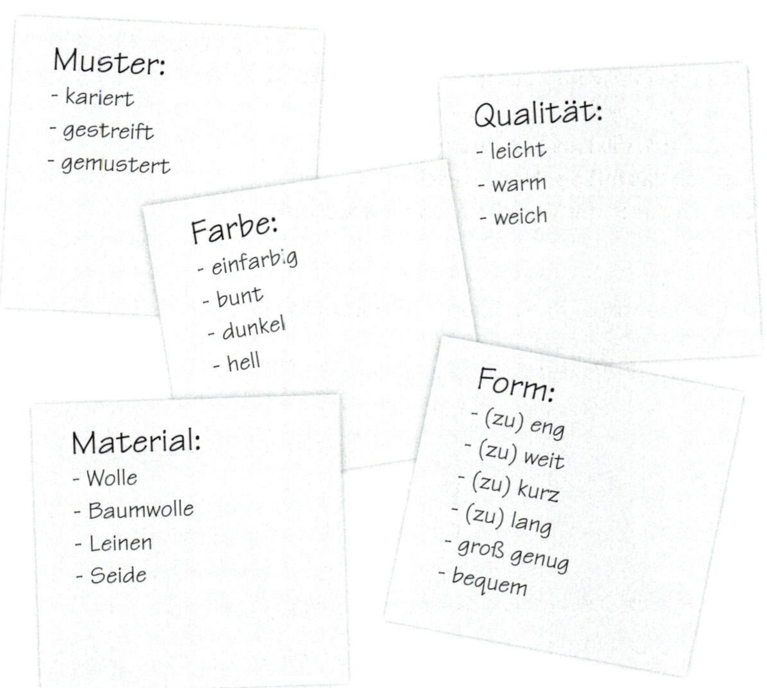

Lesen Sie die Sätze und schreiben Sie die Wörter in die Lücken.

Leinen	dunkel	gestreift	klein

1. Die Hose ist nicht groß genug, sie ist zu ____________.

2. Die Farbe des Hemdes ist sehr ____________.

3. Die Bluse ist aus ____________ .

4. Der Schal ist ____________, nicht kariert.

8

Sie möchten Kleidung kaufen und brauchen Hilfe. Dann können Sie die Verkäuferin oder den Verkäufer fragen:

- **Gibt es das auch in meiner Größe / in einer anderen Größe?**
- **Gibt es den Pullover auch in Rot / in anderen Farben?**
- **Können Sie mir Mäntel für Kinder zeigen?**
- **Wo kann ich die Hose anprobieren?**
- **Muss ich das mit der Hand waschen?**
- **Kann ich das in der Waschmaschine waschen**?

SPRACHTIPP

Farbadjektive schreibt man klein, Farben als Substantive groß: **rot – das Rot**.

9

Lesen Sie die Fragen und ordnen Sie die passenden Antworten zu.

1. Welche Größe tragen Sie?
2. Gibt es die Jacke auch in meiner Größe?
3. Welcher Pullover gefällt Ihnen?
4. Was für einen Mantel suchen Sie?
5. Wo kann ich das anprobieren?
6. Steht mir diese Farbe?
7. Passt Ihnen die Hose?
8. Aus welchem Material ist das?

___ A Ja, sie ist sehr bequem.
___ B Rot steht Ihnen hervorragend.
___ C Die Umkleidekabinen sind dort.
___ D Aus Baumwolle.
___ E Ich trage Größe 38.
___ F Der blaue.
___ G Nein, leider nicht. Wir haben nur noch diese Größe.
___ H Einen kurzen Mantel aus Baumwolle.

SPRACHTIPP

Größe 38 tragen Frauen mit einer schlanken Figur. Eine 38 in Deutschland entspricht ungefähr einer 40 in Frankreich, einer 10 in Großbritannien oder einer 8 in den USA.

 4

 SPRACHTIPP

Sie müssen nur die Adjektivendungen für den Nominativ und den Akkusativ lernen. Im Dativ und im Genitiv ist die Endung immer **-en**.

10

Der Rock ist rot. — Adjektiv ohne Endung
Der rote Rock gefällt mir. — Vor einem Substantiv: Adjektiv mit Endung

Regel: Der Artikel bestimmt die Endung des Adjektivs.

1. Bestimmter Artikel:

Nom.	der grün**e** Rock	die blau**e** Hose	das rot**e** Kleid
Akk.	den grün**en** Rock	die blau**e** Hose	das rot**e** Kleid
Dat.	dem grün**en** Rock	der blau**en** Hose	dem rot**en** Kleid
Gen.	des grün**en** Rockes	der blau**en** Hose	des rot**en** Kleides

Die Endung im Plural ist immer **-en**: die grün**en** Röcke, mit den rot**en** Kleidern.

2. Unbestimmter Artikel:

Nom.	ein grün**er** Rock	eine blau**e** Hose	ein rot**es** Kleid
Akk.	einen grün**en** Rock	eine blau**e** Hose	ein rot**es** Kleid
Dat.	einem grün**en** Rock	einer blau**en** Hose	einem rot**en** Kleid
Gen.	eines grün**en** Rockes	einer blau**en** Hose	eines rot**en** Kleides

11

Ergänzen Sie die Endungen.

1. Ich suche ein bunt_____ Hemd.
2. Die Bluse passt gut zu der rot_____ Hose.
3. Schau mal, er trägt einen grün_____ Hut.
4. Wie findest du die blau_____ Bluse?
5. Suchen Sie eine bestimmt_____ Farbe?
6. Die Farbe des lang_____ Kleides gefällt mir.

12

Vergleichen Sie:

 6

Welcher Rock gefällt dir? - Der rote Rock.
Fragewort **welche/r/s** → Antwort: bestimmter Artikel
Was für einen Rock suchen Sie? - Einen kurzen Rock.
Fragewort **was für ein/e** → Antwort: unbestimmter Artikel

SPRACHTIPP

Wenn Sie auf Fragen antworten, die mit **welch-** oder **was für ein** beginnen, müssen Sie das Substantiv nicht wiederholen, z.B. **Was für einen Rock suchst du? - Einen roten.**

Das Fragewort **welch-** hat die gleichen Endungen wie der bestimmte Artikel *der*, *die*, *das*: **welcher**, **welche**, **welches** usw.
In **was für ein**- ändert sich nur **ein**.

Schreiben Sie das fehlende Wort in die Lücke. Achten Sie auf die richtige Endung.

1. ________ Kleid gefällt dir? - Mir gefällt das grüne Kleid.
2. Was für ________ Hose nimmst du? - Ich nehme eine Jeans.
3. ________ Pullover ziehst du an? - Den hellblauen.

13

Ergänzen Sie die Fragen mit dem richtigen Fragewort. Die Antworten helfen Ihnen, die Lösung zu finden.

SPRACHTIPP

Einige Farbadjektive, z.B. **lila**, **rosa**, erhalten keine Endung: mit **einem rosa Hemd, das lila T-Shirt**.

1. ________ Bluse trägt sie? - Eine gestreifte.
   (Was für / Was für eine / Welche)
2. ________ Kostüm gefällt dir? - Das blaue.
   (Welches / Was für eines / Welchem)
3. ________ T-Shirt passt das? - Zu dem gelben.
   (Was für ein / Zu welchem / Welcher)
4. ________ Rock suchst du? - Einen lila Rock.
   (Welches / Welche / Was für einen)
5. ________ Stiefel nimmst du? - Die braunen.
   (Welche / Was für einen / Welches Stiefel)
6. ________ Kleid ist das? - Ein Kleid aus Seide.
   (Welches / Was für ein / Aus welchem)

LEKTION 3 Wie geht es Ihnen?

1

Diese Lektion beginnt in einer Arztpraxis. Sehen Sie sich die Fotos an und lesen Sie, was die Personen sagen oder fragen.

Eine Arzthelferin kommt ins Wartezimmer und sagt: **Der Nächste, bitte.**

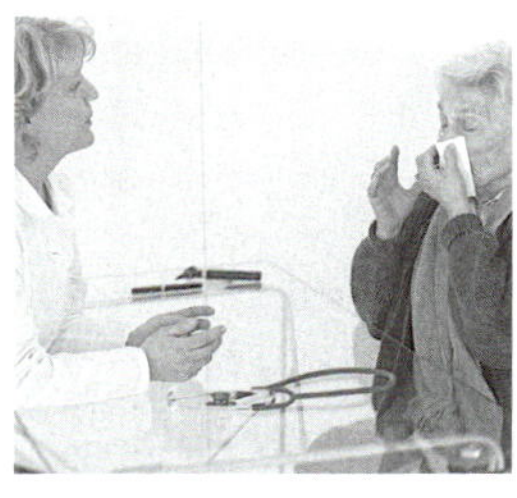

Was fehlt Ihnen denn? –
Ich habe eine schwere Grippe.

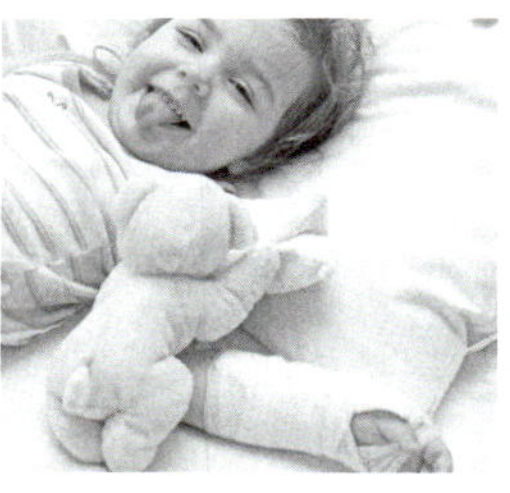

Tut dein Arm sehr weh? –
Nein, es ist nicht so schlimm.

2

Die folgenden Wörter kommen im Hauptdialog vor. Ordnen Sie die richtigen Beispielsätze zu. Versuchen Sie, die Wörter auswendig zu lernen.

1. die Gesundheit
2. sich fühlen
3. immer wenn
4. die Sprechstunde
5. untersuchen
6. die Sorge
7. als

___ A Immer wenn ich Alkohol trinke, geht es mir schlecht.

___ B Der Arzt untersuchte mich sehr genau.

___ C Keine Sorge! Es geht mir gut.

___ D Als ich krank war, musste ich im Bett bleiben.

___ E Die Gesundheit kommt zuerst.

___ F Dr. Willner hat bis 18 Uhr Sprechstunde.

___ G Ich fühle mich nicht sehr gut.

3

In der Redaktion: Thomas Kowalski hat viel Arbeit. Er fühlt sich aber nicht sehr gut. Seine Sekretärin, Martina Schmidt, sorgt sich um seine Gesundheit und gibt ihm Ratschläge.
Hören Sie den Dialog und bringen Sie die Bilder in die richtige Reihenfolge.

1

2

3

Richtige Reihenfolge: ___ ___ ___

4

CD 1 - TR. 11

Hören Sie das Gespräch noch einmal und entscheiden Sie: Sind die folgenden Aussagen richtig oder falsch? Kreuzen Sie an.

	richtig	falsch
1. Thomas fühlt sich schlecht.	☐	☐
2. Frau Schmidt hat eine schwere Grippe.	☐	☐
3. Thomas hat Kopfschmerzen.	☐	☐
4. Thomas geht nicht gern zum Arzt.	☐	☐
5. Frau Schmidt meint, dass die Gesundheit nicht sehr wichtig ist.	☐	☐
6. Frau Schmidt musste ins Krankenhaus.	☐	☐
7. Dr. Willner hat heute keine Sprechstunde.	☐	☐

5

Nützliche Wörter für Ihren nächsten Arztbesuch. Lesen Sie die Wörter und ordnen Sie sie den Bildern zu.

A die Allergie **B** die Medikamente **C** die Versichertenkarte
D die Nackenschmerzen **E** das Fieber **F** die Sprechstunde
G der Patient **H** die Verletzung

1 ______ 2 ______ 3 ______ 4 ______

5 ______ 6 ______ 7 ______ 8 ______

6

Im Hauptdialog liest Frau Schmidt einen Brief vor, in dem unregelmäßige Verben im Präteritum vorkommen. Lesen Sie den Brief, um die Bedeutung der Verben zu verstehen.
Schreiben Sie den Infinitiv in die Lücken.

1. ich bekam - ______
2. er brachte - ______
3. ich blieb - ______
4. es war - ______
5. ich kam - ______
6. es ging - ______

Liebe Martina,

stell dir vor, ich musste ins Krankenhaus. Das ist passiert: Während ich im Büro am Computer arbeitete, bekam ich auf einmal hohes Fieber und starke Schmerzen. Ein Kollege brachte mich sofort ins Krankenhaus. Dort blieb ich drei Tage und man untersuchte mich gründlich. Keine Sorge, es war nicht sehr ernst. Nur eine Grippe. Als ich endlich nach Hause kam, ging es mir schon viel besser. Bist du schon aus dem Urlaub zurück?
Ich rufe dich an.

Deine Anni

7

Wie heißen die Körperteile? Schreiben Sie den Singular in die Lücke. Versuchen Sie es zuerst ohne Hilfe.

1. die ____________

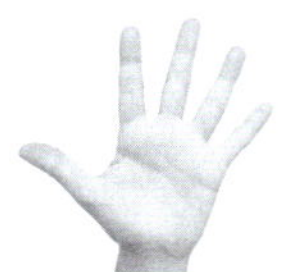

die Hände

2. das ____________

die Beine

3. der ____________

die Füße

4. der ____________

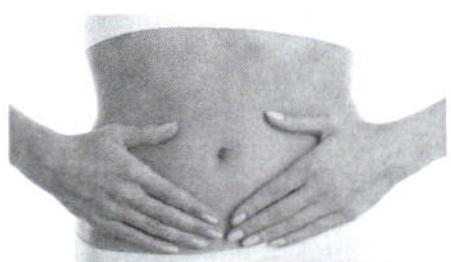

die Bäuche

5. die ____________

die Schultern

6. der ____________

die Köpfe

7. das ____________

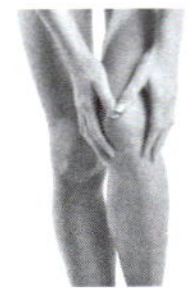

die Knie

8. der ____________

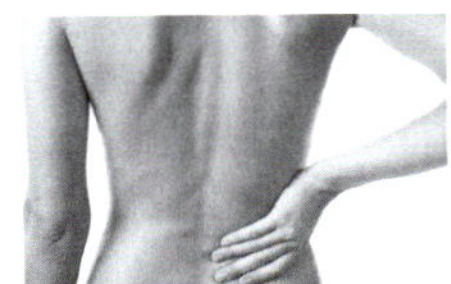

die Rücken

9. die ____________

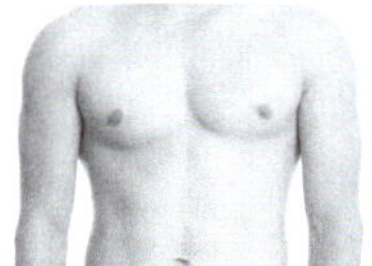

die Brüste

Mit Hilfe:

Hand Kopf Fuß Brust Bauch Knie Schulter Rücken Bein

8

26

Wenn man über Krankheiten oder Verletzungen spricht, kann man ganz einfach neue Wörter bilden, und zwar:
Körperteil + das Wort **Schmerzen**
Körperteil + das Wort **Verletzung**

Beispiele: **Kopfschmerzen**, **Halsschmerzen**, **Kopfverletzung** usw.
Das Wort **der Schmerz** wird meistens nur im Plural verwendet.

SPRACHTIPP

Beachten Sie den Gebrauch der Präpositionen **an** und **in**: **sich verletzen an** / **eine Verletzung an** + Körperteil, aber **Schmerzen in** + Körperteil.

CD 1 - TR. 12

9

Auf die Frage **Wie geht es dir?** können Sie antworten:
- **Ich fühle mich schlecht / schwach / müde.**
- **Ich bin (stark) erkältet.**
- **Ich habe mich am Fuß verletzt und kann mich kaum bewegen.**
- **Mein rechter / linker Arm schmerzt / tut weh / ist gebrochen.**
- **Ich habe Schmerzen in der Brust / im Finger.**

Peter ist krank. Hören Sie, was ihm fehlt und kreuzen Sie die richtige Antwort an.

☐ **A** verletzt ☐ **B** Arm gebrochen ☐ **C** erkältet

SPRACHTIPP

Beachten Sie: Vor vielen Krankheiten steht kein Artikel: **Er hat Schnupfen.**
Um Krankheiten genauer zu beschreiben, verwendet man die Adjektive **leicht**, **stark**, **schlimm** und **schwer**. Bei Fieber sagt man auch **hoch**: **Er hat hohes Fieber.**

10

Welche gesundheitlichen Probleme (**Beschwerden**) gibt es noch? Hier sind einige Beispiele.
- **eine Erkältung, (eine) Grippe**
- **Fieber, Schnupfen, Husten**
- **eine Allergie gegen ...** (+ Akkusativ)
- **Halsschmerzen, Rückenschmerzen, Kopfschmerzen**

Schreiben Sie die fehlenden Wörter in die Lücken.

starke Husten Erkältung

1. Ich habe ________________ und Schnupfen.
2. Er hat ________________ Nackenschmerzen.
3. Sie hat eine leichte ________________.

11

Sie möchten einen Termin beim Arzt vereinbaren. Lesen Sie die Sätze und entscheiden Sie, welche Reaktion passt.

1. Wann haben Sie heute Sprechstunde?
   - ☐ A Nein, heute geht es nicht.
   - ☐ B Von 12.30 bis 18.00 Uhr.
2. Ich hätte gern einen Termin (bei Herrn Doktor Willner).
   - ☐ A Das Wartezimmer ist voll.
   - ☐ B Wann möchten Sie kommen?
3. Kann ich heute noch vorbeikommen?
   - ☐ A Ja, bis 18.00 Uhr. Bitte bringen Sie Ihre Versichertenkarte mit.
   - ☐ B Ja, die Gesundheit kommt zuerst.

SPRACHTIPP

Das Wort **Arzt/Ärztin** bezeichnet den Beruf. **Doktor** ist die informelle Variante (*Achtung*: Er/Sie ist **Arzt/Ärztin** von Beruf, *nicht*: Doktor!) und wird bei der direkten Anrede verwendet: **Herr Doktor / Frau Doktor**.

12

Ein Patient kommt mit Hals- und Brustschmerzen in die Sprechstunde. Zuerst fragt der Arzt:

- **Welche Beschwerden haben Sie?**
- **Was fehlt Ihnen (denn)?**

Dann untersucht er den Patienten und bittet:

- **Machen Sie bitte den Oberkörper frei! / Machen Sie sich bitte frei!**
- **Öffnen Sie bitte den Mund!**

Und nach der Untersuchung sagt er:

- **Ich verschreibe Ihnen etwas / Tabletten / eine Salbe gegen ...**
- **Hier ist Ihr Rezept.**
- **Nehmen Sie das Medikament dreimal täglich ein!**
- **Gute Besserung!**

WORTSCHATZ

Sich freimachen ist Arztsprache und bedeutet **sich ausziehen**.

13

 11

Sie kennen bereits das Präteritum einiger unregelmäßiger Verben. Hier ist das Paradigma für **gehen** und **kommen**:

ich	ging	kam	-
du	ging**st**	kam**st**	**-st**
er/sie/es	ging	kam	-
wir	ging**en**	kam**en**	**-en**
ihr	ging**t**	kam**t**	**-t**
sie/Sie	ging**en**	kam**en**	**-en**

Bildung: Der Stamm ändert sich (**gehen** → **ging**, **kommen** → **kam**).
Die 1. und 3. Person Singular haben keine Endung.

SPRACHTIPP
bekommen → **bekam**
fahren → **fuhr**
finden → **fand**
geben → **gab**
heißen → **hieß**
helfen → **half**
nehmen → **nahm**
schreiben → **schrieb**
sein → **war**
treffen → **traf**
trinken → **trank**
tun → **tat**

Ergänzen Sie den folgenden Bericht mit den Verben im Präteritum. Lesen Sie den Text laut. So merken Sie sich die unregelmäßigen Formen besser.

bekam fuhr kam ging trank gab nahm halfen

Sie ________ (1) zu viel Kaffee und ________ (2) starke Bauchschmerzen. Dann ________ (3) sie mit dem Auto zum Arzt. Er untersuchte sie und ________ (4) ihr ein Rezept für Tabletten gegen die Schmerzen. Als sie nach Hause ________ (5), ________ (6) sie zwei Tabletten. Sie ________ (7) sofort und es ________ (8) ihr endlich besser.

14

Lesen Sie die Sätze. Schreiben Sie die Verben im **Präteritum**.

1. Ich schreibe einen Brief. ________
2. Ihr seid verletzt. ________
3. Wir fahren oft nach Berlin. ________
4. Er trifft dort immer seine Freunde. ________
5. Meine Großmutter heißt Frieda. ________
6. Wie finden Sie die Ausstellung? ________
7. Mein Arm tut sehr weh. ________

° 15

Die Konjunktionen **als**, **wenn** und **während** leiten einen Nebensatz ein. Lesen Sie die Beispiele.

(1) **Als ich nach Hause kam, rief Tina an.**
als → Der Zeitpunkt liegt in der Vergangenheit; es passiert nur einmal.

(2) **Wenn er arbeitet (arbeitete), hört (hörte) er Musik.**
wenn → Der Zeitpunkt liegt in der Gegenwart oder in der Vergangenheit; Unterschied zu **als**: Die Handlungen kommen in der Vergangenheit mehrmalig vor („immer wenn").

(3) **Während ich im Urlaub bin (war), lese (las) ich keine E-Mails.**
während → Die Handlungen im Neben- und im Hauptsatz passieren gleichzeitig.

Welche Konjunktion passt? Ergänzen Sie **als**, **wenn** oder **während**.

1. ________ ich Schmerzen habe, gehe ich zum Arzt.
2. ________ er den Brief bekam, war er nicht zu Hause.

20, 23

SPRACHTIPP

Wortstellung: 1. Im Nebensatz steht das konjugierte Verb am Ende. 2. Der Hauptsatz beginnt mit dem konjugierten Verb, wenn er nach dem Nebensatz steht. 3. Der Nebensatz kann auch nach dem Hauptsatz stehen: **Thomas fühlte sich schlecht, als / wenn / während ...**

° 16

Welche Haupt- und Nebensätze passen zusammen?

1. **Als** ich Thomas gestern besuchen wollte,
2. **Als** ich eine Allergie gegen Katzenhaare bekam,
3. Lisa spielte mit ihrer Freundin,
4. **Wenn** er ins Büro kommt,
5. Ich trinke immer viel Tee,
6. **Während** sie im Wartezimmer saßen,

___ A **während** Susanne das Abendessen zubereitete.
___ B hatte er keine Zeit.
___ C **wenn** ich krank bin.
___ D liest er zuerst seine Briefe.
___ E hatten sie Zeit für ein Gespräch.
___ F verschrieb mir meine Ärztin eine gute Salbe.

SPRACHTIPP

Zu schwer? Drei Tipps: 1. Lesen Sie alle Sätze sorgfältig. 2. Was bedeutet die Konjunktion? 3. Achten Sie auf die Wortstellung.

LEKTION 4 Zeit für Entspannung

WORTSCHATZ

das Auge - die Augen
der Bart - die Bärte
der Fingernagel - die Fingernägel
das Gesicht - die Gesichter
das Haar - die Haare
die Lippe - die Lippen
die Nase - die Nasen
das Ohr - die Ohren
der Zahn - die Zähne

1

Aus Lektion 3 kennen Sie bereits viele Körperteile. Doch was ist mit Gesicht, Haaren und Fingernägeln? Schreiben Sie die passenden Wörter im Singular oder im Plural unter die Bilder – so, wie Sie es sehen.

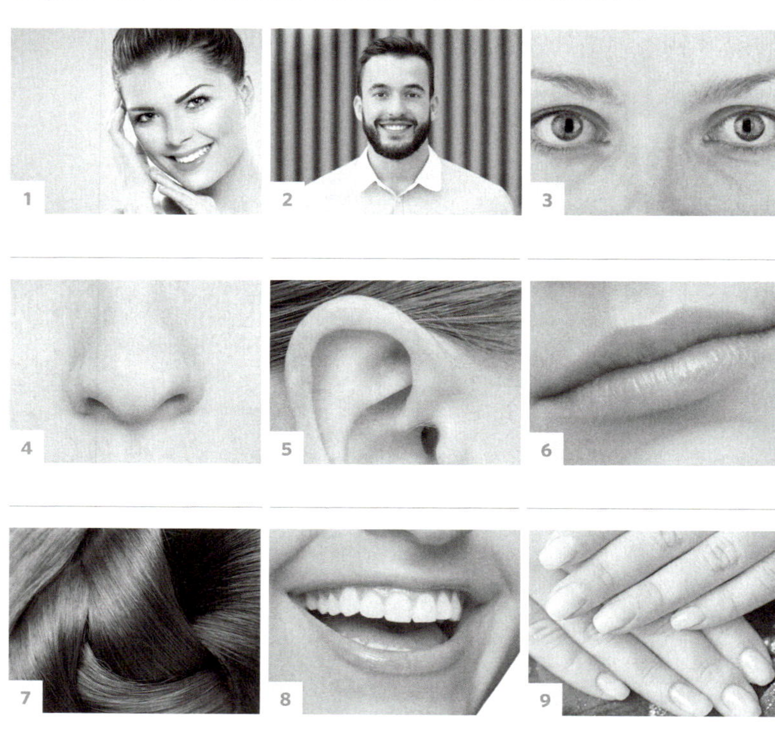

2

Mit welchem Kosmetikartikel pflegt man Haut, Haare usw.? Und wie heißt die Tätigkeit? Schreiben Sie die passenden Wörter in die Lücken.

der Lippenstift die Zahnpasta lackieren waschen eincremen

1. Haut, Gesicht	die Hautcreme	________
2. Lippen	________	schminken
3. Haare	das Shampoo	________
4. Zähne	________	putzen
5. Fingernägel	der Nagellack	________

3

 CD 1 - TR. 13

Sylvia und Aynur haben sich bei der gemeinsamen Arbeit in der Zeitungsredaktion kennengelernt und sind inzwischen gute Freundinnen. Heute Nachmittag ist Sylvia zu Besuch bei Aynur, die gerade aus dem Badezimmer kommt. Hören Sie das Gespräch.

Sylvia möchte in dem Gespräch wissen, für wen sich Aynur schminkt. Bekommt sie eine Antwort? ☐ ja ☐ nein

4

 CD 1 - TR. 13

Hören Sie das Gespräch noch einmal. Konzentrieren Sie sich jetzt auf die Aktivitäten von Sylvia und Aynur. Zu wem passen Sie? Kreuzen Sie an.

		Sylvia	Aynur
1.	Yoga machen	☐	☐
2.	ins Bad gehen	☐	☐
3.	nicht fertig sein	☐	☐
4.	Massagen bekommen	☐	☐
5.	das Gesicht eincremen	☐	☐
6.	Tee kochen	☐	☐
7.	Stress abbauen	☐	☐
8.	sich wohl fühlen	☐	☐
9.	duschen	☐	☐
10.	Haare waschen	☐	☐

ABC **WORTSCHATZ**

Das Wort **wohl** hat verschiedene Bedeutungen: 1. Im Ausdruck **sich wohl fühlen** bedeutet es **gesund und gut**. 2. Im Satz **Du hast wohl noch etwas vor.** drückt **wohl** eine Vermutung aus: **Ich vermute, dass du noch etwas vorhast.**

CD 1 - TR. 13

WORTSCHATZ

1. Das Wort **Haare** wird meist im Plural verwendet, manchmal auch im Singular: **Sie hat schönes Haar. Haar** ist hier synonym zu **Haare**.
2. **mild** = frei von aggressiven Inhaltsstoffen

5

Haare – ein typisches Thema von Frauen, über das auch Aynur und Sylvia sprechen. Was kann man mit Haaren machen? Ergänzen Sie die Sätze aus dem Dialog.

1. Ich habe mir die Haare ________________.
2. Gibst du mir mal den Föhn und den ________________?
3. Deine Haare sehen immer so ________________ aus und sie ________________ so schön.
4. Ich verwende ein mildes ________________ für die Haare und ich ________________ sie.

6

Im Deutschen gibt es sehr viele Verben mit betonten und unbetonten Präfixen (Vorsilben).
Lesen Sie die folgenden Wörter laut und mit Betonung auf dem Präfix:
sich <u>ab</u>trocknen, <u>vor</u>haben, <u>aus</u>sehen
Und nun Wörter mit Betonung auf dem Stamm:
sich er<u>hol</u>en, sich ent<u>spann</u>en, ver<u>sprech</u>en

CD 1 - TR. 14

SPRACHTIPP

Trennbare und betonte Präfixe:
ab-, **an-**, **auf-**, **aus-**, **ein-**, **herein-**, **hin-**, **mit-**, **teil-**, **um-**, **vor-**, **weg-**, **weiter-**, **zurück-**
Nicht-trennbare und unbetonte Präfixe:
be-, **ent-**, **er-**, **ver-**, **zer-**

Hören Sie die folgenden Wörter auf Ihrer CD und entscheiden Sie, ob das Präfix betont oder unbetont ist.

1. mitbringen ☐ betont ☐ unbetont
2. bekommen ☐ betont ☐ unbetont
3. eincremen ☐ betont ☐ unbetont

7

Was machen die Personen auf den Fotos? Lesen Sie die Sätze und schreiben Sie den Buchstaben in das richtige Kästchen.

A Sie cremt sich die Hände ein.
B Er putzt sich die Zähne.
C Sie kämmt sich.
D Sie schminkt sich.
E Sie lackiert sich die Fingernägel.
F Er rasiert sich.
G Sie frisiert sich.
H Er putzt sich die Nase.
I Er föhnt seine Haare.
J Er trocknet sich ab.

8

Sich waschen ist ein reflexives Verb. Vergleichen Sie die zwei Sätze:

(1) Ich wasche **mich**. (**mich** = Reflexivpronomen im Akkusativ)
(2) Ich wasche **mir** die Hände. (**mir** = Reflexivpronomen im Dativ)

Regel: Wenn der Satz schon eine Akkusativ-Ergänzung hat (hier: die Hände), steht das Reflexivpronomen im Dativ.
Die Reflexivpronomen im Akkusativ und Dativ sehen Sie rechts.

Ergänzen Sie das Reflexivpronomen:

1. Ich muss ______ noch die Haare föhnen.

2. Wie fühlst du ______ ?

§ 8

SPRACHTIPP

Reflexivpronomen:

Akk.	Dat.
mich	mir
dich	dir
sich	sich
uns	uns
euch	euch
sich	sich

9

Alles für **die Körperpflege**. Lesen Sie die Wörter und lernen Sie sie.
Für die Haare: **die Haarbürste, der Föhn**
Für den Bart: **der Rasierapparat, der Rasierschaum, das Rasierwasser**
Für Haut und Nägel: **die Creme, die Hautcreme, der Nagellack**
Für die Zähne: **die Zahnbürste, die Zahnpasta**
Waschen, duschen oder baden: **die Seife, das Duschgel, das Badeöl**
Abtrocknen: **das Handtuch, der Bademantel**
Gut riechen: **das Deo / das Deodorant, das Parfüm**

Hier sind drei weitere Kosmetikartikel aus unserem Dialog. Schreiben Sie das Wort – bitte mit Großbuchstaben am Wortanfang.

1. M A M K der ______
2. A H S P M O O das ______
3. L S T I P P I F E N T der ______

10

Über **Körperpflege** und **Aussehen** sprechen. Lesen Sie die Fragen und ordnen Sie die passenden Antworten zu.

ABC WORTSCHATZ
Worterklärungen:
viel Wert auf etwas legen = etwas ist sehr wichtig für eine Person
fettig ⟷ trocken
empfindlich = sensitiv

1. Legst du viel Wert auf dein Aussehen?
2. Meine Hände sind immer so trocken. Was kann ich tun?
3. Was tun Sie gegen fettiges Haar?
4. Wie pflegst du deinen Bart?
5. Wie findest du meine Fingernägel?
6. Meine Haut ist sehr empfindlich. Was für Produkte kann ich verwenden?

___ A Ich mache nichts Besonderes. Ich rasiere mich nur.
___ B Ich wasche es mit einem milden Shampoo.
___ C Cremen Sie sie täglich ein!
___ D Ich finde, sie sehen sehr gepflegt aus.
___ E Nur Produkte ohne Alkohol und ohne Parfüm.
___ F Ja, ich finde es wichtig, gut und gepflegt auszusehen.

11

Wie reagieren Sie? Markieren Sie die Reaktion, die <u>nicht</u> passt.

1. Was hast du heute Abend vor?
- ☐ A Nichts Besonders.
- ☐ B Ach was!
- ☐ C Warum fragst du?

2. Mit wem triffst du dich?
- ☐ A Na klar!
- ☐ B Wer weiß …
- ☐ C Sei nicht so neugierig!

3. Gehen wir heute in die Sauna?
- ☐ A Das klingt gut!
- ☐ B Nimm dir Zeit!
- ☐ C Gute Idee!

4. Ich bin noch nicht fertig.
- ☐ A Kein Problem.
- ☐ B Macht nichts.
- ☐ C Du bist ja schon da.

12

Infinitivsätze mit **zu** können nach bestimmten (1) Verben, (2) Substantiven oder (3) Adjektiven folgen:

(1) Ich **verspreche**, dich heute **zu besuchen**.
(2) Es ist eine gute **Idee**, sich bei Musik **zu entspannen**.
(3) Ich finde es **besser**, nicht **zu rauchen**.

Die Konstruktion „**zu** + Infinitiv" steht oft nach Ausdrücken wie **Lust/Zeit haben**, **es gut/schlecht finden** und **es ist gut/schlecht/wichtig** usw.

<u>Regeln:</u>
- „**Zu** + Infinitiv" steht am Satzende.
- Verben mit einem trennbaren Präfix schreibt man als ein Wort; **zu** steht zwischen dem Präfix und dem Stamm: **Es ist wichtig, Stress ab<u>zu</u>bauen und neu an<u>zu</u>fangen.**

21

SPRACHTIPP

Das Komma vor dem Infinitivsatz ist nicht obligatorisch, aber es hilft, den ganzen Satz besser zu verstehen.

Bringen Sie die Wörter in die richtige Reihenfolge.

1. ist | Es | trinken | gesund | Tee | zu | grünen

2. ihm | Zeit | habe | keine | zu | helfen | Ich

3. gehen | in | Wir | die | haben | vor | Sauna | zu

13

Schreiben Sie Sätze mit „**zu** + Infinitiv".

1. *(Er besucht uns bald.)*
   Er verspricht, ______________________.
2. *(Ich bringe Tee mit.)*
   Ich habe vergessen, ______________________.
3. *(Sie cremt sich täglich ein.)*
   Sie hat keine Lust, ______________________.
4. *(Du entspannst dich.)*
   Wann hast du Zeit, ______________________?
5. *(Ich sehe gut aus.)*
   Es ist wichtig für mich, ______________________.

SPRACHTIPP

Beachten Sie die Wortstellung:
„**Zu** + Infinitiv" → Satzende.
Trennbare Verben → **zu** zwischen Präfix und Stamm.

14

Wie bauen Thomas und Sylvia Stress ab? Hören Sie auf Ihrer CD, was die beiden sagen. Kreuzen Sie an, wer was sagt.
Und was machen Sie selbst?

	Sylvia	Thomas	Und Sie selbst?
1. Ich entspanne mich bei Musik.	☐	☐	☐
2. Ich nehme ein Bad.	☐	☐	☐
3. Ich mache Yoga.	☐	☐	☐
4. Ich rauche nicht.	☐	☐	☐
5. Ich gehe spazieren.	☐	☐	☐
6. Ich gehe in die Sauna.	☐	☐	☐

15

Was ist Wellness? Bringen Sie Textteile in die richtige Reihenfolge.

___ **A** spezielle Wellness-Wochenenden oder längere Wellness-Urlaube angeboten haben. Doch auch in großen Städten gibt es inzwischen

___ **B** Wellness ist mehr, als nur Gymnastik zu machen oder ins Fitnessstudio zu gehen. Es bedeutet, Körper *und* Seele zu pflegen, sich

___ **C** kann man eine große Anzahl von Wellness-Produkten wie Meditationsmusik, Tees und Badeöle zur Entspannung kaufen.

___ **D** zu erholen und den täglichen Stress abzubauen. Zuerst waren es nur Hotels auf dem Land, die

___ **E** ein ähnlich großes Wellness-Angebot: Kopf- und Fußmassagen, Yogakurse, Meditationskurse, Saunas usw. Man muss aber nicht in die Berge fahren oder einen Kurs besuchen. Im Internet, in vielen Geschäften und sogar in Supermärkten

RÜCKBLICK 1

1

In den Lektionen 1 bis 4 haben Sie gelernt, was Sie in verschiedenen Situationen sagen und fragen können.
Lesen Sie die folgenden acht Situationen und ordnen Sie die Beispielsätze zu.

1. Modetipps geben
2. über Entspannung sprechen
3. über Krankheiten sprechen
4. einen Termin vereinbaren
5. über die Vergangenheit schreiben
6. einen Freund wiedersehen
7. Kleidung genau beschreiben
8. über Körperpflege sprechen

___ A Nach der Arbeit erhole ich mich in der Sauna.

___ B Kann ich heute noch in die Sprechstunde kommen?

___ C Sie trägt eine karierte Bluse aus Baumwolle.

___ D Ich habe Fieber und Schnupfen.

___ E Diese Farbe steht dir hervorragend.

___ F Das ist ja ein Zufall!

___ G Ich dusche und rasiere mich täglich.

___ H Als ich in Berlin war, ging ich ins KaDeWe.

2

Es gibt Post für Sie! Schreiben Sie die fehlenden Wörter in die Lücken. Versuchen Sie es zuerst ohne Hilfe.

Hallo Sandra,
ich hatte lange keine Zeit, dir ________ (1) *schreiben. Wie geht es* ________ (2) *denn? Stell dir vor, ich war* ________ (3) *und musste ins Krankenhaus. Ich hatte starke* ________ (4) *am ganzen Körper! Jetzt geht es mir wieder* ________ (5) *und ich mache Urlaub. Ich* ________ (6) *mich in einem Wellness-Hotel. Ich gehe viel an der frischen* ________ (7) *spazieren, bekomme Massagen und* ________ (8) *mich hier sehr wohl.*
Viele Grüße
Deine Sylvia

fühle erhole krank Schmerzen Luft gut zu dir

3

Wer sagt das? Ordnen Sie die Sätze den Personen zu. Schreiben Sie die Buchstaben unter die Personen.

1. Ärzte	2. Patienten	3. Verkäufer	4. Kunden

A Passt Ihnen der Rock?
B Gute Besserung!
C Ich überweise Sie an einen Spezialisten.
D Haben Sie das in meiner Größe?
E Ich fühle mich nicht gut.
F Ich möchte mich nur umschauen.
G Was fehlt Ihnen?
H Wo bekomme ich Schreibwaren?
I Mein Rücken schmerzt.
J Das finden Sie im Erdgeschoss.

4

Gesundheit, Kleidung und andere Themen. Erzählen Sie! Schreiben Sie ein oder zwei vollständige Sätze.

1. Wie fühlen Sie sich heute?

2. Wie bauen Sie Stress ab?

3. Legen Sie Wert auf Ihr Aussehen? Erzählen Sie!

4. Was ist Ihre Lieblingskleidung zu Hause?

§ 2

5

Es ist Zeit, den Genitiv zu wiederholen. Ergänzen Sie die Lücken. Die Beispiele helfen Ihnen.

des Kindes   einer Freundin   des Urlaubs   Wessen Tochter?
Susannes Tochter   Thomas' Tochter
die Tochter von Susanne   meines Freundes

der   Wessen   von   Lisas   eines   -s   -es   von

1. Die bestimmten Artikel sind **des** und ________.
2. Die unbestimmten Artikel sind ________ und **einer**.
3. Maskuline und neutrale Substantive enden auf **-s** oder ________.
4. Namen von Personen haben immer die Endung ________.
5. Eigennamen stehen meist vor dem Substantiv: ________ **Hose**.
6. In der Umgangssprache sagt man auch: **die Hose** ________ **Lisa**.
7. Man fragt: ________ Hose ist das?

Regeln:

(1) Die Genitivendung **-es** oder **-s** bei Maskulina und Neutra:

-es: - einsilbige Substantive: **des** Kind**es**
- Substantive auf **-s**, **-ß**, **-sch**, **-st** oder **-z**: **des** Haus**es**, **des** Fußes

-s: - Substantive mit zwei oder mehr Silben: **des** Vater**s**
- Eigennamen: Sylvia**s** Haus, Berlins Kaufhäuser

(2) Feminine Substantive und Substantive im Plural haben keine Endung.

(3) Der bestimmte Genitivartikel im Plural ist immer **der**: die Kleidung **der** Männer, **der** Frauen und **der** Kinder

6

§ 3, 4

Sie haben schon die Adjektivendungen nach dem bestimmten und unbestimmten Artikel gelernt. Aber was ist mit Adjektiven nach **kein** und den Possessivpronomen **mein**, **dein** usw.?

Regeln:

(1) Im Singular haben Adjektive nach **kein** und **mein**, **dein** usw. die gleichen Endungen wie nach dem unbestimmten Artikel: **keine/meine** rote Hose.

(2) Im Plural enden die Adjektive auf **-en**: **keine/meine** rot**en** Hosen.

Schreiben Sie das Adjektiv mit der richtigen Endung in die Lücke. Die Tabelle unten hilft Ihnen, wenn Sie Schwierigkeiten haben.

1. Er hatte keine ______________ Grippe. *(schwer)*

2. Das ist mein ______________ Freund Hans. *(alt)*

3. Hast du unsere ______________ Katze gesehen? *(klein)*

4. Wie findest du seinen ______________ Pullover? *(bunt)*

5. Sie hat keine ______________ Schmerzen. *(stark)*

6. Wie geht es eurem ______________ Vater? *(krank)*

7. Zeig mir doch mal dein ______________ Kleid! *(neu)*

Adjektivendungen nach dem unbestimmten Artikel (**ein**, **eine**):

	Maskulin	**Feminin**	**Neutrum**	**Plural**
Nom.	-er	-e	-es	-e
Akk.	-en	-e	-es	-e
Dat.	-en	-en	-en	-en
Gen.	-en	-en	-en	-er

Ebenso: Adjektive nach **kein**, **mein**, **dein**, ... im Singular

Der unbestimmte Artikel hat keinen Plural. Man verwendet hier die Adjektivendungen wie nach dem Nullartikel, siehe Übung 7.

§ 4

7

Wenn es keinen Artikel gibt, hat das Adjektiv die folgenden Endungen:

	Maskulin	Feminin	Neutrum	Plural
Nom.	grün**er** Tee	warm**e** Milch	hoh**es** Fieber	**-e**
Akk.	grün**en** Tee	warm**e** Milch	hoh**es** Fieber	**-e**
Dat.	grün**em** Tee	warm**er** Milch	hoh**em** Fieber	**-en**
Gen.	grün**en** Tee**s**	warm**er** Milch	hoh**en** Fieber**s**	**-en**

Regel: Die typische Endung (Signalendung) des bestimmten Artikels hat jetzt das Adjektiv. Beispiele:
dem Fieber → Sie liegt mit hoh**em** Fieber im Bett. (Dativ)
de**r** Milch → Sie trinkt eine Tasse warm**er** Milch. (Genitiv)
Ausnahmen: Im Genitiv maskulin und neutrum hat das Adjektiv die Endung **-en** und die Signalendung **-s** ist beim Substantiv (Tee**s**, Fieber**s**).

Schreiben Sie die richtige Endung in die Lücke.

1. Wir trinken immer grün____ Tee.
2. Ich habe sehr trocken____ Haut.
3. Sie mag Männer mit gepflegt____ Bart.

§ 15, 11

8

Erinnern Sie sich, wie man das **Präteritum** der regelmäßigen Verben (z.B. **kochen**), der unregelmäßigen Verben (z.B. **gehen**) und der Mischverben (z.B. **wissen**) bildet? Schreiben Sie die fehlenden Formen in die Lücken.

	1. kochen	**2. gehen**	**3. wissen**
ich		ging	wusste
du	kochtest	gingst	
er/sie/es			
wir			wussten
ihr	kochtet	gingt	wusstet
sie/Sie	kochten		

9

 11, 12

Sie kennen jetzt zwei Zeitformen der Vergangenheit: das Perfekt vor allem für mündliche und das Präteritum meistens für schriftliche Erzählungen. Das Präteritum von **haben** und **sein** und das der Modalverben (**können**, **müssen** usw.) verwendet man auch in der gesprochenen Sprache:
Gestern konnte ich dich nicht anrufen. Ich war beim Arzt.

SPRACHTIPP

Die Regeln zum **Perfekt** können Sie im Grammatikteil nachlesen.

Lesen Sie die Sätze und schreiben Sie sie im Präteritum.

1. Ich habe Bauchschmerzen bekommen. ____________
2. Er ist nach Berlin gefahren. ____________
3. Wir haben Lebensmittel eingekauft. ____________

10

 23, 21

Nebensatz mit einer Konjunktion oder Infinitiv mit **zu**? Was passt hier?
Lesen Sie die Sätze und kreuzen Sie A, B oder C an.

1. Thomas arbeitet,
   - ☐ A einen Brief zu lesen.
   - ☐ B während ich einen Brief lese.
   - ☐ C dass er einen Brief liest.
2. Ich besuchte ihn im Krankenhaus,
   - ☐ A als er krank war.
   - ☐ B dass er krank war.
   - ☐ C krank zu sein.
3. Ich habe vor,
   - ☐ A weil ich nach Berlin fahre.
   - ☐ B wenn ich nach Berlin fahre.
   - ☐ C nach Berlin zu fahren.
4. Sie hat keine Zeit,
   - ☐ A zum Arzt zu gehen.
   - ☐ B dass ich zum Arzt gehe.
   - ☐ C während sie zum Arzt geht.
5. Sie wollte gerade ins Bett gehen,
   - ☐ A immer wenn ihre Mutter anrief.
   - ☐ B weil ihre Mutter anrief.
   - ☐ C als ihre Mutter anrief.
6. Es ist wichtig,
   - ☐ A gepflegt auszusehen.
   - ☐ B wenn er gepflegt aussieht.
   - ☐ C während er gepflegt aussah.

 10

11

Verben, die mit zwei Ergänzungen (Dativ und Akkusativ) oder mit einer Präposition verbunden werden, sind leider nicht einfach. Wiederholen Sie hier einige häufig gebrauchte Ausdrücke:

ausmachen + Dativ + Akkusativ
passen zu + Dativ
sich erinnern an + Akkusativ
sich umschauen nach + Dativ
sich vorbereiten auf + Akkusativ
sich (Dativ) **vorstellen** + Akkusativ

Außerdem gibt es Verben (z.B. **legen**, **stellen**) in einer festen Verbindung mit einem Substantiv, in der sie ihre wörtliche Bedeutung verloren haben:
Wert legen auf + Akkusativ
Fragen stellen (= fragen)

Im Vergleich dazu Beispiele für die wörtliche Bedeutung von **legen** und **stellen**:
Ich **lege** den Hut auf das Bett.
Ich **stelle** das Shampoo ins Bad.

 CD 1 - TR. 16

12

Hören Sie die Sätze auf Ihrer CD und schreiben Sie die fehlenden Wörter in die Lücken. Wiederholen Sie dann die Sätze laut!

1. Erinnerst du dich noch ______________ Peter?
2. Du hast Probleme? Das kann ich ______________ nicht vorstellen!
3. Wir wollen uns ______________ warmer Kleidung umschauen.
4. Ich habe mich noch nicht ______________ das Gespräch vorbereitet.
5. Ich ______________ viel Wert ______________ gepflegte Haare.
6. Macht es ______________ etwas aus, wenn ich später komme?
7. Diese Bluse passt nicht ______________ deiner gelben Hose.
8. Warum ______________ ihr diese Frage?

13

Kreuzen Sie die Wörter an, die zu der Kategorie passen. Vorsicht: Zwei, drei oder alle vier Wörter können passen!

1. Die Kleidung:
- ☐ A der Anorak
- ☐ B das Hemd
- ☐ C der Zufall
- ☐ D der Mantel

2. Beschwerden:
- ☐ A die Erkältung
- ☐ B der Husten
- ☐ C das Badeöl
- ☐ D der Aufzug

3. Das Gesicht:
- ☐ A die Lippen
- ☐ B die Augen
- ☐ C der Mund
- ☐ D die Ohren

4. Die Körperpflege:
- ☐ A sich erkälten
- ☐ B sich rasieren
- ☐ C sich verletzen
- ☐ D sich kämmen

5. Farbe oder Muster:
- ☐ A weich
- ☐ B einfarbig
- ☐ C kariert
- ☐ D schwarz

6. Beim Arzt:
- ☐ A das Wartezimmer
- ☐ B die Sprechstunde
- ☐ C die Abteilung
- ☐ D das Rezept

14

Markieren Sie das Wort, das nicht in die Reihe passt.

1. hübsch | schlimm | modisch | schick
2. oft | manchmal | meistens | alles
3. die Salbe | das Medikament | die Seife | die Tablette
4. sich erholen | sich treffen | sich entspannen | sich pflegen
5. mild | ausgezeichnet | hervorragend | sehr gut
6. fuhr | mag | ging | traf
7. die Sauna | die Wellness | die Massage | die Etage

Liebe und Freundschaft

WORTSCHATZ

Worterklärungen:
die Eifersucht = Angst, die Liebe von jemandem an einen anderen Menschen zu verlieren

empfinden = fühlen

enttäuscht sein ⟷ sich freuen

die Enttäuschung ⟷ die Freude

flirten = erotisches Interesse zeigen

Liebeskummer haben = unglücklich verliebt sein

temperamentvoll = lebhaft, voller Energie

traurig ⟷ glücklich

1

Was denken Sie über die Personen auf den Fotos? Welche Gefühle haben sie? Lesen Sie die Sätze und ordnen Sie sie dem passenden Foto zu.

1.

2.

	Foto 1	Foto 2
1. Das ist eine temperamentvolle Person.	☐	☐
2. Vielleicht hat sie Liebeskummer.	☐	☐
3. Die Person ist traurig.	☐	☐
4. Ich denke, dass er gern flirtet.	☐	☐
5. Die Person sieht enttäuscht aus.	☐	☐
6. Ich mag Menschen, die viel lachen.	☐	☐

2

Beschreiben die folgenden Ausdrücke ein positives oder ein negatives Gefühl? Schreiben Sie die Wörter in die richtige Spalte.

die Angst	traurig	die Liebe	gern haben
unglücklich	verliebt sein	die Enttäuschung	die Eifersucht
die Freude	nichts empfinden	das Glück	sich freuen

Positive Gefühle	**Negative Gefühle**

3

CD 1 - TR. 17

Aynur hat Probleme mit ihren Gefühlen und muss mit jemandem darüber sprechen. Deshalb trifft sie ihre Freundin Claudia.
Hören Sie das Gespräch auf Ihrer CD und beantworten Sie die Frage.
Was ist Aynurs Problem? Ergänzen Sie die Lücke.

glücklich eifersüchtig verliebt temperamentvoll

Sie ist ____________ und weiß nicht, was sie tun soll.

4

CD 1 - TR. 17

Hören Sie das Gespräch noch einmal und beantworten Sie die Fragen. Kreuzen Sie die richtige Antwort an.

1. Wo sind Aynur und Claudia?
- ☐ A In einer Kneipe.
- ☐ B In einem Café.
- ☐ C An der Uni.

2. Wer ist Claudia?
- ☐ A Eine Freundin von Eric.
- ☐ B Die beste Freundin von Aynur.
- ☐ C Sylvias Kollegin.

3. Wer ist süß?
- ☐ A Niemand.
- ☐ B Claudia.
- ☐ C Eric.

4. Was haben Aynur und Eric gemacht?
- ☐ A Sie haben geflirtet.
- ☐ B Sie haben gewartet.
- ☐ C Sie haben gespielt.

5. Was sagt Claudia zu Aynur?
- ☐ A Du musst etwas tun!
- ☐ B Du bist toll!
- ☐ C Du hast schöne Augen.

6. Wann treffen sich Aynur und Eric?
- ☐ A Am nächsten Tag.
- ☐ B Vielleicht heute.
- ☐ C Am Montag.

ABC **WORTSCHATZ**

Toll bedeutet „sehr gut, sehr schön" und **süß** bedeutet umgangssprachlich „hübsch" oder „lieb".

5

Was wissen Sie über Eric? Lesen Sie die Sätze und ergänzen Sie die Lücken.

lacht gern charmant verliebt blaue älter als blonde

1. Aynur ist in Eric ____________.
2. Sie hat ihn sehr ____________.
3. Eric ist temperamentvoll und ____________.
4. Er ist jemand, der viel ____________.
5. Er ist ____________ Aynur.
6. Er hat ____________ Augen und ____________ Haare.

6

Was bedeuten die folgenden Ausdrücke? Kreuzen Sie die richtige Bedeutung an.

1. Im Dialog **geht es um** Eric.
   - ☐ **A** Im Dialog spricht Eric.
   - ☐ **B** Das Thema des Dialogs ist Eric.
2. Du musst **etwas unternehmen**.
   - ☐ **A** Du musst etwas tun und aktiv sein.
   - ☐ **B** Du musst etwas nehmen.
3. Und wenn er **nichts für mich empfindet**?
   - ☐ **A** Und wenn er enttäuscht von mir ist?
   - ☐ **B** Und wenn er mich nicht gern hat?
4. Ich bin ihm hier **begegnet**.
   - ☐ **A** Ich habe ihn hier zufällig getroffen.
   - ☐ **B** Ich habe mit ihm geflirtet.
5. **Das stimmt**.
   - ☐ **A** Das ist richtig.
   - ☐ **B** Das brauche ich.

7

Welche Eigenschaften sind bei Partnern oder Freunden wichtig? Lesen Sie die Beschreibungen.

Mann sucht tolle, selbstbewusste Frau. Ich selbst bin tolerant und offen. Schreib mir einfach eine E-Mail.

Bist du manchmal ein bisschen schüchtern? Das macht nichts. Wichtig ist, dass du gern lachst, sympathisch und nicht humorlos bist.

Unfreundliche Kollegen? Stress bei der Arbeit? Dann brauchen Sie liebe Freunde.

Welche gefühlvolle Person hat Zeit für romantische Abende?

Suchen Sie aus den Texten das Gegenteil und schreiben Sie es in die Lücken.

1. ______ ⟷ verschlossen
2. humorvoll ⟷ ______
3. ______ ⟷ intolerant
4. selbstbewusst ⟷ ______
5. ______ ⟷ unsympathisch
6. freundlich ⟷ ______
7. ______ ⟷ unromantisch
8. ______ ⟷ gefühllos

8

Adjektive lernt man am besten zusammen mit dem Gegenteil.
Sie kennen bereits folgende Möglichkeiten der Wortbildung:

26

(1) Präfix **un-** oder manchmal auch **in-**: **unfreundlich**, **intolerant**. Aussprache: Die Präfixe **un-** und **in-** sind betont.

(2) Adjektive mit der Endung **-voll** bilden oft das Gegenteil mit **-los**: **humorvoll** („mit Humor") – **humorlos** („ohne Humor").

 22

9

Relativsätze sind Nebensätze, die ein Substantiv im Hauptsatz erklären.

Regeln:

(1) Der Relativsatz steht meist direkt nach dem Substantiv, auf das er sich bezieht. Er wird durch Kommas vom Hauptsatz abgetrennt.

Hauptsatz *Relativsatz*
Er ist eine Person, die sehr romantisch ist.

Hauptsatz (1. Teil) *Relativsatz* *Hauptsatz (2. Teil)*
Menschen, die viel lachen, finde ich toll.

(2) Relativsätze werden durch ein Relativpronomen eingeleitet.

	Maskulin	Feminin	Neutrum	Plural
Nom.	der	die	das	die
Akk.	den	die	das	die
Dat.	dem	der	dem	denen

 SPRACHTIPP

Das Verb **begegnen** (+ Dat.) bedeutet immer, dass man eine Person zufällig sieht. Dagegen kann bei **treffen** (+ Akk.) die Begegnung zufällig oder geplant sein, z.B. im Falle eines Termins.

Die Relativpronomen haben die gleichen Formen wie der bestimmte Artikel. Ausnahme: **denen**.

(3) Beispiele mit maskulinem Bezugswort im Singular:

Er ist ein Mensch, der gerne lacht. *(lachen + Nom.)*
Der Mann, den Aynur getroffen hat, heißt Eric. *(treffen + Akk.)*
Das ist der Freund, dem ich gestern begegnet bin. *(begegnen + Dat.)*

Welches Relativpronomen passt?

1. Sie ist eine Frau, ______ gerne lacht.

2. Das Kind, ______ Aynur getroffen hat, ist Lisa.

3. Das sind zwei Freunde, ______ ich gestern begegnet bin.

10

Relativsätze mit Präposition. Lesen Sie die Beispiele.

 22

 SPRACHTIPP

erzählen von + Dat.
verliebt sein in + Akk.
etwas empfinden für + Akk.

Wie heißt der Mann, ...
... für den sie sich interessiert? *(sich interessieren für + Akk.)*
... mit dem sie spricht? *(sprechen mit + Dat.)*

Schreiben Sie das Relativpronomen in die Lücke.

1. Das ist die Kneipe, von ______ ich dir schon viel erzählt habe.
2. Eric ist der Mann, in ______ Aynur verliebt ist.
3. Menschen, für ______ er etwas empfindet, müssen humorvoll sein.

11

Verbinden Sie die Sätze. Der zweite Satz soll der Relativsatz sein. Beachten Sie, dass der Relativsatz direkt nach dem Bezugswort steht.

1. Sylvia ist Aynurs Kollegin. Ich finde Sylvia sehr nett.

   ____

2. Es gibt viele Themen. Wir interessieren uns für viele Themen.

   ____

3. Es geht um einen Mann. Claudia kennt den Mann nicht.

   ____

4. Meine Eltern sind offene Menschen. Ich spreche mit ihnen über alles.

   ____

12

So können Sie jemanden bitten, eine Person zu beschreiben:

Wie sieht er/sie aus?
Kannst du ihn/sie beschreiben?

Ihre Antworten können sich auf das Aussehen oder den Charakter beziehen:

Er/Sie ist blond, er/sie hat dunkle Haare.
Er/Sie ist schlank ⟷ mollig / groß ⟷ klein.
Er/Sie hat eine sehr gute / tolle Figur.
Er/Sie ist charmant, freundlich, ...
Er/Sie ist jemand, der ... (Relativsatz)

13

SPRACHTIPP

Worterklärungen:
sich nahe stehen = 1. sehr gute Freunde sein; 1. eine enge Beziehung haben, z.B. Kinder und ihre Eltern.

zusammen sein = eine feste (sexuelle) Beziehung haben.

mein Freund = 1. Freund, mit dem man eine Freundschaft hat; 2. Partner oder fester Freund, mit dem man eine Beziehung hat.

Über Freundschaften und Beziehungen sprechen:

Was empfindest du für ...?
Ich empfinde viel/nichts für sie/ihn.
Ich mag sie/ihn sehr.
Ich habe sie/ihn sehr gern.

Seid ihr eng befreundet?
Ja, wir stehen uns nahe.
Ja, wir sind zusammen.
Nein, wir sind nur gute Bekannte.

Lebst du mit jemandem zusammen?
Ja, ich habe eine (feste) Freundin / einen (festen) Freund.
Nein, ich lebe allein.

CD 1 - TR. 18

Hören Sie drei kurze Dialoge auf Ihrer CD und entscheiden Sie, ob die folgenden Aussagen richtig oder falsch sind.

	richtig	falsch
1. Maria lebt allein.	☐	☐
2. Sie stehen sich nahe.	☐	☐
3. Sie sind eng befreundet.	☐	☐

° 14

§ 4

Erinnern Sie sich noch an die Steigerung von Adjektiven?
klein - kleiner - am kleinsten / kleinst-
gut - besser - am besten / best-
usw.

Regeln:

(1) Vor einem Substantiv haben die Komparativ- und Superlativformen die üblichen Adjektivendungen.

Grundform	Komparativ	Superlativ
der **schöne** Tag	der **schönere** Tag	der **schönste** Tag
ein **schöner** Tag	ein **schönerer** Tag	–

(2) Die Superlativformen stehen ohne **am** und immer mit dem bestimmten Artikel.
Das ist die beste Kneipe in der Stadt.

(3) Die Komparativformen **mehr** und **weniger** verwendet man ohne Endung und ohne Artikel:
mehr Musik, mehr Menschen, weniger Ideen.

Ergänzen Sie die Sätze mit den passenden Komparativ- oder Superlativformen.

größte genauere jüngerer hübscheres mehr besten

1. Sie sind die ________ Freunde.
2. Kannst du mir eine ________ Beschreibung geben?
3. Kai ist mein ________ Bruder.
4. In Köln gibt es ________ Studenten als in Düsseldorf.
5. Das war die ________ Enttäuschung in meinem Leben.
6. Ein ________ Kind habe ich noch nicht gesehen.

SPRACHTIPP

Zur Erinnerung:
Komparativ bei **als**:
älter als
Grundform bei **so ... wie**: **so alt wie.**

Im Restaurant

SPRACHTIPP

Die Wörter **das Obst**, **der Reis** und **das Fleisch** verwendet man nur im Singular.

1

In einem Restaurant findet man oft eine **Tageskarte** mit besonderen Speisen, die es nur an einem bestimmten Tag gibt.

Sehen Sie sich die Tageskarte an. Auf dieser Karte gibt es vier Kategorien:

A Vorspeisen
B Hauptgerichte
C Beilagen
D Nachtisch

Zu welcher Kategorie gehören die folgenden Lebensmittel? Schreiben Sie den Buchstaben auf die Linie. Manchmal passen zwei Kategorien.

Tageskarte

Vorspeisen	
Tomatensuppe	4,50 €
Großer Salatteller mit Käse	8,90 €
Hauptgerichte	
Kalbsschnitzel	14,80 €
Thunfisch vom Grill	18,50 €
Hähnchenschnitzel süßsauer	16,80 €
Beilagen	
Reis	3,20 €
Pommes frites	3,20 €
Kleiner gemischter Salat	4,60 €
Nachtisch	
Hausgemachter Apfelkuchen	4,00 €

Wir wünschen guten Appetit!

1. die Kartoffeln ___
2. das Obst ___
3. der Fisch ___
4. das Gemüse ___
5. das Eis ___
6. das Brot ___
7. die Bratwurst ___
8. der Käse ___
9. der Salat ___
10. die Nudeln ___

2

CD 1 - TR. 19

Was sagt man, wenn das Essen oder die Bestellung nicht in Ordnung sind? Hören Sie die Minidialoge auf Ihrer CD und ergänzen Sie die Lücken.

versalzen | mag | vergessen | durch | bestellt | schmeckt

1. Gast: Das habe ich nicht __________!
Bedienung: Oh, Entschuldigung!

2. Gast 1: Die Suppe __________ nicht gut.
Gast 2: Ja, sie ist __________.

3. Gast 1: Das Steak ist nicht __________.
Gast 2: Ich __________ kein blutiges Steak.

4. Gast: Haben Sie das Brot __________?
Bedienung: Ich bringe es sofort.

3

CD 1 - TR. 20

Eric Vanderberg und seine Eltern sitzen in einem eleganten Restaurant. Der Kellner hat bereits die Getränke gebracht und fragt jetzt nach der Bestellung. Hören Sie das Gespräch auf Ihrer CD.

Wer bestellt was? Kreuzen Sie die richtigen Antworten an.

	Eric und sein Vater	seine Mutter
1. Tagessuppe	☐	☐
2. Steak mit Pfeffersoße	☐	☐
3. Thunfisch	☐	☐
4. Reis	☐	☐
5. Bratkartoffeln	☐	☐
6. gemischter Salat	☐	☐

4

CD 1 - TR. 20

Wer stellt die folgenden Fragen? Die Bedienung (**B**) oder der Gast (**G**), also die Familie Vanderberg? Hören Sie das Gespräch noch einmal und schreiben Sie den Buchstaben **B** oder **G** hinter die Frage.

1. Haben Sie schon gewählt? ___

2. Können Sie mir etwas empfehlen? ___

3. Werden die Kartoffeln mit Butter gebraten? ___

4. Möchten Sie vielleicht auch einen Salat? ___

5. Hat euch die Suppe geschmeckt? ___

6. Möchten Sie auch schon den Nachtisch bestellen? ___

5

Ordnen Sie die Antworten den Fragen in Übung 4 zu.

___ A Ja, ich fand sie ausgezeichnet.

___ B Ja. Als Vorspeise nehmen wir dreimal die Tagessuppe.

___ C Nein, wir warten noch und entscheiden uns später.

___ D Ja, ich kann Ihnen den Thunfisch empfehlen.

___ E Ja, ich nehme einen gemischten Salat.

___ F Ja, mit Butter und mit Rosmarin.

WORTSCHATZ

Worterklärungen:
leider ⟷ glücklicherweise
ziemlich = fast ganz, sehr
etwas = ein bisschen, ein wenig

6

Die Familie ist mit dem Essen nicht zufrieden. Was ist das Problem? Suchen Sie das Wort in der Buchstabenschlange und schreiben Sie es in die Lücke.

1. Die Suppe war leider nur ______________________ .

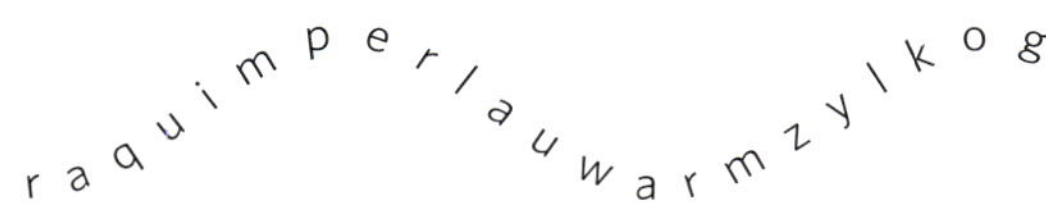

2. Das Steak ist noch ziemlich ______________________ .

g b e l ä b l u t i g h ö s i c h m e l e u i n

3. Der Thunfisch ist etwas zu ______________________ .

WORTSCHATZ

Das Verb **schmecken** hat verschiedene Bedeutungen:

1. „etwas hat einen bestimmten Geschmack". Hier verwendet man nach **schmecken** ein Adjektiv oder **nach** + Substantiv: **Es schmeckt lecker, süß, nach Zwiebeln.**

2. „gefallen, mögen": **Hat Ihnen die Suppe geschmeckt?**

7

Im Dialog gibt es viele neue Verben. Was bedeuten sie? Kreuzen Sie die richtige Antwort an.

1. Fisch oder Fleisch? Was kann Erics Mutter nicht?
- ☐ **A** probieren
- ☐ **B** sich entscheiden
- ☐ **C** schmecken

2. Das Essen schmeckt Eric nicht. Was möchte er tun?
- ☐ **A** sich beschweren
- ☐ **B** servieren
- ☐ **C** zubereiten

3. Was macht der Kellner?
- ☐ **A** den Thunfisch braten
- ☐ **B** den Salat anmachen
- ☐ **C** eine Spezialität empfehlen

8

Diese Kategorien können Sie auf einer **Speisekarte** finden:

- Vorspeisen

- Hauptgerichte

Oft gibt es auf einer Speisekarte folgende Arten von Hauptgerichten:
Fleischgerichte, Fischgerichte, Geflügel, vegetarische Gerichte

- Beilagen

- Desserts

Und auf der **Getränkekarte** gibt es:
alkoholische Getränke (z.B. **Bier**, **Wein**, **Schnäpse**), **alkoholfreie Getränke** (z.B. **warme Getränke**, **Softdrinks**)

Suchen Sie in der Liste oben das Synonym.

1. die Hauptspeise = das ____________

2. die Nachspeise, der Nachtisch = das ____________

WORTSCHATZ

die Beilage
das Geflügel
das Gericht
das Getränk
der Nachtisch
der Schnaps
die Speise
die Speisekarte

9

Diese Fragen hört man oft in einem Restaurant:
Haben Sie einen Tisch reserviert?
Was nehmen Sie als Hauptgericht / als Dessert?
Haben Sie schon gewählt?

Was antworten Sie? Bringen Sie die Wörter in die richtige Reihenfolge. Achten Sie bei Satz 2 und 3 auf die Großschreibung am Satzanfang.

1. für vier Personen | reserviert | haben | einen Tisch | wir

Ja, ____

2. nehme | Hauptspeise | mit Pommes | als | ich | ein Steak

____

3. noch nicht | ich | mich | entschieden | habe

____

Wenn Sie einen besonderen Wunsch haben, können Sie fragen oder sagen:
Was können Sie mir empfehlen?
Den Salat bitte ohne ... .
Ist es möglich, die Pizza auch mit ... zu bekommen?
Das Steak bitte (gut) durch (= durchgebraten) / halbdurch (oder: medium, englisch) / blutig.

SPRACHTIPP

Oft verwendet man die Kurzform **Pommes** für **Pommes frites**. Achten Sie auf die Aussprache: Die Endung -es in **Pommes** [pommes] hört man, aber in **Pommes frites** [pomm frit] hört man sie nicht.

KULTURTIPP

Die deutsche Küche ist bekannt für ihre vielen verschiedenen Soßen. Die Wortbildung ist einfach: Man nimmt die wichtigste Zutat (z.B. **Pfeffer**, **Käse**, ...) + **die Soße** und erhält **die Pfeffersoße**, **die Käsesoße** usw.

Das Wort **Soße** schreibt man auch **Sauce**. Die Aussprache bleibt gleich.

10

Wie heißen die Speisen und Getränke auf den Fotos? Schreiben Sie die Wörter bitte mit Artikel in die Lücke. Versuchen Sie es zuerst ohne Hilfe.

A der Obstsalat **B** die Bratkartoffeln **C** die Soße **D** das Geflügel
E das Gemüse **F** die Suppe **G** der Schnaps **H** das Eis **I** das Schnitzel

11

Welcher Geschmack passt am besten zu den Beispielen? Ordnen Sie zu.

1. bitter	___ **A** Kräuter, Rosmarin
2. salzig	___ **B** Kuchen
3. sauer	___ **C** Pfeffer, Zwiebeln
4. scharf	___ **D** Pommes frites, Wasser
5. süß	___ **E** Schnaps, Bier
6. würzig	___ **F** Zitronen

12

Kochen Sie gerne? Dann sind die folgenden Wörter interessant:

- Ein anderes Wort für **kochen** ist **zubereiten** .
  Das Verb **kochen** bezieht sich nur auf warme Speisen, **zubereiten** auf warme und kalte Speisen.
- Die folgenden Verben erklären genauer, wie man etwas zubereitet: **backen**, **braten**, **grillen**, **anmachen** und noch einmal **kochen** (!) in der Bedeutung „Essen in einer 100 Grad heißen Flüssigkeit, z.B. Wasser, zubereiten".
- Die Partizipien **gebacken**, **gebraten**, **gegrillt** usw. kann man wie Adjektive verwenden, z.B. **eine gegrillte Bratwurst**.

SPRACHTIPP

Beachten Sie: **zubereiten** (kochen) ≠ **vorbereiten** (z.B. Lebensmittel einkaufen, Tisch decken usw.)

Kreuzen Sie das richtige Wort an.

1. eine Pizza
- ☐ A grillen
- ☐ B backen
- ☐ C kochen

2. einen Salat
- ☐ A anmachen
- ☐ B kochen
- ☐ C braten

3. gebratener
- ☐ A Kuchen
- ☐ B Käse
- ☐ C Fisch

4. gekochte
- ☐ A Kräuter
- ☐ B Kartoffeln
- ☐ C Schnitzel

13

Welches Verb passt? Ergänzen Sie die Sätze.

1. Wir haben einen Tisch ______________ . *(serviert | reserviert | probiert)*

2. Der Obstsalat ______________ mir nicht. *(schmeckt | ist | mag)*

3. Das Fleisch ist trocken. Ich möchte mich ______________ .
(entscheiden | bestellen | beschweren)

4. Die Bedienung ______________ eine Spezialität. *(empfiehlt | wählt | wartet)*

§ 16

14

Vergleichen Sie die Sätze:

Aktiv: **Der Koch grillt den Fisch.**

Passiv: **Der Fisch wird (von dem Koch) gegrillt.**

Regeln:

(1) Mit dem Passiv beschreibt man einen Vorgang („Was wird gemacht? Was passiert?").
In dem Beispiel **Der Fisch wird gegrillt**. ist wichtig, was mit dem Fisch passiert. Die handelnde Person (der Koch) ist unwichtig.

(2) Bildung:

Hilfsverb **werden** + Partizip Perfekt des Hauptverbs

Passiv Präsens:	**Die Kartoffeln werden gekocht.**
Passiv Präteritum:	**Die Kartoffeln wurden gekocht.**
Passiv Perfekt:	**Die Kartoffeln sind gekocht worden.**

(3) Wenn man die Person nennen möchte, verwendet man **von** + Dativ:
Der Fisch wurde von der Bedienung empfohlen.

15

Ergänzen Sie die Sätze mit den Präsensformen von **werden**.

werdet werde wird werden werden wirst

1. Ich ____________ sehr geliebt.
2. Du ____________ nicht richtig verstanden.
3. Das Steak ____________ auf dem Grill gebraten.
4. Wir ____________ oft von unseren Eltern angerufen.
5. Ihr ____________ im Krankenhaus untersucht.
6. Die Beilagen ____________ sofort gebracht.

Und gestern? Ergänzen Sie die Sätze 1 bis 6 auch mit den Präteritumsformen **wurde**, **wurdest** usw. und den Perfektformen **bin ... worden**, **bist ... worden** usw.

16

Bringen Sie die Wörter in die richtige Reihenfolge und schreiben Sie die Sätze im Passiv.

1. mit | Die | serviert | werden | Reis | Hauptgerichte | .

   ____

2. gemacht | Dressing | aus | Das | Joghurt und Kräutern | wurde | .

   ____

3. Herrn Vanderberg | Die | worden | Rechnung | von | ist | bezahlt | .

   ____

17

Was sagen Sie, wenn Sie sich in einem Restaurant höflich beschweren möchten?
Lesen Sie die Situationen 1 bis 7 und ordnen Sie dann die passenden Sätze zu. Lesen Sie dann die Beschwerden noch einmal laut.

1. Ihre Vorspeise ist nicht heiß genug.
2. Sie bekommen ein falsches Getränk.
3. Ihr Essen kostet 15,50 Euro, aber Sie sollen 17,20 Euro bezahlen.
4. Sie warten schon sehr lange auf Ihr Dessert.
5. Sie haben drei Salate bestellt, Sie bekommen aber nur zwei.
6. Die Bedienung kommt nicht.
7. Auf dem Steak waren zu viele Zwiebeln und zu viel Pfeffer.

____ A Die Rechnung stimmt nicht.

____ B Die Suppe ist nur lauwarm. Kann ich bitte eine andere bekommen?

____ C Hier fehlt noch eine Beilage.

____ D Mit dem Essen bin ich nicht so zufrieden. Es ist zu scharf.

____ E Haben Sie meinen Nachtisch vergessen?

____ F Entschuldigung! Können wir bitte bestellen?

____ G Dieses Getränk habe ich nicht bestellt.

Was kochen wir heute?

1

Auf den Fotos sehen Sie ein paar Gerichte, um die es in dieser Lektion geht. Lesen Sie die Beschreibungen.

1.

Der **Braten** ist ein Fleischgericht, das zusammen mit einer Soße serviert wird. Meistens wird Schweine- oder Rindfleisch verwendet.

2.

Klöße werden aus Kartoffeln gemacht und in Salzwasser gekocht. Sie sind eine typische Beilage zu Braten.

3.

Pfannkuchen sind eine beliebte Süßspeise. Besonders lecker sind sie, wenn man sie mit Quark oder Marmelade füllt.

2

Zuerst wird das Essen gekocht, dann wird der Tisch gedeckt. Dazu brauchen Sie **Besteck** und **Geschirr**. Schreiben Sie die Wörter in die richtige Spalte.

die Gabel | die Pfanne | die Tasse | das Messer | die Kuchengabel
der Löffel | der Teller | die Schüssel | der Kochlöffel | der Topf

Besteck	Geschirr

3

CD 1 - TR. 21

Vor zwei Wochen hat Susanne Kowalski Sylvia zum Abendessen eingeladen. Heute treffen sie sich. Die Vorbereitungen für das Abendessen bei Familie Kowalski sind fast fertig.
Hören Sie das Gespräch ein erstes Mal und konzentrieren Sie sich auf die Personen. Was machen sie? Wo sind sie?

Was ist richtig? Kreuzen Sie an.

1. Thomas und seine Tochter Lisa ...
   - ☐ A decken den Tisch.
   - ☐ B trinken Wasser.
2. Susanne und Sylvia ...
   - ☐ A sind im Esszimmer und warten auf das Essen.
   - ☐ B sind in der Küche und bereiten das Essen zu.
3. Sylvia lädt Familie Kowalski ein und ...
   - ☐ A will der Familie Wien zeigen.
   - ☐ B will dann eine Spezialität aus Österreich kochen.

4

CD 1 - TR. 21

Hören Sie das Gespräch noch einmal. Um welche Lebensmittel geht es? Kreuzen Sie die Wörter an, die Sie hören.

		ja	nein
1.	Saft	☐	☐
2.	Pfannkuchen	☐	☐
3.	Pflaumen	☐	☐
4.	Pfeffer	☐	☐
5.	Öl	☐	☐
6.	Süßigkeiten	☐	☐
7.	Süßspeisen	☐	☐
8.	Bier	☐	☐
9.	Brühe	☐	☐
10.	Schokolade	☐	☐

KULTURTIPP

Die **Brühe** ist eine klare Suppe, die aus Rindfleisch oder Gemüse gekocht wird. **Pflaumen** sind süßes, blaues Obst.

CD 1 - TR. 21

5

Lesen Sie die Fragen und notieren Sie die Antworten aus dem Gespräch. Ordnen Sie dann die Antworten unten zu und vergleichen Sie sie mit Ihren Notizen.

Notizen:

1. Wofür brauchen sie so viele Gläser? ______
2. Was für Wein bevorzugen Sylvia und Susanne? ______
3. Wonach riecht es in der Küche? ______
4. Warum wird die Soße mit Pflaumen und Essig zubereitet? ______
5. Sylvia schmeckt das Essen sehr. Was sagt sie? ______
6. Wofür haben sich Sylvia und Aynur noch nicht entschieden? ______

___ A Nach Gewürzen.
___ B So bekommt sie einen süß-sauren Geschmack.
___ C Rotwein.
___ D Für eine Reise nach Wien.
___ E Für Wasser, Wein und Saft.
___ F Mein Kompliment!

WORTSCHATZ

Worterklärungen:
verfeinern: den Geschmack einer Speise besser machen
umrühren: mit einem Kochlöffel etwas mischen
schneiden (Partizip Perfekt: **geschnitten**): etwas mit einem Messer in kleine Stücke teilen

6

Wie wird die österreichische Spezialität **Frittatensuppe** zubereitet? Bringen Sie die Sätze in die richtige Reihenfolge.

1. Wenn sie heiß ist,
2. in die Brühe gelegt.
3. Das Rezept für Frittatensuppe:
4. Zuerst backt man viele Pfannkuchen.
5. Umrühren und fertig!
6. werden die Pfannkuchenstreifen
7. Danach müssen sie in feine Streifen geschnitten werden.
8. Dann bereitet man eine Brühe vor.

Richtige Reihenfolge: ______

7

Sie kennen schon viele Verben mit Präposition, zum Beispiel:
sich interessieren für, sich entscheiden für, riechen nach, sich freuen über, sich freuen auf, warten auf, denken an usw.

Mit was für einem Fragewort stellt man passende Fragen? Vergleichen Sie:

Frage nach Sachen: **Woran** denkst du? – *Antwort:* **An** Süßigkeiten.
Frage nach Personen: **An wen** denkst du? – *Antwort:* **An** Susanne.

Regeln:
(1) Wenn man nach Sachen fragt, ist das Fragewort **wo-** + Präposition:
Wofür interessierst du dich? – Für neue Rezepte.
Wonach riecht es? – Nach Gewürzen.
Bei Präpositionen, die mit einem Vokal (**an**, **auf**, **um**) oder einem Umlaut (**über**) beginnen, wird nach **wo-** ein **r** hinzugefügt: **wo-** + **r** + Präposition:
Worüber freut sie sich? – Über das Kompliment.

(2) Wenn man nach Personen fragt, verwendet man als Fragewort die Präposition und **wen** (Akkusativ) / **wem** (Dativ):
Für wen interessierst du dich? – Für Eric.
Mit wem triffst du dich? – Mit einer Freundin.

6, 10

WORTSCHATZ

Der Ausdruck **sich freuen auf** bezieht sich auf etwas, das man erwartet oder erhofft, **sich freuen über** auf etwas, das bereits da ist.

8

Ergänzen Sie das Fragewort. Versuchen Sie es zuerst ohne Hilfe.

1. ____________ passt Weißwein? – Zu Fisch.
2. ____________ sprecht ihr? – Über das Abendessen.
3. ____________ warten sie? – Auf ihre Eltern.
4. ____________ freut sich Lisa? – Auf das Dessert.
5. ____________ entscheiden Sie sich? – Für Rotwein.
6. ____________ fährst du nach Wien? – Vielleicht mit Aynur.

Wozu Worüber Wofür Worauf Mit wem Auf wen

WORTSCHATZ

1. Der Plural von **das Ei** ist **die Eier**.

2. Das österreichische Wort für **der Quark** ist **der Topfen**.

3. **Ketschup** wird auch **Ketchup** und **Majonäse** auch **Mayonnaise** geschrieben.

9

Hier sind ein paar wichtige **Zutaten**, die man zum Kochen braucht:

A das Öl, der Essig
B das Salz, der Pfeffer, der Paprika, die Kräuter
C der Zucker, das Mehl, die Milch, die Sahne, der Quark, die Butter, das Ei
D der Senf, der/das Ketschup, die Majonäse

Beantworten Sie die Fragen und schreiben Sie A, B, C oder D in die Lücke.

1. Welche Zutaten brauchen Sie für einen Kuchen? ____
2. Was passt zu Bratwurst oder zu Pommes? ____
3. Mit welchen Zutaten machen Sie einen Salat an? ____
4. Welche Zutaten sind Gewürze? ____

10

Wie heißen die Tätigkeiten, die Sie auf den Fotos sehen? Kreuzen Sie das richtige Wort an.

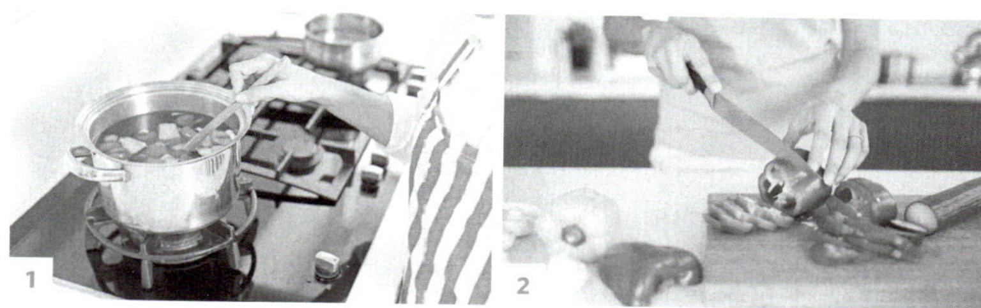

1
- ☐ A füllen
- ☐ B umrühren
- ☐ C legen

2
- ☐ A verfeinern
- ☐ B würzen
- ☐ C schneiden

11

In einem **Haushalt** gibt es viele verschiedene Tätigkeiten. Welches Verb passt? Ordnen Sie zu.

WORTSCHATZ

1. Das einfache Verb **spülen** und die trennbaren Verben **abspülen** und **abwaschen** werden synonym verwendet.

2. Das Verb **gießen** ist unregelmäßig (**goss**, **hat gegossen**) und bedeutet „einer Pflanze Wasser geben".

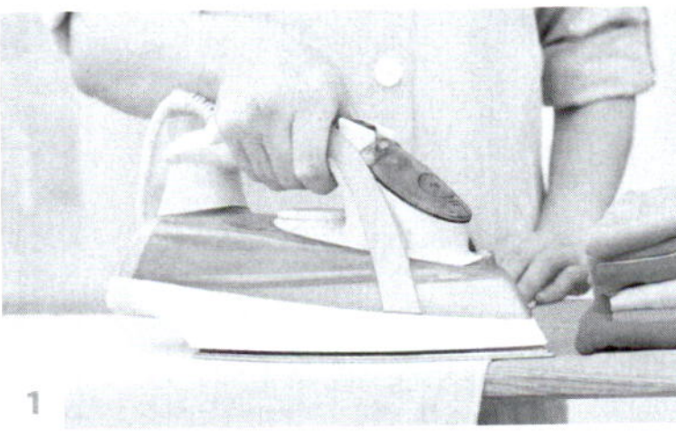
1

2

1. Hemden und Blusen — ___ A decken
2. den Tisch — ___ B spülen
3. die Pfannkuchen mit Quark — ___ C mischen
4. Kartoffeln — ___ D gießen
5. das Geschirr — ___ E putzen
6. die Blumen — ___ F füllen
7. die Fenster — ___ G bügeln *(Foto 1)*
8. Zucker, Eier, Milch und Mehl — ___ H schälen *(Foto 2)*

12

CD 1 - TR. 22

Hören Sie auf Ihrer CD, was Susanne und Thomas über ihren Haushalt erzählen. Wer macht was? Susanne, Thomas oder beide?
Beantworten Sie die Fragen und kreuzen Sie die richtige Person an.

	Susanne	Thomas
1. Wer putzt die Wohnung?	☐	☐
2. Wer bügelt die Wäsche?	☐	☐
3. Wer geht einkaufen?	☐	☐
4. Wer räumt auf?	☐	☐
5. Wer deckt den Tisch?	☐	☐
6. Wer spült ab?	☐	☐

 16

13

Das Passiv mit Modalverben hat drei Teile:

Modalverb + Partizip Perfekt des Hauptverbs + Infinitiv von **werden**

Regel:
Nur das Modalverb wird konjugiert. Es steht in Hauptsätzen an zweiter Position, das Partizip Perfekt und **werden** stehen am Ende.

Präsens:	Die Suppe **kann** mit Gewürzen **verfeinert werden**.
Präteritum:	Der Tisch **musste** noch **gedeckt werden**.

14

Bringen Sie die Wörter in die richtige Reihenfolge und schreiben Sie die Sätze.

1. geholt | Die Getränke | müssen | werden | aus dem Keller |.

   ____

2. nicht zu lange | Die Suppe | gekocht | werden | darf |.

   ____

3. werden | Zuerst | gebacken | die Pfannkuchen | sollen |.

   ____

SPRACHTIPP
Tipp für Bildung des Partizips: **Bügeln** und die trennbaren Verben **einkaufen** und **abspülen** sind regelmäßige Verben, nur **waschen** ist ein unregelmäßiges Verb.

15

Was musste gemacht werden? Schreiben Sie Passivsätze mit dem Modalverb **müssen** im Präteritum und dem angegebenen Verb.

1. einkaufen

   Die Zutaten für den Braten ______________________________.

2. abspülen

   Das Geschirr ______________________________.

3. waschen und bügeln

   Die Hemden ______________________________.

° 16

Wie macht man **Pfannkuchen**? Ergänzen Sie das Rezept. Lesen Sie dann den Text noch einmal laut und achten Sie auf die Passivformen.

geschnitten gebraten gewendet gefüllt
zubereitet gelegt muss können

Zuerst ______ (1) ein Teig aus Eiern, Milch, Mehl und etwas Salz ______ (2) werden. Dann werden die Pfannkuchen in einer Pfanne ______. (3) Nach ein paar Minuten müssen sie auf die andere Seite ______ (4) werden.

Für eine Süßspeise ______ (5) die Pfannkuchen mit süßem Quark ______ (6) werden. Für Frittatensuppe müssen sie in Streifen ______ (7) und in eine heiße Brühe ______ (8) werden.

° 17

 26

Viele deutsche Substantive sind aus zwei oder mehr Wörtern zusammengesetzt. Es gibt folgende Möglichkeiten:
(1) Substantiv + Substantiv
der Wein + **das Glas** = **das Weinglas**
das Glas + **die Schüssel** = **die Glasschüssel**
Manchmal wird **-(e)s-** oder **-(e)n-** zwischen die Substantive eingefügt:
das Kalbsschnitzel, der Suppenteller.

(2) Adjektiv + Substantiv
süß + **die Speise** = **die Süßspeise**

(3) Verb + Substantiv
kochen + **der Löffel** = **der Kochlöffel**
Die Infinitivendung **-(e)n** wird meist gekürzt (**koch-**).

Finden Sie das zusammengesetzte Wort und schreiben Sie es in die Lücke.

1. Ü B S G R I N D F L E I S C H K Ä X I S – das ______
2. S I P P T U S A U E R B R A T E N O F F – der ______
3. K O K U C H E N G A B E L I V E N P E T – die ______

LEKTION 8 Endlich Urlaub!

1

CD 1 - TR. 23

WORTSCHATZ

günstig = preiswert, nicht teuer
die Pauschalreise = eine Reise, bei der alle Kosten (Flug, Hotel usw.) in einem Preis zusammengefasst sind.
buchen = fest bestellen und bezahlen

Der Campingurlaub

Urlaub in der Türkei

Eine Städtereise

Urlaubszeit! Was muss man planen und vorbereiten?
Hören Sie auf Ihrer CD, was die Personen sagen. Verbinden Sie dann die Sätze.

1. Wir planen ... ___ A einen günstigen Flug im Internet.
2. Wir buchen ... ___ B Geld.
3. Wir suchen ... ___ C einen Kurzurlaub in die Türkei.
4. Wir packen ... ___ D eine Pauschalreise im Reisebüro.
5. Wir wechseln ... ___ E unseren Koffer.

2

WORTSCHATZ

die Jugendherberge = eine Art Hostel für junge Menschen
die Verpflegung = Essen und Getränke auf einer Reise
die Vollpension = Frühstück, Mittag- und Abendessen
die Übernachtung, übernachten = nicht zu Hause schlafen

Manchmal ist es schwer zu entscheiden, wohin man fahren möchte, wo man übernachten möchte usw.
Hier sind ein paar Möglichkeiten. Ergänzen Sie die fehlenden Wörter.

Vollpension — Meer — Jugendherberge — Einzelzimmer

1. **Das Reiseziel:** Das ____________, das Gebirge oder eine Stadt?
2. **Die Unterkunft:** Ein Hotel, ein Campingplatz oder eine ____________?
3. **Die Verpflegung:** Nur mit Frühstück oder mit ____________?
4. **Die Übernachtung:** Im ____________, im Doppelzimmer, im Wohnwagen oder bei Freunden?

3

CD 1 - TR. 24

Sylvia und Aynur wollen zusammen Urlaub machen. Zu Hause sprechen sie über verschiedene Möglichkeiten. Dann gehen sie in ein Reisebüro.

Hören Sie das Gespräch auf Ihrer CD und beantworten Sie die Fragen.

1. Wohin möchte Sylvia zuerst fliegen? ☐ Wien ☐ Antalya
2. Wo will Aynur lieber Urlaub machen? ☐ am Meer ☐ in einer Stadt
3. Hat das Reisebüro eine passende Reise für sie? ☐ ja ☐ nein

4

CD 1 - TR. 24

Lesen Sie die Aussagen. Sind sie richtig oder falsch?
Hören Sie das Gespräch noch einmal und kreuzen Sie an.

	richtig	falsch
1. Der Urlaub von Sylvia und Aynur soll nicht teuer sein.	☐	☐
2. Aynur möchte Sylvias Heimatstadt sehen.	☐	☐
3. Wien bietet viele kulturelle Möglichkeiten.	☐	☐
4. Aynurs Mutter lebt in der Türkei.	☐	☐
5. Es gibt keinen Flug mehr nach Wien.	☐	☐
6. Sylvia und Aynur reservieren ein Doppelzimmer.	☐	☐
7. Sie buchen einen Flug nach Antalya.	☐	☐

WORTSCHATZ

anbieten = sagen, dass jemand etwas haben kann
faulenzen ⟷ aktiv sein, arbeiten
sich erkundigen = nach etwas fragen

5

Lesen Sie die Sätze aus dem Dialog. Schreiben Sie die Verben in die richtigen Lücken.
Wenn Sie nicht genau wissen, welches Verb passt, können Sie das Gespräch noch einmal hören.

übernachten   buchen   fliegen   anbieten   erkundigen   faulenzen

1. Ich möchte am Strand liegen und ________________.
2. Wir können bei Freunden ________________ und brauchen kein Hotel.
3. Wir möchten uns nach Flügen ________________.
4. Wir möchten einen Flug nach Antalya ________________.
5. Wir wollen am 24. September ________________ und eine Woche bleiben.
6. Können Sie uns einen günstigen Flug ________________?

WORTSCHATZ

1. **Der Reiseführer** ist ein Buch mit Informationen über eine Stadt, eine Region oder ein Land.

2. Koffer, Taschen usw. nennt man **das Gepäck**.

6

Sylvia und Aynur sind wieder zu Hause und planen ihre Reise.
Lesen Sie die Sätze und finden Sie das fehlende Substantiv oder Verb in der Buchstabenschlange. Lesen Sie dann die Sätze noch einmal laut.

1. Müssen wir ein ____________ beantragen?
   G R T A N A D G V I S U M G H D A Z R
2. Gestern habe ich einen Reiseführer und einen ____________ gekauft.
   Z L E T U N S T A D T P L A N R E R A U F S Y
3. Ich muss noch eine Kreditkarte ____________.
   V Ä R G I G A B E S O R G E N B E R L Ö
4. Wir dürfen unsere ____________ nicht vergessen.
   A N Y S R E I S E P Ä S S E Ä N D I X
5. Sollen wir für das Gepäck eine ____________ abschließen?
   U I H J A R T E V E R S I C H E R U N G S T E R

7

Im Inland und im Ausland gibt es viele schöne Reiseziele:
die **Alpen**, die **Berge**, das **Gebirge**, die **Insel**, das **Land** (im Unterschied zur **Stadt**), das **Meer**, der **See**, der **Strand**, der **Süden**, die **Wüste**.
Welches Reiseziel wird hier beschrieben? Schreiben Sie es in die Lücke.

1. Die **Nordsee** ist kein See, sondern ein ______ im Norden von Deutschland.
2. Die **Sahara** ist eine ______ .
3. Mein idealer Urlaub: Eine Insel mit Sonne, Meer und ______ .
4. Städtereisen mag ich nicht. Ich mache lieber Urlaub auf dem ______ .

WORTSCHATZ

der See (Plural: Seen) ≠ die See, z.B.: der Bodensee, der Chiemsee
die See (nur Singular) = das Meer, z.B.: die Nordsee, die Ostsee

8

Wenn man über Urlaub und Reiseziele spricht, braucht man sehr oft die Präpositionen **an**, **auf**, **bei**, **in**, **nach** und **zu**.
Regeln:
(1) Nach **bei**, **nach** und **zu** folgt ein Substantiv im Dativ.
(2) Nach **an**, **auf** und **in** kann das Substantiv im Dativ (Frage: Wo?) oder im Akkusativ (Frage: Wohin?) stehen.

Schreiben Sie die passenden Präpositionen in die Lücken.

	Wo macht ihr Urlaub?	Wohin fahrt ihr?
1.	**am** Meer	______ Meer
2.	______ Gebirge	**ins** Gebirge
3.	**auf dem** Land	______ Land
4.	______ Österreich	**nach** Österreich
5.	**im** Ausland	______ Ausland
6.	______ Freunden	**zu** Freunden
7.	**zu** Hause	______ Hause

26

SPRACHTIPP

Dativ:
am (an + dem)
beim (bei + dem)
im (in + dem)
zum (zu + dem)
zur (zu + der)

Akkusativ:
ans (an + das)
aufs (auf + das)
ins (in + das)

Die meisten Ländernamen werden ohne Artikel gebraucht, aber nicht: **die Schweiz** und **die Türkei**. Dann heißt es: **Wir machen Urlaub in der Türkei. Wir fahren in die Schweiz.**

 24

 SPRACHTIPP

1. Mit indirekten Fragen formuliert man oft Unsicherheit, Nichtwissen oder Fragen, bei denen man sich nicht sicher ist. Sie stehen nach Verben wie z.B. **(nicht) sagen**, **(nicht) fragen**, **(sich) fragen** und **(nicht) wissen**.

2. Beachten Sie das Satzzeichen:
Ich weiß nicht, ob er kommt. (mit Punkt)
Weißt du, ob er kommt? (mit Fragezeichen)

9

Bei den indirekten Fragen gibt es wie bei den direkten Fragen zwei Arten: (1) W-Fragen und (2) Ja-/Nein-Fragen. Vergleichen Sie:

	Direkte Frage:	**Indirekte Frage:**
(1)	**Wie viel** kostet der Flug?	Ich weiß nicht, **wie viel** der Flug kostet.
(2)	Ist der Flug teuer?	Ich weiß nicht, **ob** der Flug teuer ist.

Regeln:

(1) Indirekte *W-Fragen* haben das gleiche Fragewort wie die entsprechende direkte Frage, z.B. **warum**, **wer**, **wann**, **...**:
Wir müssen uns entscheiden, wohin wir fahren wollen.
Ich weiß nicht, woran er denkt.

(2) Indirekte *Ja-/Nein*-Fragen werden mit der Konjunktion **ob** eingeleitet:
Ich frage mich, ob er zu Hause ist. (← Ist er zu Hause?)
Weißt du, ob sie nach Wien fährt? (← Fährt sie nach Wien?)

(3) Wortstellung: Indirekte Fragen sind Nebensätze. Deshalb steht das konjugierte Verb am Ende des Satzes.

10

Kreuzen Sie den richtigen Ausdruck an.

1. ____, ob wir morgen Zeit haben.
- ☐ A Ihr sagt uns
- ☐ B Wir wissen nicht
- ☐ C Wir fragen

2. Ich frage mich, wofür ____
- ☐ A er hat sich entschieden.
- ☐ B er sich entschieden hat.
- ☐ C sich er hat entschieden.

3. ____, ob es noch freie Plätze gibt.
- ☐ A Ich weiß
- ☐ B Ich bin mir sicher
- ☐ C Ich möchte fragen

4. ____ meine Reisetasche ist?
- ☐ A Weißt du, wo
- ☐ B Weißt du, ob
- ☐ C Weißt du, woran

11

Welche Unterkunft wählen Sie? Lesen Sie die Beschreibungen und ordnen Sie sie der passenden Unterkunft zu.

1. Der Campingplatz:

2. Der Bauernhof:

3. Das Ferienhaus:

4. Die Jugendherberge:

5. Die Pension:

___ A Günstiges Doppelzimmer mit Frühstück.

___ B Ohne Verpflegung. Sie kochen und putzen die Zimmer selbst.

___ C Unterkunft für junge Menschen, einfache Mehrbettzimmer.

___ D Im Wohnwagen oder im Zelt und Schlafsack übernachten.

___ E Urlaub auf dem Land. Ideal für Familien: Die Kinder haben einen direkten Kontakt zu Tieren.

12

Hören Sie zu jedem Foto drei Sätze und entscheiden Sie, welcher am besten passt. A, B oder C? Kreuzen Sie an.

CD 1 - TR. 25

1

☐ A
☐ B
☐ C

CD 1 - TR. 26

2

☐ A
☐ B
☐ C

CD 1 - TR. 27

3

☐ A
☐ B
☐ C

 7

13

Im Hauptdialog konnten Sie Wörter wie **daran**, **davon** und **damit** hören. Welche Funktion haben diese Wörter? Lesen Sie die Beispiele:
Was hältst du von dieser Idee? – Ich halte nichts davon.
Freust du dich auf den Urlaub? – Ja, ich freue mich sehr darauf.

Regeln:
(1) Wenn Sie einen Ausdruck mit einer Präposition nicht wiederholen möchten, verwenden Sie ein Wort, das aus **da-** + Präposition gebildet wird. Dieses Wort heißt in der Grammatik **Pronominaladverb**.

Bei Präpositionen, die mit einem Vokal (**an**, **auf**, **um**) oder einem Umlaut (**über**) beginnen, verwendet man **da-** + **r** + Präposition: **daran**, **darüber**.

(2) Pronominaladverbien können Sie nur für Sachen verwenden. Für Personen verwenden Sie einfach die Präposition und ein Personalpronomen (**mich**, **mir**, **dich** usw.):
Was hältst du von ihm? Wir freuen uns auf euch.

SPRACHTIPP

Mit den Wörtern **daran**, **damit** usw. kann man auch einen ganzen Satz ersetzen. Ein Beispiel mit dem Verb **denken an**: **Ich habe nicht viel Geld.** Wir müssen **daran** denken.

14

Lesen Sie die Fragen und ergänzen Sie dann die Antwort mit dem richtigen Pronominaladverb.

1. Bist du mit dieser Idee einverstanden?
   – Nein, ich bin ________ nicht einverstanden.
2. Interessieren Sie sich für Städtereisen?
   – Ja, ich interessiere mich sehr ________.
3. Wann erkundigst du dich nach einem günstigen Flug?
   – Ich erkundige mich morgen ________.

15

Wenn Sie in ein Reisebüro gehen oder dort anrufen, können Sie das Gespräch so beginnen:
Ich möchte mich nach einem günstigen Flug erkundigen.
Ich interessiere mich für eine Pauschalreise nach ... (Reiseziel)
Ich möchte mich über Last-Minute-Angebote informieren.

Auch Eric möchte Urlaub machen. Er ruft in einem Reisebüro an. Ergänzen Sie den Dialog mit den folgenden Wörtern.

kostet | erkundigen | bleiben | reservieren
anbieten | Einzelzimmer | Meer | Vollpension
Unterkunft | Urlaub | inklusive

Eric: Guten Tag, mein Name ist Eric Vanderberg. Ich möchte in Antalya eine Woche ______________ (1) machen und mich nach günstigen Angeboten ______________. (2)

Reisebüro: Wie lange wollen Sie ______________ (3) ?

Eric: Eine Woche.

Reisebüro: Ich kann Ihnen eine Pauschalreise für 534,- Euro ______________. (4)

Eric: Dieser Preis ist ______________ (5) Hotel und Flug, richtig?

Reisebüro: Ja. Sie wohnen in einem Hotel mit Blick aufs ______________ (6).

Eric: Ist es möglich, ein ______________ (7) zu bekommen?

Reisebüro: Ja, aber das ______________ (8) dann 61,- Euro mehr.

Eric: In Ordnung. Ist die ______________ (9) mit Halbpension?

Reisebüro: Nein, sogar mit ______________. (10)

Eric: Sehr gut. Bitte ______________ (11) Sie dieses Angebot für mich. Ich komme dann heute Nachmittag bei Ihnen vorbei.

Reisebüro: Sehr gerne. Auf Wiederhören.

KULTURTIPP

Es ist kein Zufall, dass auch Eric in die Türkei fliegt. Die Türkei ist nämlich eines der beliebtesten Urlaubsländer der Deutschen.

16

Üben Sie die Aussprache von **f**, **v** and **w**:

- **f** und **w** werden „f" und „w" ausgesprochen: **Flug**, **Wien**,
- **v** wird „f" oder „w" ausgesprochen: **Vater** („f"), aber **Visum** („w").

Hören Sie die folgenden Wörter auf Ihrer CD und sprechen Sie sie nach.

der **W**ohnwagen
das **F**erienhaus
die Reise**v**ersicherung
das **V**isum
die **W**üste

ein**v**erstanden
inklusi**v**e
wie **v**iel
die Reser**v**ierung
sich in**f**ormieren

SPRACHTIPP

Die Wörter in dieser Übung, bei denen **v** wie „w" gesprochen wird, kommen aus der lateinischen Sprache.

CD 1 - TR. 28

1

In den Lektionen 5 bis 8 haben Sie gelernt, was Sie in verschiedenen Situationen sagen und fragen können.
Lesen Sie die folgenden Situationen und ordnen Sie die Beispiele zu.

1. Personen beschreiben
2. etwas nicht sicher wissen (indirekte Fragen)
3. die Zubereitung von Speisen erklären
4. über Gefühle sprechen
5. sich im Reisebüro informieren
6. Speisen bestellen
7. Reiseziele nennen
8. sich beschweren

___ A Ich bin enttäuscht von dir.
___ B Das habe ich nicht bestellt.
___ C Wir machen Urlaub in den Alpen.
___ D Ich frage mich, wo er ist.
___ E Als Beilage nehme ich einen Salat.
___ F Ich möchte mich nach Flügen erkundigen.
___ G Das Fleisch wird in Öl gebraten.
___ H Er ist blond, nett und charmant.

2

Es gibt Post für Sie! Schreiben Sie die fehlenden Wörter in die Lücken.

Liebe Kollegen,

endlich Urlaub! Wir sind in einer kleinen ______________ (1) *und haben Zimmer mit* ______________ (2) *aufs Meer. Wirklich ideal!*

Wir gehen jeden Tag an den ______________. (3) *Dort faulenzen wir oder lernen neue Leute* ______________. (4)

Am Abend gehen wir oft ins Restaurant und probieren neue ______________. (5) *Die Spezialität hier ist Thunfisch. Lecker!*

Bald müssen wir die Koffer ______________ (6) *und wieder* ______________ (7) *Hause fahren.*

Bis bald!

Susi, Peter, Anna und Franz

3

Was können Sie in den Situationen auf den Fotos sagen? Lesen Sie die Sätze und entscheiden Sie, welche passen. Mehrere Sätze können richtig sein.

1.

- ☐ A Und jetzt werden die Pfannkuchen mit Quark gefüllt.
- ☐ B Der Kuchen schmeckt sicher lecker!
- ☐ C Was gibt es heute zum Nachtisch?
- ☐ D Die Rechnung stimmt nicht.

2.

- ☐ A Haben Max und Klara eine feste Beziehung?
- ☐ B Schau mal, was für ein hübsches Liebespaar!
- ☐ C Meine Freunde sind intolerant und eifersüchtig.
- ☐ D Sie sehen enttäuscht aus.

3.

- ☐ A Wir sind ins Gebirge gefahren, weil es im Süden zu heiß ist.
- ☐ B Schau mal, der Blick aufs Meer ist so toll!
- ☐ C Wo macht ihr Urlaub? Erzähl mal.
- ☐ D Peter hat mir geschrieben. Er ist an einem kleinen Ort am Meer.

4.

- ☐ A Dieses Gericht passt gut zu Rotwein.
- ☐ B Wer hat das Geschirr gespült und abgetrocknet?
- ☐ C Kannst du bitte die Getränke aus dem Keller holen?
- ☐ D Deckst du bitte den Tisch? Wir brauchen auch noch Tassen.

CD 1 - TR. 29

10

4

In den letzten Lektionen haben Sie viele Verben kennen gelernt, die oft in Verbindung mit einer Präposition verwendet werden.
Schreiben Sie die richtige Präposition in die Lücke. Hören Sie dann die Sätze auf Ihrer CD und kontrollieren Sie Ihre Antworten.

1. Aynur hat sich ________ Eric verliebt.
2. Denkst du noch ________ den Urlaub in Spanien?
3. Ich erkundige mich ________ dem Rezept für Pizza.
4. Was hältst du eigentlich ________ Claudia?
5. Hast du dich schon ________ den Preis informiert?
6. Wir freuen uns sehr ________ die Reise.
7. Ich bin enttäuscht ________ diesem Restaurant.
8. Es geht ________ eine interessante Geschichte.

ABC WORTSCHATZ
sich beschweren
fragen
sich freuen
schmecken
sich informieren

Lerntipp

Lernen Sie die Verben mit Präposition in Gruppen, zum Beispiel so: Machen Sie sich pro Präposition einen Notizzettel und schreiben Sie die passenden Verben dazu. Beginnen Sie mit den Verben am linken Rand.

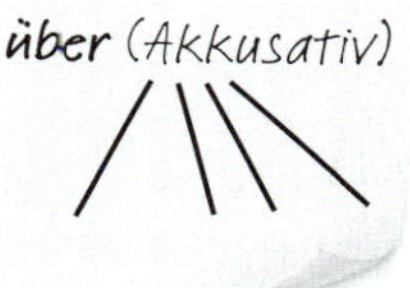

§ 7

5

Die Pronominaladverbien **dafür**, **daran** usw. ersetzen
- einen Ausdruck mit Präposition + Substantiv: **für eine Reise → dafür**
- einen ganzen Satz: **Wir haben wenig Zeit. → Ich denke daran.**

Für Personen nimmt man ein Personalpronomen: **für Peter → für ihn**

Ergänzen Sie die Sätze.

1. Wann triffst du dich mit Aynur? – Ich treffe mich später ________.
2. Sind Sie mit dem Angebot einverstanden? – Ja, ich bin ________ einverstanden.
3. Bist du in Klaus verliebt? – Nein, ich bin nicht ________ verliebt.
4. Hast du einen Stadtplan besorgt? – Ich denke morgen ________.
5. Morgen fahren wir in die Türkei! – Auch ich freue mich sehr ________.

° 6 § 22

(1) Relativsätze sind Nebensätze, die ein Substantiv genauer beschreiben. Hier sehen Sie noch einmal die Regeln für ein maskulines Substantiv im Singular.

(2) Die Relativpronomen im Nominativ, Akkusativ und Dativ haben die gleichen Formen wie der bestimmte Artikel (**der**, **die** usw.). Eine Ausnahme ist der Dativ Plural: **denen**.

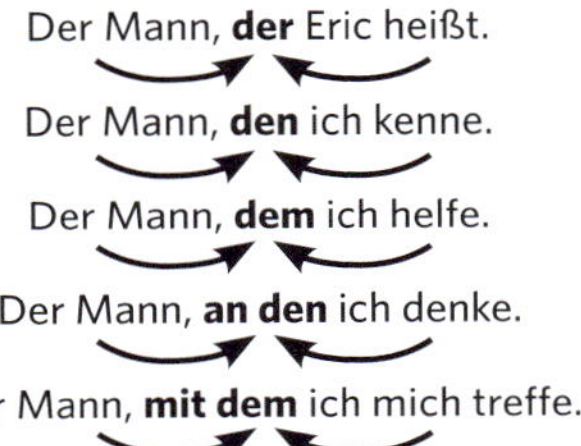

(3) Das Verb im Relativsatz entscheidet, ob Sie ein Relativpronomen im Nominativ, Akkusativ, Dativ oder mit einer Präposition brauchen, z.B.
heißen + Nominativ → **der**
denken an + Akkusativ → **an den**

Ergänzen Sie die Sätze.

um die mit der nach denen der die das in dem in den

1. Wie heißt das Gewürz, ________ du für die Suppe nimmst?
2. Er hat die schönsten Augen, ________ ich kenne.
3. Claudia ist ein Mensch, ________ gern lacht.
4. Das Hotel, ________ wir übernachten, liegt am Meer.
5. Wer ist denn die Freundin, ________ du wegfährst?
6. Der Mann, ________ sich Aynur verliebt hat, heißt Eric.
7. Hier sind die Zutaten, ________ du gefragt hast.
8. Beschreib doch mal die Personen, ________ es geht.

 22

7

Die Relativpronomen im Genitiv sind **dessen** und **deren**. Sie drücken Besitz oder Zugehörigkeit aus. Beispiele:
Das Bezugswort ist maskulin oder neutral → **dessen**
Das ist der Mann / das Kind, dessen Bruder ich kenne.
Bedeutung: Ich kenne den Bruder des Mannes/des Kindes.

Das Bezugswort ist feminin oder steht im Plural → **deren**
Hier gibt es die Suppe / die Speisen, deren Geschmack er so toll findet.
Bedeutung: Er findet den Geschmack der Suppe/der Speisen toll.

Ergänzen Sie **dessen** oder **deren**.

1. Die Unterkunft, ____________ Preis so günstig ist, liegt direkt am Meer.
2. Das ist mein Kollege Hans, ____________ Tipps mir sehr geholfen haben.
3. Kennst du Gerichte, ____________ Zubereitung nicht so schwer ist?

§ 6

SPRACHTIPP

Worum geht es? Diese Frage stellt man, wenn man das Thema eines Gesprächs, eines Films oder eines Buches wissen will.

8

Wann verwenden Sie die Fragewörter **wofür**, **womit** usw.? Und wann fragen Sie **für wen**, **mit wem** usw.?
(1) Für Sachen: Fragewörter mit **wo(r)-** + Präposition:
nach Gewürzen riechen → Wonach riecht es?
sich auf die Reise freuen → Worauf freust du dich?

(2) Für Personen: Präposition + **wen** (Akkusativ) oder **wem** (Dativ):
sich für jemanden interessieren → Für wen interessierst du dich?
von einem Kollegen enttäuscht sein → Von wem sind Sie enttäuscht?

Schreiben Sie das richtige Fragewort in die Lücke.

1. ____________ fährst du in Urlaub? – Mit einem Bekannten.
2. ____________ habt ihr Angst? – Vor einer Enttäuschung.
3. ____________ denkst du? – Ich denke an meinen Freund.
4. ____________ erinnern Sie sich nicht gerne? – An Liebeskummer.
5. ____________ schmeckt die Suppe? – Nach Zwiebeln.

9

Das **Passiv**. Lesen Sie die Beispiele.

		Position 2:		Satzende:
Präsens:	Der Salat	**wird**	mit Joghurt	**angemacht.**
Präteritum:	Wir	**wurden**	noch nicht	**informiert.**
Perfekt:	Die Tickets	**sind**	bereits	**bestellt worden.**
Präsens:	Flüge	**können**	im Internet	**gebucht werden.**
Präteritum:	Das Geschirr	**musste**	noch	**gespült werden.**

Regeln:
(1) Das einfache Passiv: Form von **werden** + Partizip Perfekt des Hauptverbs
(2) Das Passiv mit Modalverb hat immer drei Teile:
Form des Modalverbs + Partizip Perfekt + Infinitiv von **werden**

Schreiben Sie mit den folgenden Wörtern Sätze im Passiv Präsens, Präteritum oder Perfekt. Achten Sie auf die Wortstellung.

1. alle Zutaten gut mischen *(Perfekt)*

   ____

2. die Küche noch aufräumen müssen *(Präteritum)*

   ____

3. die Hemden waschen, dann sie bügeln *(Präsens)*

   ____

10

Das Passiv mit Modalverb im Nebensatz: Wo steht was? Beispiel:

Er weiß nicht, wie lange die Nudeln gekocht werden müssen.
Die Wortstellung ist: Partizip Perfekt – **werden** – Form des Modalverbs
Bringen Sie die Wörter in die richtige Reihenfolge.

1. beantragt | muss | bis morgen | werden | das Visum

   Vergiss nicht, dass ______________________________.

2. der Flug | konnte | werden | nicht | gebucht

   Ich verstehe nicht, warum ______________________________.

11

Kreuzen Sie die Wörter an, die zu der Kategorie passen. Vorsicht: Zwei, drei oder alle vier Wörter können passen!

1. Gefühle:
- ☐ A die Liebe
- ☐ B die Eifersucht
- ☐ C der Bekannte
- ☐ D die Angst

2. Das Essen zubereiten:
- ☐ A die Zwiebeln schneiden
- ☐ B die Kartoffeln schälen
- ☐ C den Salat anmachen
- ☐ D die Speisekarte lesen

3. Reiseziele:
- ☐ A der Koffer
- ☐ B das Gebirge
- ☐ C das Meer
- ☐ D der See

4. Der Charakter:
- ☐ A temperamentvoll
- ☐ B tolerant
- ☐ C würzig
- ☐ D humorlos

5. Zutaten und Gewürze:
- ☐ A das Mehl
- ☐ B die Soße
- ☐ C der Topf
- ☐ D der Pfeffer

6. Geschirr und Besteck:
- ☐ A der Teller
- ☐ B der Kochlöffel
- ☐ C das Messer
- ☐ D die Schüssel

7. Die Speisekarte:
- ☐ A der Haushalt
- ☐ B die Vorspeise
- ☐ C der Nachtisch
- ☐ D das Hauptgericht

8. Geschmack:
- ☐ A scharf
- ☐ B lauwarm
- ☐ C sauer
- ☐ D blutig

12

Die Bedeutung der folgenden Verben ist ähnlich, aber nicht gleich. Was passt zusammen?

1. beantragen	___	A Gerichte im Restaurant
2. besorgen	___	B einen Flug, ein Doppelzimmer
3. bestellen	___	C ein Visum, einen Reisepass
4. buchen	___	D einen Reiseführer, einen Stadtplan

13

Markieren Sie das Wort, das nicht in die Reihe passt.

1. das Gemüse | die Bratkartoffeln | das Geflügel | der Reis
2. am Strand | bei Freunden | auf einem Campingplatz | nach Hause
3. schüchtern | salzig | gefühlvoll | sympathisch
4. die Unterkunft | die Übernachtung | die Beziehung | die Verpflegung
5. günstig | traurig | enttäuscht | unglücklich

14

Was mögen Sie? Was mögen Sie nicht? Kreuzen Sie die Antworten an, die zu Ihnen passen. Sie können mehrere, aber auch keine Antwort ankreuzen.

1. Was essen Sie gern?
   - ☐ Vegetarische Gerichte.
   - ☐ Steak mit Pommes frites.
   - ☐ Fisch, zum Beispiel Thunfisch.
   - ☐ Pizza.
2. Wohin möchten Sie gern in Urlaub fahren?
   - ☐ In den Süden ans Meer.
   - ☐ Aufs Land, auf einen Bauernhof.
   - ☐ In eine interessante Stadt.
   - ☐ Ins Gebirge, vielleicht in die Alpen.
3. Was machen Sie **nicht** gern im Haushalt?
   - ☐ Das Geschirr spülen.
   - ☐ Fenster putzen.
   - ☐ Die Wohnung aufräumen.
   - ☐ Bügeln.
4. Was für Menschen mögen Sie?
   - ☐ Selbstbewusste Menschen.
   - ☐ Charmante Menschen.
   - ☐ Offene Menschen.
   - ☐ Humorvolle Menschen.
5. Welche Getränke bevorzugen Sie?
   - ☐ Alkoholfreie Getränke.
   - ☐ Bier.
   - ☐ Saft und Wasser.
   - ☐ Rotwein.
6. Was haben Sie noch nie gemacht? Ich habe noch nie ...
   - ☐ einen Urlaub in der Wüste gemacht.
   - ☐ gekocht.
   - ☐ Sauerbraten gegessen.
   - ☐ gefaulenzt.

LEKTION 9 Zwischen zwei Kulturen

WORTSCHATZ

An einem deutschen Flughafen finden Sie alle wichtigen Informationen in deutscher und in englischer Sprache. So lesen Sie zum Beispiel *Gate* = **(der) Flugsteig** oder *Departure* = **(der) Abflug**.
Wörter wie **einchecken** oder **der Check-in-Schalter** kommen von dem englischen Wort für **kontrollieren** (*check*).

1

Welche Beschreibung passt zu welchem Foto?

1

2

3

___ A Das Flugzeug befindet sich im Anflug. In wenigen Minuten landet es auf dem Flughafen.

___ B Hier kann man sich informieren, ob das Flugzeug planmäßig oder mit Verspätung startet und von welchem Flugsteig man abfliegt.

___ C Am Check-in-Schalter bekommen die Fluggäste ihre Bordkarte und stellen ihr Gepäck auf ein Band.

CD 1 - TR. 30

KULTURTIPP

Ein **Gastarbeiter** ist jemand, der einige Monate oder Jahre im Ausland arbeitet und dann in sein Heimatland zurückkehrt. Das Wort **Gastarbeiter** wurde bis etwa 1975 verwendet. Mehr Informationen finden Sie in Übung 19.

2

Aynur hat eine türkische Mutter, die nicht mehr in Deutschland lebt. Die Geschichte ihrer Familie beginnt aber schon bei den Großeltern.
Lesen Sie den Beginn und hören Sie die Sätze 1 bis 6 auf Ihrer CD. Schreiben Sie die fehlenden Wörter in die Lücken. Eine Antwort auf die Frage am Ende bekommen Sie später im Hauptdialog.

1. Aynurs Großeltern kamen aus der ____________ nach Deutschland.
2. Hier arbeiteten sie als ____________ .
3. Ihre Tochter, Aynurs Mutter, ist in Düsseldorf ____________ .

   Als sie 20 Jahre alt war, ging die ganze Familie in die Türkei. Ihre Eltern wollten, dass sie einen türkischen Mann heiratet. Aber:

4. Sie heiratete einen ____________ .

   Mit ihm lebte sie zuerst in der Türkei, dann in Deutschland.

5. Später ____________ sie in die Türkei ____________ .
6. Was kann der ____________ dafür sein?

zurück | Gastarbeiter | Türkei | Grund | geboren | Deutschen | kehrte

3

Sylvia und Aynur konnten einen Flug nach Antalya im Internet buchen. Das Gespräch, das Sie auf Ihrer CD hören, hat zwei Teile. Worum geht es? Hören Sie die zwei Teile des Gesprächs und ordnen Sie A bis G zu.

CD 1 - TR. 31

A Anflug auf Antalya **B** Abflug in Düsseldorf **C** Aynurs Mutter
D im Flugzeug **E** am Schalter **F** Sylvias Fototasche
G Unterschied Deutschland - Österreich

1. Was passt zu Teil 1? ____________

2. Was passt zu Teil 2? ____________

4

Lesen Sie zuerst die Fragen und hören Sie dann das Gespräch noch einmal. Kreuzen Sie die richtige Antwort an.

CD 1 - TR. 31

1. Wo möchten Sylvia und Aynur sitzen?
- ☐ **A** Am Gang.
- ☐ **B** Am Fenster.
- ☐ **C** Auf dem Band.

2. Was sagt Aynur über ihre Großeltern?
- ☐ **A** Sie haben nie geheiratet.
- ☐ **B** Sie sind in Deutschland geblieben.
- ☐ **C** Sie haben sich nicht integriert.

3. Was hat bei ihren Eltern nicht gut funktioniert?
- ☐ **A** Das Zusammenleben.
- ☐ **B** Die Scheidung.
- ☐ **C** Die Kultur.

4. Was sagt sie über die Beziehung zu ihrer Mutter?
- ☐ **A** Sie ist ihr fremd.
- ☐ **B** Sie sind Freundinnen.
- ☐ **C** Sie vermisst ihre Mutter.

5. Was denkt Sylvia über die Österreicher?
- ☐ **A** Sie sind Ausländer.
- ☐ **B** Sie sind so ähnlich wie die Deutschen.
- ☐ **C** Sie sind groß.

6. Was wird über die Landung des Flugzeugs gesagt?
- ☐ **A** Es landet mit Verspätung.
- ☐ **B** Es landet planmäßig.
- ☐ **C** Es landet um 15.00 Uhr.

ABC **WORTSCHATZ**

Das Wort **fremd** bedeutet
1. etwas oder jemand ist unbekannt, 2. etwas oder jemand kommt aus einem anderen Land. Das Substantiv ist **der/die Fremde**.

vermissen = fühlen, dass man jemanden oder etwas gern in seiner Nähe hätte, was aber nicht so ist.

WORTSCHATZ

Worterklärungen:
die **Gesellschaft**: Menschen, die in einem Land zusammenleben

der **Einheimische**: jemand, der an einem Ort schon lange oder länger lebt ⟷ der **Fremde**

5

Es gibt viele Gründe, warum man lieber in seiner Heimat oder im Ausland lebt. Kreuzen Sie an, was Aynur und Sylvia im Dialog **nicht** nennen.

- ☐ **A** die Arbeit, z.B. als Gastarbeiter
- ☐ **B** die Gesellschaft
- ☐ **C** die Heirat
- ☐ **D** der Kontakt zu Einheimischen
- ☐ **E** die Kultur
- ☐ **F** die Mentalität
- ☐ **G** die Politik
- ☐ **H** die Religion
- ☐ **I** das Studium
- ☐ **J** die Tradition

SPRACHTIPP

Die Präposition **über** (+ Akkusativ) gibt oft das Thema an, z.B.: **eine Geschichte über ...**, **ein Text über ...** oder auch **über ... sprechen**.

6

Ergänzen Sie Aynurs Geschichte über ihre Mutter. Schreiben Sie die Wörter in die Lücken.

A Scheidung **B** Kulturen **C** Zusammenleben **D** Gründen
E Tradition **F** aufgewachsen **G** außerhalb

Meine Mutter ist in Deutschland geboren und ________________. (1) Trotzdem hat sie zwischen zwei ________________ (2) gelebt: Türkische ________________ (3) zu Hause und ________________ (4) des Hauses ein Leben in der deutschen Gesellschaft. Später hat sie geheiratet, doch das ________________ (5) mit meinem Vater hat aus vielen ________________ (6) nicht gut funktioniert. Nach der ________________ (7) hat sie sich für ein Leben in der Türkei entschieden.

7

Hören Sie auf Ihrer CD neun Wörter zum Thema „Fliegen" und notieren Sie die richtige Reihenfolge. Schreiben die Zahlen 1 bis 9 in die Kästchen.

CD 1 - TR. 32

___ A der Flughafen ___ B das Flugzeug ___ C der Abflug
___ D der Flugsteig ___ E abfliegen ___ F einchecken
___ G starten ___ H der Fluggast ___ I landen

8

Die Sätze 1 bis 6 hört man am Check-in-Schalter, die Sätze 7 bis 9 im Flugzeug. Was passt zusammen?

1. Kann ich bitte Ihren Pass ___ A auf das Band.
2. Möchten Sie am Gang ___ B einen angenehmen Flug.
3. Stellen Sie bitte Ihr Gepäck ___ C Bordkarte.
4. Gehört die Fototasche ___ D Antalya. Ankunft um 16.05 Uhr.
5. Hier ist Ihre ___ E Fluggäste, willkommen an Bord!
6. Gehen Sie bitte zum ___ F und Ihren Flugschein sehen?
7. Sehr geehrte ___ G Flugsteig 20 in Abflughalle C.
8. Wir wünschen Ihnen ___ H oder am Fenster sitzen?
9. Wir landen planmäßig in ___ I dazu oder nehmen Sie sie als Handgepäck mit?

ABC WORTSCHATZ

angenehm: Auf einem **angenehmen** Flug fühlt man sich wohl. Man wünscht auch: **Angenehme Reise!**
die Ankunft ⟷ der Abflug
an Bord (das Bord) = innen im Flugzeug
gehören zu (+ Dativ): Die Fototasche, der Koffer usw. sind Teile des Gepäcks, sie gehören dazu (dazu = zum Gepäck).

SPRACHTIPP

Die Anrede **Sehr geehrte(r) ...** verwendet man auch in formellen Briefen oder E-Mails, z.B. **Sehr geehrter Herr Kolb, Sehr geehrte Frau Hartmann.** Wenn man die Namen und Personen nicht kennt, schreibt man **Sehr geehrte Damen und Herren.**

9

Mit den folgenden Ausdrücken können Sie zwei Situationen vergleichen:
= gleich (wie)
≈ (ganz/so) ähnlich (wie)
≠ anders (als)

Wenn etwas anders ist, können Sie auch folgende Formulierungen verwenden:
im Unterschied zu + Dativ
im Vergleich zu + Dativ

CD 1 - TR. 33

Hören Sie auf Ihrer CD, welcher Ausdruck in den folgenden Sätzen verwendet wird und schreiben Sie ihn in die Lücken:

1. ______________ Deutschland leben in der Schweiz mehr Ausländer.
2. Die Situation in meiner Heimat ist ganz ______________ in Deutschland.
3. ______________ dir lebe ich gern in einer multikulturellen Gesellschaft.

10

Trennen Sie die Buchstabenschlangen in einzelne Wörter. Dann erhalten Sie zwei weitere Sätze, in denen Vergleiche formuliert werden.

1. DIEMENTALITÄTHIERISTGANZANDERSALSINMEINERHEIMAT.

____

2. WIRHABENDIEGLEICHESITUATIONWIEINDERSCHWEIZ.

____

11

§ 20

Mit den Konjunktionen **weil** und **obwohl** verbindet man einen Hauptsatz mit einen Nebensatz:

Hauptsatz	**+ Nebensatz**
Ich fühle mich nicht fremd,	**weil** ich hier schon 10 Jahre lebe.
Ich fühle mich fremd,	**obwohl** ich hier schon 10 Jahre lebe.

Das Beispiel mit **obwohl** bedeutet: Nach 10 Jahren erwartet man, dass sich eine Person wohl fühlt, aber das tut sie hier nicht. Mit **obwohl** drückt man einen Gegengrund aus, also etwas, was der Logik oder den Erwartungen nicht entspricht. Die Nebensätze mit **obwohl** heißen **konzessive Nebensätze**.

Der Nebensatz mit **obwohl** steht oft vor dem Hauptsatz. In diesem Fall folgt nach dem Komma zuerst das konjugierte Verb und dann das Subjekt:

Obwohl seine Familie im Ausland lebt, bleibt er in seiner Heimat.

12

Ergänzen Sie die folgende Geschichte mit **obwohl** oder **weil**.

Meine Frau und ich fahren gern ins Ausland, ________ (1) wir uns für fremde Kulturen interessieren. ________ (2) die Tradition ganz anders ist, fühle ich mich zum Beispiel in der Türkei wie ein Einheimischer. Meine Frau aber fühlt sich dort ein wenig fremd, ________ (3) sie sogar die türkische Sprache spricht. Bald fliegen wir wieder nach Antalya, ________ (4) wir türkische Freunde besuchen wollen. Leider waren sie noch nie bei uns in Deutschland, ________ (5) wir sie schon oft eingeladen haben.

13

Während **weil** und **obwohl** einen Haupt- und Nebensatz miteinander verbinden, verbinden **deshalb** und **trotzdem** zwei Hauptsätze:

Hauptsatz	**+ Hauptsatz**
Ich lebe schon 10 Jahre hier,	**deshalb** fühle ich mich nicht fremd.
Ich lebe schon 10 Jahre hier,	**trotzdem** fühle ich mich fremd.

Im zweiten Hauptsatz steht das Verb in der zweiten Position.

Deshalb und **trotzdem** können vor oder nach dem Verb stehen:
... ich fühle mich deshalb fremd.
Ein Satz mit **deshalb** oder **trotzdem** ist immer der zweite Hauptsatz.

14

Ergänzen Sie die Lücken mit **weil**, **obwohl**, **deshalb** oder **trotzdem**.

1. Aynur studiert in Düsseldorf, ________ lebt sie nicht bei ihrer Mutter.
2. Sylvia lebt nicht in Österreich, ________ sie in Deutschland arbeitet.
3. Es gab keine Probleme, ________ hatten wir Verspätung.
4. Er kehrte in die Heimat zurück, ________ er im Ausland glücklich war.

5

15

Sie kennen schon viele Präpositionen mit Akkusativ und Dativ. Neu in dieser Lektion sind die **Präpositionen mit dem Genitiv**.

Grund:	**wegen** ihrer Eltern
Gegengrund:	**trotz** (des) starken Windes
Ort:	**außerhalb** ↔ **innerhalb** der Familie
Ort:	**in der Nähe** des Flughafens
Zeitspanne:	**während** des Fluges

SPRACHTIPP

In der gesprochenen Sprache verwendet man nach **während**, **wegen** und **trotz** meist den Dativ: **während dem Flug**, **trotz dem starken Wind** / **trotz starkem Wind**, **wegen ihren Eltern**.

Beachten Sie, dass **während** eine Präposition oder eine Konjunktion sein kann:
Präposition: **Während des Fluges fragte Sylvia nach Aynurs Mutter.**
Konjunktion: **Während sie flogen, fragte Sylvia nach Aynurs Mutter.**

16

Ergänzen Sie die Sätze mit der passenden Präposition.

1. Die Maschine hatte ________ der Landung Probleme.
   (während | trotz | außerhalb)
2. ________ der Scheidung ihrer Eltern war sie traurig.
   (Innerhalb | Wegen | Außerhalb)
3. Was befindet sich ________ des Flughafens?
   (trotz | wegen | innerhalb)

ABC WORTSCHATZ

die Maschine (umgangssprachlich) = **das Flugzeug**

17

Verbinden Sie die Sätze. Achten Sie auf die Wortstellung. Sie hilft Ihnen, den richtigen zweiten Teil zu finden.

1. **Wegen** des starken Windes
2. **Obwohl** sie oft in die Türkei fliegt,
3. Die Maschine landete nicht planmäßig,
4. **Trotz** der kulturellen Unterschiede
5. Meine Großeltern arbeiteten lange in Deutschland,
6. **Während** der Reise
7. Seine Tante identifizierte sich nicht mit der deutschen Kultur,

___ A sprachen sie viel über ihre Familien.
___ B **weil** wir starken Wind hatten.
___ C fühlt sie sich dort ein wenig fremd.
___ D **deshalb** kehrte sie eines Tages in ihre Heimat zurück.
___ E hatte das Flugzeug Verspätung.
___ F funktioniert das Zusammenleben gut.
___ G **trotzdem** konnten sie sich nicht integrieren.

18

Finden Sie die Wörter? Wir suchen waagerecht (→) und senkrecht (↓) ein Verb, drei Adjektive und vier Substantive, die Sie in dieser Lektion neu gelernt haben. Markieren Sie die Wörter.

U	Q	G	S	Ä	C	A	M	M	I	B	T
E	F	P	L	W	Ö	N	A	U	S	T	L
R	R	A	A	I	N	G	S	X	D	I	A
T	E	I	N	C	H	E	C	K	E	N	Y
Z	M	P	D	G	Ö	N	H	H	E	Q	U
D	D	Ä	U	M	H	E	I	M	A	T	T
I	F	F	N	Y	Ä	H	N	L	I	C	H
G	A	N	G	Ü	G	M	E	C	H	Ö	D
X	W	Y	F	K	E	N	V	U	A	S	S

Mit Hilfe:
Fenster oder ...
unbekannt = ...
der Flug war ...
Abflug ⟷ ...
den Flugschein zeigen = ...
Inland / Ort, wo man sich zu Hause fühlt = ...
Flugzeug =
nicht anders, aber auch nicht gleich = ...

KULTURTIPP

VHS ist die Abkürzung für **die Volkshochschule**. Das ist eine spezielle Schule, in der man zum Beispiel nach der Arbeit, aber auch tagsüber etwas lernen kann.

Wenn **Türkisch** groß geschrieben wird, ist die Sprache gemeint. Sprachen sind immer Neutrum, werden aber meist ohne Artikel gebraucht.

nachfragen = sich erkundigen

1

Susanne Kowalski trifft Sylvia und möchte wissen, wie der Urlaub in der Türkei war. Ordnen Sie Sylvias Antworten zu.

1. *Susanne:* Wie war es in der Türkei?
   Sylvia: ______
2. *Susanne:* Und sprichst du jetzt etwas Türkisch?
   Sylvia: ______
3. *Susanne:* Wirklich? Wo?
   Sylvia: ______
4. *Susanne:* Frag doch mal bei der VHS nach!
   Sylvia: ______

___ A Nein, aber ich will es lernen.

___ B Gute Idee. Ich rufe gleich an.

___ C Es war wunderschön!

___ D Ich weiß noch nicht.

2

Sehen Sie sich das Kursangebot auf dem Bild an. Welche Informationen finden Sie? Schreiben Sie die Wörter in die Lücken.

1. Türkisch 1 ______
   (Name des Kurses)
2. der ______
   (Was für ein Kurs?)
3. die ______
   (53.- Euro)
4. die ______
   (8 Wochen)
5. der ______
   (Mehmet Aktaş)
6. für ______
   (Für wen?)
7. die ______
   (schriftlich oder persönlich)

Volkshochschule

Sprachkurse

Kurs:	**Türkisch 1 (Anfänger)**
Beginn:	14. Oktober, 18.30 - 10.00 Uhr
Dauer:	8 Wochen, dienstags
Kursleiter:	Mehmet Aktaş
Kursgebühr:	53,- Euro
Anmeldung:	schriftlich (Internet, Fax, Post) oder persönlich
Kurs:	**Türkisch 4 (Fortgeschrittene)**
Beginn:	…

3

CD 1 - TR. 34

Sylvia hat sich entschieden, einen Türkischkurs an der VHS zu besuchen. Im ersten Teil des Dialogs ruft sie bei der VHS an, im zweiten Teil lernt sie die anderen Kursteilnehmer kennen.

Hören Sie den Dialog ein erstes Mal und konzentrieren Sie sich auf Sylvia. Was macht sie zuerst? Und dann? Nummerieren Sie die Reihenfolge.

___ A Sie findet die türkische Sprache schwierig.

___ B Sie erkundigt sich nach der Anmeldung.

___ C Sie trifft eine Person, die auch in Antalya war.

___ D Sie erzählt von ihrem Urlaub.

___ E Sie sagt ihren Namen.

Haben Sie gehört, wen Sylvia zufällig trifft? Sie trifft ________ !

4

CD 1 - TR. 34

Hören Sie den Dialog noch einmal. Ordnen Sie die folgenden Ausdrücke und Sätze den Situationen auf den Fotos zu. Notieren Sie die Buchstaben.

1

Teil 1 des Dialogs ________________

2

Teil 2 des Dialogs ________________

___ A schon ein paar Sätze gelernt

___ B sich für einen Türkischkurs anmelden

___ C Sprachkurse an der VHS besucht

___ D welches Niveau

___ E Italienisch und Spanisch

___ F Anfängerkurs

___ G Gelegenheit zum Üben

___ H meine Muttersprache

WORTSCHATZ

die Gelegenheit = eine Situation, in der man eine gute Möglichkeit hat, etwas zu tun
etwas interessiert mich = ich interessiere mich für etwas
begeistert sein = ein Gefühl, das größte Freude und größtes Interesse ausdrückt
geistig ⟷ körperlich
fit = stark und gesund

5

Was sagt man in den folgenden vier Situationen? Kreuzen Sie die richtige Antwort an.

1. Die Sekretärin verbindet Sylvia mit Herrn Lehnhart. Sie erklärt:
- ☐ A Er ist zuständig.
- ☐ B Er meldet sich an.
- ☐ C Er ist geistig fit.

2. Der Termin am Dienstag ist für Sylvia in Ordnung. Sie sagt:
- ☐ A Das dauert lange.
- ☐ B Das funktioniert.
- ☐ C Das passt mir sehr gut.

3. Wenn man eine Sprache, z.B. Türkisch, nie gelernt hat, sagt man:
- ☐ A Die türkische Grammatik ist schwierig.
- ☐ B Ich kann kein Wort Türkisch.
- ☐ C Ich habe genug Gelegenheit.

4. Der Urlaub in der Türkei war wunderschön. Man sagt:
- ☐ A Ich war begeistert von Land und Leuten.
- ☐ B Das fand ich sehr schade.
- ☐ C Mich interessierte die Muttersprache.

6

Auch die folgenden Wörter sind aus dem Dialog. Was passt zusammen?

1. an einem Kurs	___	A anfangen
2. die Kursgebühr auf ein Konto	___	B halten
3. mit Türkisch	___	C teilnehmen
4. sich auf den nächsten Urlaub	___	D überweisen
5. sich geistig fit	___	E vorbereiten

7

Wozu macht man etwas? Was ist das Ziel? Auf diese Fragen können Sie mit einem Nebensatz oder mit einem Infinitivsatz antworten:

Handlung:	**Ziel oder Zweck der Handlung:**
Ich besuche den Kurs,	**damit** mein türkischer Freund mich besser versteht.
Ich besuche den Kurs,	**um** endlich Türkisch **zu** lernen. (= damit ich endlich Türkisch lerne.)

Ergänzen Sie die Regeln:

1. Im Nebensatz mit ______ steht das konjugierte Verb am Ende.
2. Im Infinitivsatz steht ______ nach dem Komma und ______ vor dem Infinitiv.

Der Nebensatz mit **damit** muss verwendet werden, wenn die Subjekte im Haupt- und Nebensatz verschieden sind. Bei einem Subjekt verwendet man die Infinitivkonstruktion.

8

Sehen wir uns die Infinitivkonstruktion etwas genauer an. Wo steht **zu**?

- Bei Verben mit zwei Teilen (**üben können**, **kennen lernen**) muss **zu** vor dem zweiten Infinitiv stehen:
  ..., um mehr üben zu können.
- Bei Verben mit einem trennbaren Präfix (**teilnehmen**, **anmelden**) wird **zu** zwischen Präfix und Infinitiv gesetzt:
  ..., um an dem Kurs teilzunehmen.

Schreiben Sie Infinitivsätze mit **um ...zu**.

1. Er lernt Deutsch, / mit Einheimischen / sprechen können
   Er lernt Deutsch, ______________________________.
2. Ich war heute bei der VHS, / für den Anfängerkurs / mich anmelden
   Ich war heute bei der VHS, ______________________________.

WORTSCHATZ
Auch mit **zum/zur** + Substantiv kann man auf die Frage **Wozu?** antworten: **zum Üben der Aussprache; zur Vorbereitung auf das Studium.**

9

Verbinden Sie die Sätze mit **damit** oder **um ... zu**. Achten Sie auf die Wortstellung und das Komma.

1. Was muss ich tun? Du besuchst endlich einen Sprachkurs. *(damit)*
   ____?
2. Er fährt nach Österreich. Er lernt das Land kennen. *(um ...zu)*
   ____.
3. Dieser Kurs ist gut. Wir üben die Aussprache. *(damit)*
   ____.
4. Wir lernen Deutsch. Wir bereiten uns auf das Studium vor. *(um ... zu)*
   ____.

WORTSCHATZ
das Niveau = die Stufe
Mit **Grundstufe**, **Mittelstufe** oder **Oberstufe** kann man sein Niveau beschreiben. Oder man nimmt die genaueren Bezeichnungen **A1**, **A2** usw.

10

Sie suchen einen passenden Kurs? Dann helfen Ihnen diese Wörter:

Kurse
- der Sprachkurs
- der Deutschkurs
- Deutsch als Fremdsprache
- der Kursleiter
- der Kursteilnehmer
- sich anmelden für (+ Akk.)
- teilnehmen an (+ Dat.)
- besuchen, bezahlen (+ Akk.)

Niveaus
- Anfänger
- Fortgeschrittene
- Grundstufe (A1, A2)
- Mittelstufe (B1, B2)
- Oberstufe (C1)

11

Schreiben Sie die passenden Wörter aus Übung 10 in die Lücken.

1. Sie lernen schon drei Jahre Deutsch, sie sind ______________.
2. Das ist unser ______________. Seine Muttersprache ist Türkisch.
3. In der ersten Stunde lernen sich die ______________ kennen.
4. Ich möchte mich für einen Sprachkurs ______________.
5. Wann finden die Kurse für die ______________ B1 und B2 statt?

12

Es gibt typische Sätze, die Sie bei einem **offiziellen Telefongespräch** hören oder sagen können.

Zu welcher Situation und zu welcher Person passen die Sätze A bis J? Schreiben Sie die Buchstaben unter das richtige Foto.

1

2

- ☐ A Dafür bin ich leider nicht zuständig.
- ☐ B Guten Tag, mein Name ist Sylvia Moser.
- ☐ C Ich möchte mich erkundigen, ob ...
- ☐ D Tut mir leid. Frau Kramer ist heute nicht da.
- ☐ E Kann ich eine Nachricht hinterlassen oder später zurückrufen?
- ☐ F Kann ich etwas ausrichten?
- ☐ G Können Sie mich bitte mit der Buchhaltung verbinden?
- ☐ H Moment, ich verbinde Sie.
- ☐ I Ich möchte bitte mit Frau Kramer sprechen.
- ☐ J Volkshochschule, Lehnhart. Guten Tag.

WORTSCHATZ

(jemandem) **etwas ausrichten** = einer anderen Person sagen, dass jemand angerufen hat
eine Nachricht hinterlassen = jemanden bitten, eine kurze Information an eine andere Person zu geben
die **Buchhaltung** = die Abteilung, die für die Finanzen zuständig ist

13

Was lernt man bei einer **Fremdsprache**? Ordnen Sie A bis H den Symbolen auf den Bildern zu.

A die Landeskunde	B die Grammatik	C das Hörverstehen
D das Leseverstehen	E die Aussprache	F das Sprechen
G der Wortschatz	H das Schreiben	

1. ____
2.   ____
3.  ____
4. ____
5.  ____
6.  ____
7.  

____
8.  ____

SPRACHTIPP

Es ist sehr einfach, von einem Verb ein Substantiv zu bilden. Man nimmt den Infinitiv und schreibt ihn groß: **schreiben → das Schreiben**; **sprechen → das Sprechen**. Die so gebildeten Substantive sind immer ein Neutrum.

14

Wozu lernt man die einzelnen Teile einer Fremdsprache? Ergänzen Sie die Lücken.

1. Man möchte Gespräche und Texte verstehen. Deshalb übt man das ______________ und das ______________.
2. In der ______________ lernt man viele Regeln.
3. Das ______________ und das ______________ sind wichtig, um schriftlich und mündlich kommunizieren zu können.
4. In der ______________ lernt man Land und Leute kennen.

15

begrenzt sein (auf) = nur eine bestimmte Personenzahl kann teilnehmen
es geht = es ist möglich

Ein junger Mann möchte sich für einen Sprachkurs anmelden. Hören Sie seine Fragen auf Ihrer CD und ordnen Sie die richtigen Antworten zu.

1. CD 1 - TR. 35
2. CD 1 - TR. 36
3. CD 1 - TR. 37
4. CD 1 - TR. 38
5. CD 1 - TR. 39
6. CD 1 - TR. 40
7. CD 1 - TR. 41

___ A Ich denke, B2 oder C1.
___ B 106,- Euro.
___ C Ja. Sie können aber auch bar bezahlen.
___ D Ja, sie ist auf 18 Personen begrenzt.
___ E 16 Wochen.
___ F Nächsten Montag, von 18.30 bis 20.00 Uhr.
___ G Nein, es geht auch schriftlich, im Internet oder per Post.

16

Wie bezahlt man die Kursgebühr? Es gibt folgende Möglichkeiten:

- **Die Überweisung:** Man bekommt die Bankverbindung (Kontonummer usw.) und überweist dann die Gebühr auf das Konto der Sprachschule.
- **Die Abbuchung:** Sie geben der Sprachschule Ihre Bankverbindung und die Gebühr wird von Ihrem Konto abgebucht.
- Manchmal kann man auch **bar** bezahlen.

17

Ergänzen Sie die Sätze mit der richtigen Präposition.

1. Hast du dich schon ________ den Kurs angemeldet? *(für | per | um)*
2. Das ist eine gute Gelegenheit ________ Sprechen. *(mit | über | zum)*
3. Ich informiere Sie ________ E-Mail. *(auf | per | in)*
4. Bitte überweisen Sie die Gebühr ________ unser Konto. *(nach | auf | von)*
5. Nehmen Sie auch ________ dem Kurs teil? *(an | bei | in)*
6. Ich bin begeistert ________ dieser Sprache. *(für | von | mit)*
7. Gibt es ________ dem Kurs noch freie Plätze? *(an | in | auf)*

1

Man hat wenig Geld, aber man wünscht sich ...? Wir alle haben Träume und Wünsche. Leider ist die Realität oft anders.
Welche Träume und Wünsche sehen Sie auf den Fotos? Lesen Sie die Sätze und ordnen Sie sie den Fotos zu.

___ A Ich würde gern nach Berlin fahren.

___ B Ich träume von einem Urlaub im Süden.

___ C Wenn ich doch mehr Geld hätte!

___ D Ich wünsche mir, dass sie nie mehr streiten.

2

Die folgenden Wörter kommen in Hauptdialog vor und sind neu. Lesen Sie die Erklärungen und schreiben Sie die Wörter in die Lücken.

A stören B Ruhe C geduldig
D Hausaufgaben E Neuigkeiten F nützlich

1. Neue und interessante Nachrichten heißen ___________.
2. Wenn man Wörter lernen will, hilft ein Wörterbuch. Es ist ___________.
3. Zu laute Musik oder Leute, die die ganze Zeit reden, können ___________.
4. Übungen, die man zu Hause macht, heißen ___________.
5. Wenn ich allein lerne, habe ich mehr ___________ als im Unterricht.
6. Der Kursleiter will nicht sofort Antworten haben, er erklärt alles und wartet. Er ist ___________.

3

CD 1 - TR. 42

Es gibt viele Neuigkeiten. Deshalb besucht Sylvia Susanne zu Hause. Zur gleichen Zeit treffen sich Aynur und ihre beste Freundin Claudia in einer Studentenkneipe.

Hören Sie beide Gespräche auf Ihrer CD. Kreuzen Sie an, über welche Themen gesprochen wird. Mehrere Antworten können richtig sein.

1. Zu Hause bei Susanne Kowalski:
- ☐ A Eric
- ☐ B Hausaufgaben
- ☐ C Abendessen
- ☐ D Unterricht

2. Zur gleichen Zeit in der Studentenkneipe:
- ☐ A Ruhe
- ☐ B Postkarten
- ☐ C Eric
- ☐ D Sylvia

4

CD 1 - TR. 42

Hören Sie den Dialog noch einmal und entscheiden Sie, ob die folgenden Aussagen richtig oder falsch sind.

	richtig	falsch
1. Sylvia möchte etwas lernen, aber Eric stört sie.	☐	☐
2. Der Kursleiter ist sehr geduldig.	☐	☐
3. Sylvia möchte mehr Übungen machen.	☐	☐
4. Sylvia und Eric sehen sich nur im Türkischkurs.	☐	☐
5. Aynur und Eric haben sich gestritten.	☐	☐
6. Claudia empfiehlt Aynur zu warten, dass Eric anruft.	☐	☐
7. Aynur möchte Eric nie mehr sehen.	☐	☐

SPRACHTIPP

Im Ausdruck **jemandem fällt etwas schwer/leicht** verwendet man das Verb nur in der 3. Person Singular oder Plural, z.B.: **Schriftliche Übungen fallen mir leicht**.

5

Die folgenden Sätze enthalten Wörter und Ausdrücke, die man oft verwendet. Ordnen Sie die richtigen Bedeutungen zu.

1. Ich stelle mir vor, dass es nicht leicht ist.

2. Das fällt mir schwer.

3. Das reicht mir nicht.

4. Du hast Recht!

5. Ich habe nichts von ihm gehört.

6. Das wäre wirklich gut.

7. Wenn er doch anrufen würde!

8. Verabrede dich mit ihm!

___ A Ich bin einverstanden. Das, was du sagst, ist richtig.

___ B Ich denke, dass das eine gute Idee ist.

___ C Damit habe ich Schwierigkeiten.

___ D Wir haben uns nicht gesprochen.

___ E Das ist für mich nicht genug.

___ F Vereinbare einen Termin und triff dich mit ihm!

___ G Ich weiß es nicht, aber ich kann mir denken, dass es nicht leicht ist.

___ H Ich wünsche mir, dass er anruft.

6

Lesen Sie die Sätze aus dem Dialog. In diesen Sätzen ist eine neue Form des Verbs, der **Konjunktiv II**. Er hat mehrere Funktionen. Die folgenden Formen drücken aus, dass etwas möglich ist, aber noch nicht Realität ist. Schreiben Sie den Infinitiv der Verben.

1. Dann könntest du in Ruhe zu Hause üben. ________

2. Ich müsste noch mehr üben. ________

3. Dann hättest du endlich Klarheit. ________

4. Das wäre nützlich. ________

7

Der **Konjunktiv II** der Gegenwart drückt Folgendes aus:

Höfliche Bitten:	**Könnten** Sie mir bitte helfen?
Ratschläge:	Ihr **müsstet** auch zu Hause üben.
Vermutungen:	Ein Wörterbuch **wäre** nützlich.
Irreale Wünsche:	Ich **hätte** gern mehr Geld, aber ...

Regeln:
(1) Den Konjunktiv II von **haben** und **sein**, den Modalverben **können**, **müssen**, **dürfen** und **mögen** sowie einiger anderer Verben wie **wissen** und **brauchen** bildet man aus den Formen des Präteritum + Umlaut (**ä**, **ö**, **ü**):

Präteritum: **ich konnte** → *Konjunktiv II:* **ich könnte**

(2) Die Modalverben **sollen** und **wollen** haben keinen Umlaut im Konjunktiv II: **ich sollte**, **du wolltest**.

Schreiben Sie die Formen des **Konjunktiv II** in die Lücken. Sprechen Sie alle Formen laut und achten Sie auf den Umlaut.

Präteritum	→	*Konjunktiv II*
1. ich hatte	→	ich ______
2. du konntest	→	du ______
3. er durfte	→	er ______
4. wir wussten	→	wir ______
5. ihr musstet	→	ihr ______
6. sie waren	→	sie ______

17

WORTSCHATZ

der Ratschlag = Tipp, Empfehlung
die Vermutung = Spekulation; man weiß etwas nicht sicher
irreal = hypothetisch
Den Konjunktiv II der Vergangenheit lernen Sie in Lektion 16.

Der Konjunktiv II von **sein**:
ich wär**e**
du wär**(e)st**
er wär**e**
wir wär**en**
ihr wär**(e)t**
sie wär**en**

8

Ergänzen Sie die Sätze und verwenden Sie den **Konjunktiv II**.

1. Ich ______ eine CD mit Übungen. *(brauchen)*

2. Wir ______ jetzt lieber zu Hause. *(sein)*

3. Er ______ mehr Zeit für seine Kinder haben. *(müssen)*

4. Ihr ______ regelmäßig Hausaufgaben machen. *(sollen)*

9

Irreale Wünsche können Sie auch mit dieser Konstruktion formulieren:
Wenn ich/du/er ... doch + Konjunktiv II. Beispiel:
Ich habe wenig Geld. → Wenn ich doch mehr Geld hätte!

Schreiben Sie irreale Wünsche nach diesem Muster.

1. Wir haben wenig Zeit. → ______________________________ !
2. Sie sind nicht hier. → ______________________________ !
3. Ich kann nicht nach Wien fliegen. → ______________________________ !

 18

10

Wie bilden die anderen Verben den Konjunktiv II? Zwei Beispiele:
Ich würde ihn gern wiedersehen. Wenn er doch anrufen würde!

Die Konstruktion **würde** + **Infinitiv** wird verwendet

- für alle regelmäßigen Verben, wenn die Formen des Präteritum und des Konjunktiv II, die direkt vom Verb gebildet werden, identisch sind: *Präteritum:* **ich kaufte** = *Konjunktiv II:* **ich kaufte → ich würde kaufen**;
- für sehr viele unregelmäßige Verben, aber nicht für **haben**, **sein**, **wissen**, **brauchen** und die Modalverben (Übung 7).

Ergänzen Sie die Formen von **würde** (= Konjunktiv II von **werden**).

ich ________	wir **würden**
du ________	ihr **würdet**
er **würde**	sie ________

11

Bringen Sie die Wörter in die richtige Reihenfolge. So erhalten Sie Beispiele des Konjunktiv II mit **würde** + Infinitiv.

1. *(Höfliche Bitte:)* Würdest | ? | geben | du | CD | die | mir

   ____

2. *(Ratschlag:)* würde | . | schreiben | Ich | Brief | ihm | einen

   ____

3. *(Vermutung:)* würde | stören | Diese | . | sie | Musik | laute

   ____

4. *(Irrealer Wunsch:)* sprechen | ! | doch | Wenn | sie | mit | würden | uns

   ____

12

Was würden Sie tun? Ergänzen Sie die Dialoge mit den Formen von **würde** und schreiben Sie für die Person B eine Antwort. Die Fotos helfen Ihnen.

ABC **WORTSCHATZ**

An meiner Stelle bedeutet: sich vorstellen, dass du ich wärst.

1.

A: Er hat nicht angerufen. Was ______________ du an meiner Stelle tun?

B: Ich ______________________________
______________________________.

2.

A: Was ______________ dein Freund mit 30.000 Euro machen?

B: Er ______________________________
______________________________.

13

So können Sie über Wünsche und Träume sprechen:

Ich habe einen Traum: ...
Mein größter Wunsch ist ...
Ich träume von ... + *Dativ*
Ich wünsche mir ... + *Akkusativ*
Ich wünsche, dass ... / Ich stelle mir vor, dass ...
Ich würde gern ... + *Infinitiv*
Wenn ich/du/er doch ... ! + *Konjunktiv II*

CD 1 - TR. 43

Hören Sie vier Wünsche auf Ihrer CD. Welcher Wunsch passt am besten zu dem Foto?

Am besten passt Wunsch _____ .

14

Wovon träumt Aynur? Schreiben Sie die fehlenden Wörter in die Lücken. Bei zwei Lücken ist der erste Buchstabe schon vorgegeben.

1. Ich ______________ von einer Zukunft mit Eric.
2. Wenn er ______________ meine SMS bald lesen ______________!
3. Ich ______________ mir, dass er anruft.
4. Ach, ich ______________ so gern wieder mit ihm zusammen lachen.
5. Ich ______________ mir vor, dass wir uns nicht mehr über Kleinigkeiten S______________.
6. Mein ______________ ist, dass wir uns T______________ und wieder Freunde sind.

  9

15

Lesen Sie die Beispiele:
Sylvia versteht Eric und Eric versteht Sylvia. → Sie verstehen sich.
Ich treffe Claudia und Claudia trifft mich. → Wir treffen uns.

Sich verstehen und **sich treffen** drücken eine **reziproke** Beziehung zwischen zwei Personen oder zwei Dingen aus („A mit B und B mit A").

Welches der vier Verben passt zu dem Foto? Kreuzen Sie an.

- ☐ sich umarmen
- ☐ sich streiten
- ☐ sich verabreden
- ☐ sich unterhalten

Statt **uns**, **euch**, **sich** kann man auch das Pronomen **einander** verwenden, um die reziproke Beziehung zu zeigen:
Wir verstehen uns.
oder:
Wir verstehen einander.

16

Den Unterschied zwischen dem reflexiven und dem reziproken Gebrauch von sich sehen Sie in den folgenden Beispielen:

§ 9, 8

Reziproker Gebrauch:	**Reflexiver Gebrauch (oft mit Präposition):**
Wir **treffen uns**.	Er **trifft sich** mit ihr.
Ihr **verabredet euch**.	**Verabredet** ihr **euch** mit Peter?
Sie **trennen sich**.	Er **trennt sich** von seiner Frau.

17

Auch nicht reflexive Verben können reziprok gebraucht werden. Man verwendet dann **einander** oder Präposition + **-einander**:

Ich helfe dir und du hilfst mir.
→ **Wir helfen einander.**
A sitzt neben B und B sitzt neben A.
→ **Sie sitzen nebeneinander.**

Ergänzen Sie das richtige Wort.

1. Er lernt mit ihr und sie lernt mit ihm. → Sie lernen ______________.
2. Ich denke an dich und du denkst an mich. → Wir denken ______________.
3. Du träumst von ihm und er träumt von dir. → Ihr träumt ______________.

18

CD 1 - TR. 44

Zum Abschluss dieser Lektion haben wir zehn Lerntipps für Sie. Kreuzen Sie an, welche der Tipps Sie auf Ihrer CD hören können.

1. ☐ Dialoge anhören und nachsprechen
2. ☐ wichtige Konstruktionen mit einem Stift markieren
3. ☐ Wörter wiederholen
4. ☐ unbekannte Wörter im Wörterbuch nachschlagen
5. ☐ Übungen zur Aussprache machen
6. ☐ Hausaufgaben machen
7. ☐ regelmäßig den Unterricht besuchen
8. ☐ selbst Beispiele zu Grammatikregeln machen
9. ☐ in Ruhe zu Hause üben
10. ☐ sich mit Deutschen unterhalten

LEKTION 12 Was läuft im Fernsehen?

1

Was machen viele Deutsche am liebsten in der Freizeit? **Fernsehen!** Sehen Sie sich die Fotos an und lesen Sie Wörter laut.

gemütlich fernsehen

der Krimi

eine Sendung über Tiere

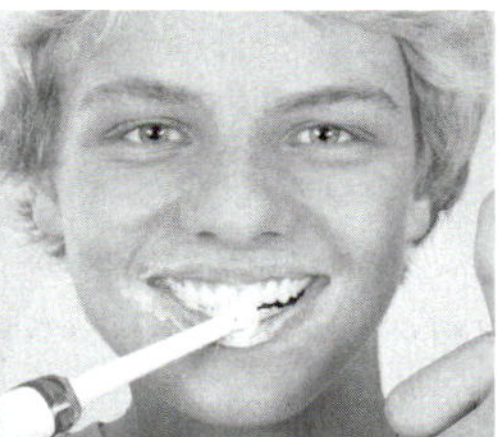
langweilige Werbung

die Fernbedienung

ein tragischer Unfall

2

Was ist typisch für Krimis? Die folgenden Wörter hört man oft. Ordnen Sie die Erklärungen zu und versuchen Sie, die neuen Wörter zu verstehen.

1. tot
2. ermordet
3. der Tatort
4. der Kommissar
5. die Schuld

___ A Ort, wo ein Mord passiert ist
___ B Mann, der den Mord untersucht
___ C lebt nicht mehr
___ D die Person, die Schuld an dem Mord hat, wird gesucht
___ E von jemandem getötet, zum Beispiel mit einem Messer

KULTURTIPP

der Tatort = Ort, an dem ein Verbrechen (z.B. ein Mord) passiert ist. **„Tatort“** ist auch der Titel einer sehr beliebten Krimireihe im deutschen, österreichischen und Schweizer Fernsehen.

3

 CD 1 - TR. 45

Es ist 20 Uhr. Susanne hat ihre Tochter Lisa ins Bett gebracht und freut sich auf einen gemütlichen Abend mit Thomas vor dem Fernseher. Hören Sie den Dialog auf Ihrer CD. Ordnen Sie die Sendungen den Personen zu.

A Krimis B Talkshows C Tierfilme D Spielfilme

1. Lisa sieht gern ______.
2. Susanne mag ______ und ______.
3. Thomas findet ______ langweilig.

 KULTURTIPP

MDR = Mitteldeutscher Rundfunk (Name eines Fernsehsenders)
im Dritten = im 3. Programm
Joachim Król = Name eines deutschen Schauspielers
Thiel = Familienname eines Kommissars im „Tatort"

4

 CD 1 - TR. 45

Lesen Sie die folgenden Aussagen. Hören Sie dann den Dialog noch einmal und kreuzen Sie die richtige Antwort an.

1. Susanne und Thomas wollen ...
   - ☐ A Lisa aus dem Bett holen.
   - ☐ B einen Tierfilm aufnehmen.
   - ☐ C eine Talkshow einschalten.
2. Susanne möchte ...
   - ☐ A einen Krimi anschauen.
   - ☐ B eine Wiederholung sehen.
   - ☐ C die Nachrichten ansehen.
3. Im „Tatort" geht es um ...
   - ☐ A Tiere in Afrika.
   - ☐ B den verliebten Dr. Weis.
   - ☐ C den Mord an zwei Personen.
4. Der Kommissar hat ...
   - ☐ A Schuld.
   - ☐ B sehr viel Arbeit.
   - ☐ C einen Unfall.
5. Thomas soll ...
   - ☐ A das Licht ausschalten.
   - ☐ B ein Glas Wein besorgen.
   - ☐ C in Venedig bleiben.
6. Thomas möchte ...
   - ☐ A Werbung ansehen.
   - ☐ B lieber arbeiten.
   - ☐ C die Fernbedienung haben.

 WORTSCHATZ

Die Verben **ansehen** und **anschauen** (+ Akk.) sind synonym. Sie können mit einem Reflexivpronomen im Dativ verwendet werden: **Ich sehe/schaue (mir) einen Film an.** Die Person, die einen Film ansieht oder anschaut, heißt der **(Fernseh-)Zuschauer**.

SPRACHTIPP

Mache ich. Die Wortstellung in diesem Satz ist nicht falsch, sondern typisch für die gesprochene Sprache, in der man oft keine ganzen Sätze spricht. Der Satz heißt eigentlich: **Das mache ich.**

5

Lesen Sie die Fragen zum Fernsehprogramm und ordnen Sie die passende Antwort zu.

1. Gibt es etwas Interessantes im Fernsehen?
2. Was willst du dir ansehen?
3. Wann fängt der „Tatort" an?
4. Wovon handelt der Krimi?
5. Der Film fängt an. Könntest du bitte das Licht ausschalten?

___ A Von einer jungen Frau, die tot in ihrem Bett liegt.

___ B Den Spielfilm mit Joachim Król.

___ C Mache ich. Gute Unterhaltung!

___ D Er beginnt in ein paar Minuten.

___ E Ja, im Dritten läuft eine Sendung über Tiere in Afrika.

6

Hier sind ein paar neue Verben aus dem Dialog. Welches passt zum Foto? Kreuzen Sie die richtige Antwort an.

1. ☐ A mitspielen
   ☐ B sich aufregen
   ☐ C zumachen

2. ☐ A vermuten
   ☐ B ermorden
   ☐ C ausschalten

3. ☐ A vergiften
   ☐ B dranbleiben
   ☐ C folgen

7

Im **Fernsehprogramm** gibt es viele verschiedene Arten von **Sendungen** (oder **Programme**). Hier sind ein paar Beispiele:
der Spielfilm, der Zeichentrickfilm
die Komödie, das Drama, der Western, der Krimi
die Show, die Reportage (z.B. über Sport oder Politik),
das Magazin (über Kultur oder Gesundheit),
die Serie oder **die Reihe** (z.B. „Tatort")

 WORTSCHATZ

Bei einer **Serie** geht die Handlung immer weiter.
Zu einer **Reihe** gehören einzelne Filme zu einem bestimmten Thema.
Das **Fernsehprogramm** hat zwei Bedeutungen: 1. Programm im Fernsehen und 2. Zeitschrift mit Informationen zu den Sendungen.

Natürlich gibt es auch speziellere Sendungen, z.B.:
die Krimireihe, die Sportreportage, die Quizshow, ...

Welche Sendungen gibt es im Hauptdialog? Notieren Sie das Wort.

1. T I L R F M E I = der ____________
2. T O W A K L S H = die ____________
3. N I C H A C H R T E N = die ____________

8

Wie können Filme oder Sendungen sein? Ordnen Sie die Adjektive zu, die am besten passen.

1. Krimis und Western ___ A informativ
2. Shows ___ B witzig
3. Zeichentrickfilme und Komödien ___ C spannend
4. Reportagen und Magazine ___ D tragisch
5. Dramen ___ E unterhaltsam

informativ = Adjektiv zu **Information**
unterhaltsam = Adjektiv zu **Unterhaltung**, **sich gut unterhalten**
witzig = etwas ist so, dass man darüber lachen kann

9

Wenn Sie mehr über einen Film wissen wollen, können Sie folgende Fragen stellen und entsprechend antworten:

Die Handlung:	**Wovon handelt der Film? – Er handelt von ...**
	Worum geht es in dem Film? – Es geht um ...
	Wie geht es weiter? – Dann / Kurze Zeit später ...
Der Ort:	**Wo spielt die Handlung? – Sie spielt in ...**
Der Regisseur:	**Wer führt (die) Regie?**
Die Darsteller:	**Welche Schauspieler spielen mit?**
	Wer spielt die Hauptrolle?

10

Was passiert im „Tatort"? Lesen Sie den Text aus einem Fernsehprogramm.

20.15 Uhr

Tatort: Mord ist die beste Medizin

Krimireihe

Deutschland 2014
Regie: Thomas Jauch
Darsteller: Axel Prahl, Jan Josef Liefers, ...
90 Minuten

Die kleine Mia sieht, wie sich ein jüngerer Mann mit einem anderen laut streitet. Sie erzählt es ihrem Vater, der Kommissar Thiel (Axel Prahl) informiert. Thiel reagiert zuerst nicht. Dann bekommt der jüngere Mann Probleme mit dem Herzen und wird ins Krankenhaus gebracht. Dort geht es ihm schnell wieder besser, aber kurze Zeit später ist er plötzlich tot. Mit nur 32 Jahren! Jetzt bekommt Thiel doch jede Menge Arbeit. Und wie immer im Tatort aus Münster ist auch Professor Boerne (Jan Josef Liefers) da, um Thiel zu helfen. Beide fragen sich: Wurde der Patient ermordet?

Beschreiben Sie den Film und ergänzen Sie die Lücken. Beachten Sie, dass in den Sätzen 1, 4 und 7 mehrere Wörter fehlen.

1. Der „Tatort" um 20.15 Uhr hat den Titel „ ______________ ".
2. Er spielt in ______________.
3. Die ______________ spielen Axel Prahl und Jan Josef Liefers.
4. Die ______________ Thomas Jauch.
5. Es geht um einen jüngeren Mann, der mit einem anderen ______________.
6. Kurze Zeit später ist er ______________.
7. Thiel und Boerne vermuten, dass er ______________.

11

§ 23

In Lektion 11 haben Sie den Konjunktiv II kennen gelernt. Er wird auch in bestimmten Nebensätzen verwendet. Sie heißen **Bedingungssätze** oder auch **konditionale Nebensätze**.

Hauptsatz:	**Nebensatz:**
Ich würde den Krimi ansehen,	**wenn** ich Zeit hätte.

Nebensatz:	**Hauptsatz:**
Wenn ich Zeit hätte,	würde ich den Krimi ansehen.
Hätte ich Zeit,	würde ich den Krimi ansehen.

Regeln:
(1) Im Nebensatz mit **wenn** steht eine irreale Bedingung und im Hauptsatz eine Folge, die nicht realisiert wird. In beiden Satzteilen steht der Konjunktiv II.
(2) Wenn der Nebensatz vor dem Hauptsatz steht, kann **wenn** fehlen. Dann beginnt der Nebensatz mit dem Verb.

Ergänzen Sie die Sätze mit **müsste**, **hätte** und **würden**.

1. Wenn er eine DVD ______, würde er den Film aufnehmen.
2. Lisa könnte Tierfilme ansehen, wenn sie früher laufen ______.
3. ______ Thomas nicht arbeiten, würde er mit Susanne fernsehen.

12

Wie gehen die Sätze weiter? Ordnen Sie zu.

1. Wir könnten zusammen einen Film ansehen,
2. Würde der Computer funktionieren,
3. Lisa dürfte auch am Abend fernsehen,
4. Wenn ich das Fernsehprogramm machen könnte,

___ A wenn sie älter wäre.
___ B könnte Thomas den Artikel für seine Zeitung zu Ende schreiben.
___ C würde ich weniger Wiederholungen zeigen.
___ D wenn du mit deiner Arbeit fertig wärst.

13

Ändern Sie die Sätze und schreiben Sie irreale Bedingungssätze mit dem Konjunktiv II (bei **sein**, **haben** und **müssen** direkt vom Verb gebildet und mit **würde** + Infinitiv bei allen anderen Verben).
In Satz 3 haben Sie zwei Möglichkeiten – mit und ohne **wenn**.

1. Was tust du, wenn du kein Handy hast?

   ____

2. Wir fahren mit euch nach Venedig, wenn ihr nicht arbeiten müsst.

   ____

3. Wenn ich Schauspieler bin, spiele ich im „Tatort" mit.

   ____

   ____

14

ABC WORTSCHATZ

umschalten = das Programm wechseln.
einschalten ⟷ ausschalten

Lesen Sie die Sätze und kreuzen Sie an, welche zu dem Foto passen. Mehrere Antworten können richtig sein.

1.
- ☐ **A** Was kommt heute Abend im Fernsehen?
- ☐ **B** Regen Sie sich über die Werbung auf?
- ☐ **C** Läuft heute etwas Interessantes?
- ☐ **D** Im Dritten folgt jetzt das Wetter.

2.
- ☐ **A** Bitte schalte den Fernseher ein. Gleich kommen die Nachrichten.
- ☐ **B** Nimmst du die Sendung auf Video auf?
- ☐ **C** Sehen Sie gerne witzige Filme?
- ☐ **D** Das ist langweilig. Kannst du bitte umschalten?

15

Mach die Tür zu! Das kann man viel höflicher sagen. Zum Beispiel:

- mit **bitte** und **mal**: **Mach bitte mal die Tür zu!**
- mit Modalverb (Präsens): **Kannst du bitte die Tür zumachen?**

Noch höflicher sind Formulierungen im Konjunktiv II:

- mit Modalverb (Konjunktiv II): **Könntest du die Tür zumachen?**
- mit **würde** + Infinitiv: **Würdest du bitte die Tür zumachen?**
- mit dem Ausdruck **Würde es dir etwas ausmachen** + Infinitiv mit zu
- mit dem Ausdruck **Wärst du so nett/lieb/freundlich und ...**

16

CD 1 - TR. 46

Lesen Sie die Sätze und hören Sie auf Ihrer CD, wie man es höflicher sagen kann. Schreiben Sie die fehlenden Wörter in die Lücken.

CD 1 - TR. 47

1. Schalten Sie den Fernseher ein!

__________ bitte den Fernseher __________?

CD 1 - TR. 48

2. Mach die Tür zu!

____________________ und machst die Tür zu?

CD 1 - TR. 49

3. Gib mir bitte die Fernbedienung!

__________ mir bitte die Fernbedienung __________?

CD 1 - TR. 50

4. Geben Sie mir das Fernsehprogramm!

____________________ mir das Fernsehprogramm geben?

CD 1 - TR. 51

5. Nimm die Sendung für mich auf!

____________________, die Sendung für mich aufzunehmen?

6. Schalt das Licht aus!

____________________ das Licht ausschalten?

Hören Sie die Sätze noch einmal und sprechen Sie sie nach. Achten Sie dabei auf die Satzmelodie und auf die Umlaute bei den Konjunktivformen: **Ä**, **ö** und **ü** dürfen nicht wie **a**, **o** und **u** klingen.

RÜCKBLICK 3

1

In den Lektionen 9 bis 12 haben Sie gelernt, wie Sie in verschiedenen Situationen kommunizieren können.
Lesen Sie die folgenden Situationen und ordnen Sie die Beispiele zu.

1. höfliche Bitten formulieren
2. sich über Sprachkurse informieren
3. über Wünsche und Träume sprechen
4. Telefongespräche führen
5. zwei Situationen vergleichen
6. Lerntipps geben
7. über einen Film erzählen

___ A In meiner Heimat ist es ähnlich wie bei euch.

___ B Ich wünsche mir weniger Arbeit.

___ C Du solltest dir viele Dialoge anhören.

___ D Er handelt von einem tragischen Unfall.

___ E Wärst du so nett und machst die Tür zu?

___ F Bitte warten Sie, ich verbinde Sie.

___ G Wie kann ich mich für den Kurs anmelden?

2

Es gibt Post für Sie! Schreiben Sie die fehlenden Wörter in die Lücken.
Lieber Wladimir,

wir sind jetzt am F________ (1) von Düsseldorf, aber leider hat unsere M________ (2) nach Antalya V________. (3) Wenn du doch mit uns in die Türkei fliegen w________ (4)! Wir hätten viel Spaß! W________ (5) wir warten, lernen wir ein bisschen Türkisch. Und du? B________ (6) du noch den Deutschkurs? Wenn wir zurück sind, u________ (7) wir uns auf Deutsch über unsere Reisen. Ja?

Bis bald!

Peter und Stefan

3

Wer sagt das? Ordnen Sie die Sätze den Personen zu. Schreiben Sie die Buchstaben unter die Personen.

1. Kursteilnehmer in einem Sprachkurs	**2.** Personen in der Buchhaltung	**3.** Fernsehzuschauer

A Bitte sprechen Sie langsamer!
B Warum schaltest du um? Ich wollte die Nachrichten ansehen.
C Hier ist unsere Bankverbindung.
D Diesen Schauspieler finde ich witzig.
E Würden Sie bitte den Satz wiederholen?
F Sie können die Gebühr auch bar bezahlen.
G Das Sprechen fällt mir nicht leicht.
H Läuft etwas Interessantes?
I Machen wir auch schriftliche Übungen?
J Wir brauchen noch Ihre genaue Anschrift.

4

Hören Sie fünf Sätze auf Ihrer CD an. Ordnen Sie die passende Reaktion A bis E zu.

1. ___ A Es geht leider nur persönlich.
2. ___ B Ja, du hast wirklich Recht.
3. ___ C Nein, aber die Aussprache ist schwierig.
4. ___ D Ich denke, im Dritten.
5. ___ E In meiner Heimat ist es ganz anders.

5

Welche Sätze passen zu den Situationen auf den Fotos? Notieren Sie A oder B.

1. Ist das Ihr Handgepäck? ___
2. Kommen wir planmäßig an? ___
3. Können Sie etwas ausrichten? ___
4. Ihren Flugschein bitte. ___
5. Soll er Sie zurückrufen? ___
6. Sie ist leider nicht da. ___
7. Am Gang oder am Fenster? ___
8. Gehen Sie zum Flugsteig 10. ___
9. Dafür ist Herr Kolb zuständig. ___
10. Kann ich eine Nachricht hinterlassen? ___

A

B

6

Sie haben viel über Wünsche, das Lernen einer Sprache und andere Themen gelernt. Lesen Sie die Fragen und schreiben Sie ein bis zwei Sätze.

1. Warum lernen Sie Deutsch?

2. Was würden Sie tun, wenn Sie plötzlich eine Million Euro hätten?

3. Was ist in Ihrer Heimat ähnlich wie in Deutschland?
   Und was ist ganz anders?

7

Der Konjunktiv II hat viele verschiedene Funktionen. Ergänzen Sie die Beispiele mit den Formen des Konjunktiv II (bei **haben**, **sein** und den Modalverben direkt vom Verb gebildet oder **würde** + Infinitiv bei allen anderen Verben).

 17

1. *Höfliche Bitte:* ________ Sie mir bitte helfen?
2. *Vermutung:* Ein Kurs an der VHS ________ nützlich.
3. *Raschlag:* An deiner Stelle ________ ich nicht warten.
4. *Irrealer Wunsch:* Wir ________ gern jünger.
5. *Irreale Bedingung:* Wenn ich viel Geld ________, ________ ich nie mehr arbeiten.

Wenn der Bedingungssatz vor dem Hauptsatz steht, kann **wenn** fehlen:
Wäre ich der Kursleiter, würde ich ...

8

In den letzten Lektionen haben Sie gelernt, wie man Ziele, Gründe und Gegengründe formuliert. Hier können Sie noch einmal die wichtigsten Präpositionen, Adverbien, Konjunktionen und auch den Infinitivsatz mit **um ... zu** wiederholen.
Ergänzen Sie die Sätze mit dem richtigen Wort.

 5, 20

ABC WORTSCHATZ
Präpositionen:
wegen + Genitiv
trotz + Genitiv
zum + Substantiv, das aus einem Verb gebildet wird
Adverbien:
deshalb
trotzdem
Nebensatzkonjunktionen:
weil
obwohl
damit

trotz	wegen	zum	zu	obwohl
weil	damit	trotzdem	deshalb	um

1. Wir fahren oft in die Türkei, ________ wir Land und Leute mögen.
2. Sie findet den Krimi langweilig; ________ sieht sie ihn sich an.
3. Ich lerne Deutsch, ________ mit Einheimischen sprechen ________ können.
4. Hast du eine DVD, ________ ich den Film aufnehmen kann?
5. Wir gingen ________ des schlechten Wetters spazieren.
6. Mein Mann flog nach Antalya, ________ er krank war.
7. Er fühlte sich hier fremd; ________ kehrte er in seine Heimat zurück.
8. ________ der vielen Arbeit habe ich wenig Zeit ________ Lernen.

 20, 25

 WORTSCHATZ

Das Adverb **deshalb** kann auch nach dem Verb stehen, z.B. Sie ist deshalb oft in der Türkei.

9

Sehen wir uns die Möglichkeiten genauer an, wie man Gründe formulieren kann. **Weil** und **deshalb** kennen Sie schon, **denn** ist neu:

Hauptsatz	**Nebensatz (Grund)**
Aynur ist oft in der Türkei,	**weil** sie ihre Mutter vermisst.

Hauptsatz	**Hauptsatz (Grund)**
Aynur ist oft in der Türkei,	**denn** sie vermisst ihre Mutter.

Hauptsatz (Grund)	**Hauptsatz (Folge)**
Aynur vermisst ihre Mutter,	**deshalb** ist sie oft in der Türkei.

Ergänzen Sie die Regeln.

1. Nach der Konjunktion ________ folgt ein Nebensatz; das konjugierte Verb steht am Ende.

2. Die Wörter ________ und ________ verbinden zwei Hauptsätze.

3. Nach ________ das Verb in der zweiten Position,

4. aber nach ________ kommt zuerst das Subjekt und dann das Verb.

10

Verbinden Sie die folgenden zwei Sätze mit **weil**, **denn** und **deshalb**.
Er bleibt heute zu Hause. Er ist krank.

1. *(weil)* ________________________________

2. *(denn)* ________________________________

3. *(deshalb)* ________________________________

11

§ 20, 25

Mit **aber**, **und**, **denn**, **sondern** und **oder** verbindet man zwei Hauptsätze. Nach diesen fünf Konjunktionen ist die Wortstellung im 2. Hauptsatz: *Konjunktion – Subjekt – konjugiertes Verb* (**..., sondern er ist krank.**)
Tipp: Nehmen Sie die ersten Buchstaben von **aber**, **und**, **denn**, **sondern** und **oder** und bilden Sie ein Wort, z.B. **aduso** oder **usado**. Sie müssen sich dann nur an dieses Wort erinnern und kennen dann auch die richtige Wortstellung

12

Und noch einmal zur Wortstellung. Wissen Sie noch, wo das konjugierte Verb im Hauptsatz und im Nebensatz steht?

§ 25

SPRACHTIPP

1. Wenn der Nebensatz vor dem Hauptsatz steht, treffen sich die konjugierten Verben beim Komma.

2. Gehören **aber** oder **trotzdem** zu den **aduso**-Wörtern (siehe 11) oder nicht?

1. ... möchten wir die Sprache lernen.
- ☐ **A** Obwohl Deutsch schwierig ist,
- ☐ **B** Obwohl Deutsch ist schwierig,
- ☐ **C** Obwohl schwierig ist Deutsch,

2. Ich besuchte einen Anfängerkurs, aber ...
- ☐ **A** war zu leicht.
- ☐ **B** war er zu leicht.
- ☐ **C** er war zu leicht.

3. Wenn er eine gute Sprachschule wüsste, ...
- ☐ **A** er würde Spanisch lernen.
- ☐ **B** würde er Spanisch lernen.
- ☐ **C** würde er lernen Spanisch.

4. Unser Kursleiter findet die Aussprache wichtig, trotzdem ...
- ☐ **A** wir zu wenig sie üben.
- ☐ **B** wir üben sie zu wenig.
- ☐ **C** üben wir sie zu wenig.

13

Schreiben Sie die richtige Präposition in die Lücken. Lesen Sie dann die Sätze noch einmal laut.

10

1. Der Film handelt ________ Ausländern in Deutschland.

2. Regst du dich manchmal ________ das Fernsehen auf?

3. Ich habe mich ________ meinem Freund getrennt.

4. Wir träumen ________ einer besseren Zukunft.

5. Sylvia nimmt ________ einem Türkischkurs teil.

6. Wir streiten uns oft ________ Kleinigkeiten.

7. Ich habe mich ________ meinen Eltern zum Abendessen verabredet.

8. Aynur unterhält sich ________ ihrer Freundin ________ Eric.

9. Wer hat Schuld ________ dem Unfall?

von

mit

über

14

Wörter kann man gut in Gruppen oder Reihenfolgen lernen.
Was kommt zuerst, dann und am Ende?
Beispiel: **einchecken → abfliegen → fliegen → landen**

Hier sind vier Gruppen an Wörtern. Nummerieren Sie die Wörter in der richtigen zeitlichen Reihenfolge.

1. ___ A Flugsteig ___ B Bordkarte ___ C Abflug ___ D Flugschein
2. ___ A Heirat ___ B geboren sein ___ C Scheidung ___ D aufwachsen
3. ___ A teilnehmen ___ B Gebühr bezahlen ___ C sich anmelden
4. ___ A miteinander leben ___ B sich verlieben ___ C sich trennen

15

Welcher Titel passt zu den Fotos? Kreuzen Sie an.

1

- ☐ A Willkommen an Bord!
- ☐ B Angenehmen Flug!
- ☐ C Gute Unterhaltung!

2

- ☐ A Das stört mich!
- ☐ B Das reicht mir nicht!
- ☐ C Das ist gemütlich!

3

- ☐ A Gebt mir einen Ratschlag!
- ☐ B Macht es dir etwas aus?
- ☐ C Warum streiten sie sich?

4

- ☐ A Ein wunderschöner Traum
- ☐ B Planmäßige Landung
- ☐ C Eine tragische Handlung

16

Markieren Sie das Wort, das nicht in die Reihe passt.

1. unterhaltsam | informativ | einheimisch | spannend
2. die Hauptrolle | die Handlung | der Schauspieler | der Darsteller
3. wegen | innerhalb | von | während
4. vergiftet | ermordet | tot | unbekannt
5. überweisen | sich umarmen | abbuchen | bar bezahlen
6. die Gelegenheit | die Mittelstufe | das Niveau B2 | der Fortgeschrittene

17

Was läuft im Fernsehen? Lesen Sie die Erklärungen und schreiben Sie die Wörter in Großbuchstaben in das Kreuzworträtsel.

Senkrecht (↓):
1. In ihr geht es meist um Sport oder Politik:
2. Sie gibt es vor, während und nach Filmen:
3. Ein anderes Wort für *Programm*:
4. Hier kann man viel lachen (Ö = OE):
5. Die Themen sind oft Kultur oder Gesundheit:

Waagerecht (→):
6. Eine Zeitschrift mit Informationen zu Filmen:
7. Man sieht etwas nicht zum ersten Mal:
8. Die Handlung geht immer weiter und man sieht sie jeden Tag oder jede Woche (*Plural*):

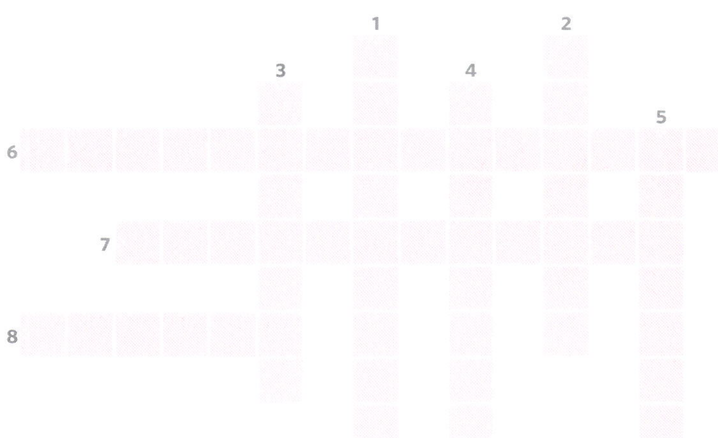

LEKTION 13 Computerprobleme

WORTSCHATZ

Das deutsche Wort für **der Computer** ist **der Rechner**.

1

Wenn Sie am Computer arbeiten, brauchen Sie die Teile, die Sie auf den Fotos sehen. Wie heißen sie? Schreiben Sie die Wörter unter die Fotos.

der Drucker	die Maus	der Bildschirm	die Festplatte
die Tastatur	das Laufwerk	das Kabel	der USB-Stick

1 ______ 2 ______ 3 ______ 4 ______

5 ______ 6 ______ 7 ______ 8 ______

CD 1 - TR. 53

WORTSCHATZ

schließen (schloss, hat geschlossen) ⟷ öffnen
das Dokument = 1. Text (im Computer); 2. wichtiges, offizielles Papier, z.B. der Pass
abspeichern oder **speichern**: Man speichert ein Dokument auf einem USB-Stick (ab).
verlieren (verlor, hat verloren) = nicht mehr da sein
der Fachmann = der Experte

2

Welche Probleme kann man mit seinem Computer haben? Hören Sie die Sätze auf Ihrer CD und schreiben Sie das fehlende Wort in die Lücke. Die Erklärungen links helfen Ihnen.

1. Achtung! Der Computer hat einen ______!
2. Die ______ reagiert nicht.
3. Es ist nicht möglich, das Programm zu ______.
4. Man kann das ______ nicht abspeichern.
5. Ich habe wichtige Daten ______.
6. Hoffentlich kann das ein ______ reparieren!

3

Zu Hause bei Thomas und Susanne Kowalski gibt es Probleme mit dem Computer. Hören Sie den Dialog auf Ihrer CD. Worum geht es in dem Gespräch? Kreuzen Sie A, B oder C an.

1.

☐ A Thomas weiß nicht, warum der Computer nicht funktioniert.

☐ B Thomas wollte Fotos von der Türkei speichern.

☐ C Thomas muss heute nicht ins Büro und möchte zu Hause arbeiten.

2.

☐ A Susanne hat den neuen Drucker zu einem Fachmann gebracht.

☐ B Susanne will Thomas helfen und die Reparatur organisieren.

☐ C Susanne hat eine Bewerbung geschrieben und kann sie nicht drucken.

4

Hören Sie den Dialog noch einmal und entscheiden Sie, ob die folgenden Aussagen richtig oder falsch sind.

	richtig	falsch
1. Der Drucker funktioniert sehr gut.	☐	☐
2. Der Computer und der Drucker sind fast neu.	☐	☐
3. Thomas konnte nicht alle Daten speichern.	☐	☐
4. Susanne repariert den Computer selbst.	☐	☐
5. Susanne und Eric haben sich schon oft gesehen.	☐	☐
6. Susanne findet zufällig ein Foto von Thomas.	☐	☐
7. Thomas trifft heute Eric im Büro.	☐	☐

WORTSCHATZ

Auf viele technische Produkte gibt es eine **Garantie** für eine bestimmte Zeit. Wenn innerhalb dieser Zeit etwas repariert werden muss, ist das für den Kunden kostenlos.

5

Wie gehen die Sätze aus dem Dialog weiter? Ordnen Sie zu.

1. Ich kann das Programm weder öffnen ___ A abspeichern?
2. Konntest du wenigstens alle Dokumente ___ B reparieren lassen.
3. Ich befürchte, dass ich einige Daten ___ C die Daten retten.
4. Aber vielleicht kann ein Fachmann ___ D Garantie.
5. Auf jeden Fall müssen wir den Computer ___ E noch schließen.
6. Auf dem Computer ist noch ___ F verloren habe.

Die zweiteilige Konjunktion **weder ... noch** verbindet zwei Satzteile, die beide verneint sind, z.B. keine Zeit und kein Geld = **weder Zeit noch Geld**.

6

Im Hauptdialog haben Sie neue Wörter kennen gelernt. Lesen Sie die Erklärungen und finden Sie das Wort in der Buchstabenschlange.

1. Drucker, Computer, Scanner usw. sind ______________.
   V A S B G W Ü G E R Ä T E Y D D G T
2. Man will wissen, wie viel eine Reparatur kosten würde und bittet den Fachmann um einen ______________.
   S D O K K O S T E N V O R A N S C H L A G Ä M G
3. Susanne bietet an, die Reparatur zu organisieren. Sie will sich um die Reparatur ______________.
   A S D J H W P K Ü M M E R N N B A Ä Q J H F
4. Thomas hat vielleicht wichtige Daten verloren. Das ist ______________!
   F F G H Ä R G E R L I C H B L Ä Ö S T T
5. Für Susanne ist es eine Überraschung, dass Eric auf dem Foto ist. Sie findet diesen Zufall ______________.
   D S H F S D F H M E R K W Ü R D I G K L T Y L

7

der Ordner

das Dokument

system.ini
die Datei

www.pons.de
der Link

Was macht man mit Ordnern, Dokumenten, Dateien und Links?
Lesen Sie die folgenden Möglichkeiten laut:

eine Datei / einen Ordner kopieren
ein Dokument ausdrucken
Dateien auf einer CD / auf einem USB-Stick (ab)speichern
eine CD / DVD brennen
klicken auf + Akk. oder **einen Ordner / einen Link anklicken**
eine Datei aus dem Internet herunterladen
im Internet surfen

Ordnen Sie das Gegenteil zu.

1. eine Datei öffnen	⟷	___ A ausschalten
2. ein Dokument speichern	⟷	___ B deinstallieren
3. Daten verlieren	⟷	___ C löschen
4. den Computer einschalten	⟷	___ D retten
5. ein Programm installieren	⟷	___ E schließen

8

Kreuzen Sie die Aktivitäten an, die zu dem Foto passen.

___ A klicken
___ B verlieren
___ C Links öffnen
___ D surfen
___ E sich um den Rechner kümmern
___ F ausdrucken
___ G Informationen herunterladen

 CD 1 - TR. 55

 WORTSCHATZ

defekt = **kaputt**; kaputt verwendet man in der Umgangssprache. Ein defektes oder kaputtes Gerät funktioniert nicht mehr.
fehlerhaft = mit Fehlern; das Gerät kann trotzdem noch funktionieren.
überhaupt: Dieses Wort verstärkt **nicht** oder **kein**.
melden = eine Nachricht bekannt geben
ständig = immer wieder, die ganze Zeit

9

Sie haben Probleme mit einem technischen Gerät, der Hardware oder der Software? Dann können Sie sagen:

Das Gerät ...
... ist kaputt / defekt.
... ist fehlerhaft / hat (irgend)einen Fehler.
... läuft nicht / funktioniert überhaupt nicht (mehr).
Der Computer / Der Drucker / Das Programm ...
... meldet ständig Fehler.
... reagiert nicht (mehr).

Hören Sie auf Ihrer CD drei Probleme und ergänzen Sie die Sätze.

1. Das Gerät ______________________________.
2. Der Drucker ______________________________.
3. Das Programm ______________________________.

10

Wenn Sie nicht genau wissen, wo etwas ist oder wann etwas passiert, können Sie **irgend-** mit dem entsprechenden Fragewort verbinden: **irgendwo**, **irgendwann**.
Außerdem kann **irgend-** mit dem unbestimmten Artikel kombiniert werden. Im Singular sagt man **irgendein/e** und im Plural **irgendwelche**.

Schreiben Sie das passende Wort mit **irgend-** in die Lücke.

1. Ich kenne den Fehler nicht.
   Es ist ______________ Fehler.
2. Ich weiß nicht, was für Texte das sind.
   Es sind ______________ Texte.
3. Ich bin nicht sicher, wo das Handbuch ist.
   Es ist ______________.
4. Ich weiß nicht, wann der Fachmann kommt.
   Er kommt ______________.

11

Was sagt man in der Situation, die Sie auf dem Foto sehen? Kreuzen Sie die richtigen Sätze an.

1. ☐ Alle Geräte haben zwei Jahre Garantie.
2. ☐ Die Tastaturen sind kaputt.
3. ☐ Haben die Computer auch ein DVD-Laufwerk?
4. ☐ Diese Bildschirme hier sind sehr günstig.
5. ☐ Können Sie uns irgendeine CD brennen?

12

 20

Zweiteilige Konjunktionen können wie **und**, **oder** usw. zwei Wörter oder zwei Sätze miteinander verbinden.

Beispiel: **Das Gerät ist <u>nicht nur</u> alt, <u>sondern auch</u> fehlerhaft.**
Bedeutung: „Element a und auch noch Element b"
Lesen Sie die Sätze und ordnen Sie zu, wie „a" und „b" verbunden werden.

A „a oder b" **B** „trotz a b" **C** „beides, a und b" **D** „nicht a und nicht b"

1. ☐ Hier kann man **sowohl** Drucker **als auch** Scanner günstig kaufen.
2. ☐ Das Handbuch ist schlecht. Mir helfen **weder** die Fotos **noch** die Texte.
3. ☐ Du kannst diese Datei jetzt **entweder** löschen **oder** speichern.
4. ☐ Die Software war **zwar** teuer, **aber** sie ist sehr gut.

SPRACHTIPP

Die Konjunktionen **zwar** und **entweder** können auch am Anfang des Satzes stehen: **Zwar gibt es gute Programme, aber ... / Entweder kannst du mir helfen oder ....**

13

Die Freunde Tim und Kai sprechen über ein **Computerproblem**. Schreiben Sie die passenden Konjunktionen in die Lücken.

Tim: Ich weiß nicht, warum der Computer nicht funktioniert. ________ (1) hat er einen Virus ________ (2) die Festplatte ist defekt.

Kai: Kennst du schon die neueste Software gegen Viren?

Tim: Ja, ich habe sie ________ (3) installiert, ________ (4) nichts ist passiert.

Kai: Dann brauchst du einen Fachmann, der den Computer repariert.

Tim: Ich habe ________ (5) Zeit ________ (6) Geld für eine Reparatur.

 19

 SPRACHTIPP

lass uns + Infinitiv: ich und du zusammen (zwei Personen)
lasst uns + Infinitiv: ich und ihr zusammen (mehrere Personen)
lassen Sie uns + Infinitiv: ich und Sie zusammen (zwei oder mehrere Personen)

 SPRACHTIPP

Lassen kann auch ohne Infinitiv als Vollverb mit einem Substantiv oder Adjektiv in der Bedeutung „zurücklassen, liegen lassen" gebraucht werden. Das Partizip Perfekt ist dann **gelassen**: **Er hat mich allein gelassen.**

14

Im Hauptdialog haben Sie die Konstruktion **lassen** + Infinitiv kennen gelernt. Hier sind die wichtigsten Bedeutungen:

Thomas lässt den Computer reparieren.
Bedeutung: Thomas repariert ihn nicht selbst, er gibt jemandem den Auftrag zur Reparatur.
Thomas lässt Lisa im Internet surfen.
Bedeutung: Lisa darf im Internet surfen. Thomas erlaubt es.
Lass uns einen Fachmann holen.
Bedeutung: Ich möchte, dass wir einen Fachmann holen.

15

Das Verb **lassen** ist unregelmäßig:

Präsens:	Er **lässt** den Computer **reparieren**.
Präteritum:	Er **ließ** den Computer **reparieren**.
Perfekt:	Er **hat** den Computer **reparieren lassen**. (!)

Das Perfekt von **lassen** + Infinitiv wird nicht mit einem Partizip gebildet, sondern mit dem Infinitiv des Hauptverbs und dem Infinitiv von **lassen** am Ende.
Auch in Kombination mit einem Modalverb gibt es zwei Infinitive:
Er muss den Computer reparieren lassen.

Bringen Sie die Wörter in die richtige Reihenfolge.

1. brennen | . | Ich | lassen | eine CD | habe mir

2. seinen Sohn | Er | . | allein | ließ | fahren | nach Berlin

3. müssen | lassen | reparieren | den Fernseher | . | Wir

16

Sie bringen ein defektes Gerät in eine **Werkstatt** oder zum **Kundendienst**. Was können Sie sagen oder fragen?

ABC WORTSCHATZ

die Werkstatt = Ort, wo Geräte repariert werden
der Kundendienst = Service für Kunden
das Ersatzteil = Teil eines Geräts, das man für die Reparatur eines defekten Teils verwenden kann
das Lager = Raum, in dem Produkte oder Teile sind, die ein Geschäft nicht sofort braucht
liefern = Ware zum Kunden bringen
abholen = Ware selbst holen

Die Reparatur:
1. **Ich möchte ... reparieren lassen.**
2. **Das Gerät ist schon alt. Gibt es (noch) Ersatzteile dafür? / Haben Sie Ersatzteile für ... auf Lager?**

Die Kosten:

3. **Könnten Sie mir einen schriftlichen Kostenvoranschlag machen?**
4. **Bitte informieren Sie mich, wenn die Reparatur mehr als ... Euro kostet.**

Nach der Reparatur:

5. **Können Sie mir das reparierte Gerät nach Hause liefern?**
6. **Wann kann ich das Gerät wieder abholen?**

CD 1 - TR. 56

Hören Sie auf Ihrer CD drei Antworten. Zu welchen der Sätze 1 bis 6 passen die Antworten? Notieren Sie die Nummern.

Antwort 1: ___ Antwort 2: ___ Antwort 3: ___

17

CD 1 - TR. 57

Hören Sie auf Ihrer CD Sätze zu den folgenden Stichwörtern. Wer spricht die Sätze? Der Kunde oder jemand vom Kundendienst? Kreuzen Sie die richtige Antwort an.

	Kunde:	Kundendienst:
1. Gerät	☐	☐
2. liefern	☐	☐
3. Drucker	☐	☐
4. Kabel	☐	☐
5. abholen	☐	☐
6. Kostenvoranschlag	☐	☐
7. Lager	☐	☐
8. Ersatzteile	☐	☐
9. 100 Euro	☐	☐

LEKTION 14 Das Bewerbungsgespräch

WORTSCHATZ

tätig sein als = arbeiten als
die Tätigkeit = berufliche Aktivität, Arbeit
die Ausbildung = Zeit, in der man studiert oder einen Beruf lernt

1

Sehen Sie sich die Fotos an. Wer sagt was über seinen **Beruf**?
Ordnen Sie die Sätze den Fotos zu. Lesen Sie dann die Sätze laut.

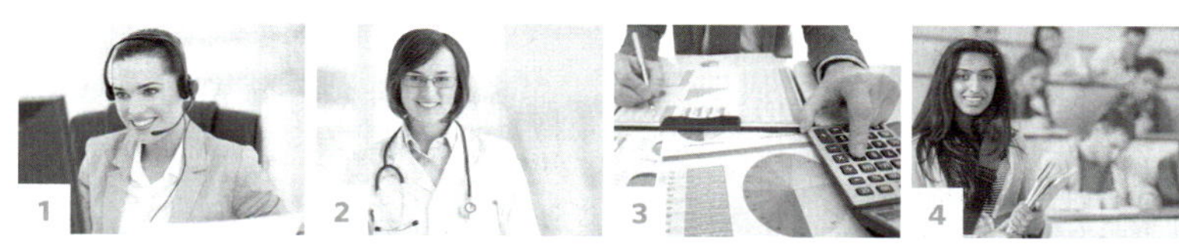

___ A Ich bin als Bankkaufmann tätig.

___ B Ich habe das Studium noch nicht abgeschlossen.

___ C Meine Ausbildung zur Ärztin dauerte acht Jahre.

___ D Für meine Tätigkeit als Sekretärin brauche ich gute Computerkenntnisse.

WORTSCHATZ

(m/w) = männlich oder weiblich

2

Sie wissen schon aus den letzten Lektionen, dass es bei der Zeitung „Blickpunkte", wo Thomas Kowalski arbeitet, eine freie Arbeitsstelle gibt. Lesen Sie die **Stellenanzeige**.

STELLENANZEIGEN

Blickpunkte, Ihre Zeitung in Ihrer Stadt

Wir suchen
junge Redakteure (m/w)
für unser Team

Sind Sie flexibel und belastbar?
Haben Sie journalistische Erfahrung?
Dann bewerben Sie sich!

Bewerbungen an die Personalabteilung, Frau Wieland, wieland@blickpu....

Was für Bewerber werden gesucht?
Ergänzen Sie die Wörter.

3

Eric wurde zum **Bewerbungsgespräch** eingeladen. Thomas und die Chefin der Personalabteilung, Frau Wieland, führen das Gespräch.
Hören Sie das Gespräch auf Ihrer CD und kreuzen Sie an, über welche Themen gesprochen wird.

CD 1 - TR. 58

WORTSCHATZ

der Lebenslauf = Curriculum vitae
das Gehalt = Geld, das man für seine Arbeit bekommt
die Fähigkeit = das Können, das man hat
die Sprachkenntnisse (Plural) = Fremdsprachen, die man gelernt hat oder kann

1. ☐ die Schulzeit
2. ☐ das Studium
3. ☐ der Lebenslauf
4. ☐ Fähigkeiten
5. ☐ das Gehalt
6. ☐ die Ausbildung
7. ☐ die Berufserfahrung
8. ☐ Sprachkenntnisse

4

CD 1 - TR. 58

Was für Fragen stellen Thomas und Frau Wieland? Und was antwortet Eric? Hören Sie das Gespräch noch einmal und ergänzen Sie die Lücken.

1. Wie haben Sie von der Stelle ______________ ?
2. *Eric:* Ich lese regelmäßig die ______________ im Internet.
3. Warum möchten Sie sich beruflich ______________ ?
4. *Eric:* Nach dem Abitur machte ich eine ______________ zum Bankkaufmann und ...
5. Warum sind Sie an der ______________ als Redakteur interessiert?
6. *Eric:* Ich habe schon über ______________ Themen geschrieben und gemerkt, dass das Schreiben mehr als ein ______________ ist.
7. Bringen Sie noch andere ______________ mit?
8. *Eric:* Ja, ich habe sehr gute ______________ im Umgang mit Computern.

KULTURTIPP

1. **Das Abitur** ist ein Schulabschluss, wenn man ein Gymnasium besucht hat. Mit dem Abitur kann man an einer Universität studieren. In Österreich und in der Schweiz heißt dieser Abschluss **die Matura**.
2. **Heinrich-Heine-Universität** ist der Name der Universität in Düsseldorf. **Heinrich Heine** (1797 – 1856) war ein sehr berühmter deutscher Dichter, der in Düsseldorf aufgewachsen ist.

5

Bringen Sie Erics Lebenslauf in die richtige zeitliche Reihenfolge. Nummerieren Sie die Sätze.

___ A Er macht eine Ausbildung zum Bankkaufmann.
___ B Er entdeckt eine Stellenanzeige im Internet.
___ C Er schließt das Studium ab.
___ D Er wird zum Bewerbungsgespräch bei „Blickpunkte" eingeladen.
___ E Er arbeitet eine Zeit lang in einer Bank.
___ F Er bewirbt sich bei der Zeitung „Blickpunkte".
___ G Er macht Abitur.
___ H Er beginnt mit dem Studium der Betriebswirtschaft an der Heinrich-Heine-Universität.

6

Was bedeuten die folgenden Ausdrücke aus dem Hauptdialog? Kreuzen Sie die richtige Antwort an.

1. Ich bin gerne bereit, viel zu arbeiten.
- ☐ A Vielen Dank, dass Sie eine Arbeit für mich haben.
- ☐ B Ich bin auf viel Arbeit vorbereitet.
- ☐ C Sie helfen mir sehr bei der Arbeit.

2. Ich habe sehr gute **Kenntnisse im Umgang mit Computern**.
- ☐ A Ich schreibe viel mit dem Computer.
- ☐ B Ich bin sehr an Computern interessiert.
- ☐ C Ich habe viel Erfahrung mit Computern.

3. Die Teamarbeit ist im Studium **zu kurz gekommen**.
- ☐ A Die Arbeit in einem Team war sehr wichtig.
- ☐ B Wir arbeiteten nicht oft genug im Team.
- ☐ C Die Teamarbeit war häufig ein Problem.

4. Da fragt man sich, warum ...
- ☐ A Ich verstehe nicht ganz, warum ...
- ☐ B Ich stelle fest, warum . .
- ☐ C Ich habe jetzt gemerkt, warum ...

7

In einem schriftlichen Lebenslauf findet man meist folgende Informationen:

Angaben zur Person
Name:
Geburtsdatum:
Geburtsort:
Staatsangehörigkeit:
Schulbildung und Studium
Berufsausbildung
Berufserfahrung
Besondere Kenntnisse
Fremdsprachen:
Computer:

LEBENSLAUF

Angaben zur Person
Name: Eric Vanderberg
Geburtsdatum: 15.06.1983
...

Schulbildung und Studium
1989–1993 Grundschule Bilk, Düsseldorf
1994–2003 Comenius-Gymnasium, Düsseldorf
2003 Abitur
2008–2013 Studium der Betriebswirtschaft, Heinrich-Heine-Universität, Düsseldorf

Was passt zusammen?

1. Berufsausbildung
2. Berufserfahrung
3. Besondere Kenntnisse

___ A 2007–2008 Tätigkeit als Bankkaufmann
___ B Englisch (C1), Spanisch (B1)
___ C 2004–2007 Ausbildung zum Bankkaufmann

KULTURTIPP

Weitere Informationen im Lebenslauf sind:
Schule und Studium:
Name, Ort und Art der Schule (z.B. **Gymnasium**) und Abschluss (z.B. **Abitur**); Name der Universität, das Studienfach (z.B. **Betriebswirtschaft**) und die Art des Abschlusses, z.B. **Bachelor**, **Master**.
Beruf:
Art der Tätigkeit (**Bankkaufmann**, **Sekretärin**), Name und Ort der Firma.

8

Wenn Sie von Ihrer Ausbildung und Ihrer beruflichen Karriere erzählen möchten, sind die folgenden Sätze nützlich:

1998 habe ich die Schule / das Gymnasium abgeschlossen.
Danach habe ich eine Ausbildung zum/zur ... begonnen.
Anschließend habe ich ... an der Universität Düsseldorf studiert.
2003 habe ich das Studium / die Ausbildung **abgeschlossen.**
Von 2003 bis 2012 war ich als ... tätig.
Seit 2013 arbeite ich bei/in einer Bank / Firma / **bei** einer Zeitung.
Dort bin ich für die Beratung / Reparaturen / wirtschaftliche Themen / **zuständig**.

Die Zeitangaben **danach**, **dann** und **anschließend** können als synonym verwendet werden.

SPRACHTIPP

1. Zeitangaben (**2002, dann, nach der Schulzeit**) stehen oft am Anfang des Satzes. Beachten Sie, dass danach das Verb folgt und nicht die Person: **2014 habe ich ...**

2. Zum Gebrauch der Präpositionen **an**, **in** und **bei**: **an** + Schule/Universität, **in** oder **bei** + Bank / Firma; **bei** + Arbeitsstellen, die kein Gebäude sind, z.B. **bei einer Zeitung**.

Bringen Sie die Wörter in die richtige Reihenfolge. Beginnen Sie mit der Zeitangabe.

1. eine | angefangen | 2013 | zur | ich | . | Ausbildung | habe | Fotografin

____

2. einem | bin | Bankkaufmann | ich | . | Seit | tätig | Jahr | als

____

3. ich | arbeitete | einer | . | Von | 2014 | bis | bei | Firma | großen | 2012

____

4. Abitur | ich | geschrieben | dem | Nach | . | viele | habe | Bewerbungen

____

9

WORTSCHATZ

die Arbeit = Tätigkeit im Allgemeinen
die Stelle = eine feste Arbeit; die Position, in der man arbeitet
der Job = 1. eine Tätigkeit für eine kurze Zeit, z.B. nur in den Ferien; 2. Synonym für Arbeit in der Umgangssprache

Suchen Sie eine Stelle, eine Arbeit oder einen Job?
Dann können Sie Folgendes tun:

die Stellenanzeigen lesen oder selbst **eine Anzeige aufgeben**
sich bewerben ...
- **um** + Stelle / Job
- **als** + Beruf
- **bei** + Ort (z.B. bei einer Firma)

sich auf das Bewerbungsgespräch / Vorstellungsgespräch vorbereiten und **sich vorstellen**

Ergänzen Sie **als**, **auf**, **bei** und **um**.

1. Sie hat sich _____ Sekretärin beworben.
2. Gestern habe ich von einer freien Stelle _____ einer Zeitung erfahren.
3. Er möchte sich _____ den Job _____ Redakteur bewerben.
4. Hast du dich schon _____ das Vorstellungsgespräch vorbereitet?

10

(§) 13

Im Hauptdialog haben Sie eine neue Zeitform der Vergangenheit kennen gelernt: Das **Plusquamperfekt**. Beispiele:

Ich hatte nach einer journalistischen Tätigkeit gesucht.
Die Arbeit im Team war zu kurz gekommen.

Bildung:
Präteritum von **haben** / **sein** + Partizip Perfekt des Hauptverbs

Die Regeln für den Gebrauch der Hilfsverben **haben** and **sein** sind die gleichen wie beim Perfekt; siehe Grammatikanhang § 12 Das Perfekt.

11

(§) 13

Das **Plusquamperfekt** wird für Handlungen in der Vergangenheit verwendet, die **vor** einer anderen vergangenen Handlung (meist im Präteritum) stattfanden.

	Vorher:
Er war nicht zu Hause.	**Er war nach Berlin gefahren.**
Warum kam er nicht?	**Er hatte den Termin vergessen.**

Sätze im Plusquamperfekt werden oft mit einer Zeitangabe eingeleitet: **davor, zuvor oder vorher, ein Jahr davor, zwei Tage vorher** usw.
Sie machte eine Ausbildung zur Fotografin. Ein Jahr davor hatte sie die Schule abgeschlossen.

Hören Sie, was vorher passiert ist. Ergänzen Sie dann die Lücken.

1. Sie kam nicht zu Peters Party. Er ______ sie nicht ______ .
2. Endlich konnte ich wieder arbeiten. Ich ______ lange krank ______ .

12

Was war vorher? Ordnen Sie die passenden Sätze im Plusquamperfekt zu.

1. Endlich fand er eine Stelle!
2. Sie suchte einen Job in einer neuen Firma.
3. 2011 begann ich zu studieren.
4. Das Bewerbungsgespräch meines Bruders war leider erfolglos.
5. Gestern war mein Kollege bereits wieder im Büro.
6. Sie kamen fünf Minuten zu spät zu ihrem Deutschkurs.

___ A Vorher hatte ich eine Lehre gemacht.
___ B Er war erst kurz zuvor in Urlaub gefahren.
___ C Der Termindruck bei der alten Firma war zu hoch gewesen.
___ D Er hatte schon ohne sie angefangen.
___ E Davor hatte er mehr als 40 Bewerbungen geschrieben.
___ F Er hatte sich nicht gut darauf vorbereitet.

13

Man kann sich gut auf ein Vorstellungsgespräch vorbereiten, denn es gibt typische Fragen, die sehr oft gestellt werden. Lesen Sie die Fragen und denken Sie an Antworten, die Sie selbst geben würden.

Lebenslauf:	**Welche Berufsausbildung haben Sie?** **Was haben Sie bisher beruflich gemacht?**
Grund für die Bewerbung:	**Warum wollen Sie sich (beruflich) verändern? Warum sind Sie an der Tätigkeit als ... interessiert?**
Gehalt:	**An welches Gehalt hatten Sie gedacht?**
Kenntnisse und Fähigkeiten:	**Haben Sie Sprachkenntnisse / Computerkenntnisse?** **Haben Sie Kenntnisse im Umgang mit ...?** **Welche Fähigkeiten bringen Sie mit, die für diesen Beruf nützlich wären?**

CD 1 - TR. 60

Was kann man auf die letzte Frage nach den Fähigkeiten antworten? Hören Sie drei Antworten und ergänzen Sie die Sätze.

1. Ich bin ______________________.
2. Ich habe viel ______________________.
3. Ich kann auch ______________________.

14

Sind Sie bereit für ein Vorstellungsgespräch? Hören Sie die Fragen und ordnen Sie die passenden Antworten zu.

1. CD 1 - TR. 61
2. CD 1 - TR. 62
3. CD 1 - TR. 63
4. CD 1 - TR. 64
5. CD 1 - TR. 65
6. CD 1 - TR. 66

___ A Ich suche neue und abwechslungsreiche Aufgaben.

___ B Ja, ich habe bisher immer im Team gearbeitet.

___ C Ich war bei einer Bank tätig.

___ D An 2000 Euro im Monat.

___ E Ich bin sehr gut im Umgang mit Kunden.

___ F Ja, ich habe sehr gute Computerkenntnisse.

In dieser Lektion haben Sie neue unregelmäßige Verben kennengelernt, die wichtig für das Thema Bewerbung sind. Lesen Sie die folgenden Beispiele im Infinitiv und hören Sie dann auf der CD (**CD 1, Tr. 67 bis 71**) die Verbformen.

- mit der Ausbildung beginnen
- das Studium abschließen
- sich bei einer Firma bewerben
- eine Stellenanzeige aufgeben
- von einer freien Stelle erfahren

15

Sven und Anja waren zusammen auf dem **Gymnasium**, haben sich aber seit dem **Abitur** nicht mehr gesehen. Nach zehn Jahren treffen sie sich zufällig wieder. Ergänzen Sie die Lücken.

Anja: Was hast du eigentlich ________ (1) dem Abitur gemacht? Hast du ________ (2)?

Sven: Nein, ich habe eine ________ (3) zum Bankkaufmann gemacht. Für mich war wichtig, sofort einen ________ (4) zu haben und ein regelmäßiges ________ (5) zu bekommen. Und du?

Anja: Ich habe ________ (6) studiert.

Sven: Klar! Du hattest dich ja schon immer für wirtschaftliche Zusammenhänge ________ (7). Wo hast du denn studiert?

Anja: In Düsseldorf, ________ (8) der Heinrich-Heine-Universität.

Sven: Und wo arbeitest du jetzt?

Anja: Jetzt bin ich ________ (9) einer großen ________ (10) in Düsseldorf. Die ________ (11) ist wirklich abwechslungsreich, aber leider ________ (12) meine Kinder zu kurz.

Sven: Vielleicht solltest du dich beruflich ________ (13).

Anja: Daran hatte ich auch schon gedacht.

an
nach
bei
interessiert
verändern
studiert
kommen
Tätigkeit
Beruf
Betriebswirtschaft
Gehalt
Firma
Ausbildung

LEKTION 15 Die Welt der Arbeit

CD 1 - TR. 72

WORTSCHATZ

der Vorteil = positive Eigenschaft; etwas, das nützlich ist
der Auftrag = die Bestellung von Produkten oder Dienstleistungen, in Sylvias Fall: von Fotos
verdienen = Geld für seine Arbeit bekommen
etwas einteilen = etwas (Geld, Zeit, Essen) in bestimmte Teile oder Gruppen gliedern

1

Sylvia ist Fotografin von Beruf. Sie ist selbstständig. Das bedeutet: Sie ist ihre eigene Chefin, ist nicht bei einer Firma fest angestellt und hat keine festen Arbeitszeiten. Hören Sie auf Ihrer CD, was Sylvia über ihre **Arbeitsbedingungen** sagt, und schreiben Sie die Wörter in die Lücken.

Aufträge Vorteile Hobbys verdiene einteilen selbstständige

1. Ich bin ______________ Fotografin.
2. Das hat viele ______________.
3. Ich kann meine Zeit selbst ______________.
4. Ich habe neben dem Beruf Zeit für ______________.
5. Ich bekomme viele interessante ______________.
6. Ich bin nicht reich, aber ich ______________ genug.

2

Die folgenden Wörter kommen in dieser Lektion vor. Was bedeuten sie? Ordnen Sie die richtige Erklärung zu.

1. routiniert sein
2. motiviert
3. das Zeugnis
4. freiberuflich tätig
5. arbeitslos
6. geregelte Arbeitszeiten

___ A ohne Arbeit
___ B nicht fest angestellt
___ C jeden Tag von 8.00 bis 16.00 Uhr
___ D langjährige Erfahrung haben
___ E begeistert und gerne bereit für etwas
___ F ein Dokument über den erfolgreichen Abschluss der Schulzeit oder des Studiums

3

CD 1 - TR. 73

Nach dem Bewerbungsgespräch zeigt Thomas Kowalski Eric die Redaktion. Als sie die Küche erreichen, trifft Eric eine Person, die er kennt. Hören Sie das Gespräch und kreuzen Sie an, welcher Titel passt. Nur eine Antwort ist richtig.

- ☐ A Eric bekommt die Stelle. Super!
- ☐ B Große Freude über das Wiedersehen mit Aynur!
- ☐ C So eine Überraschung! Ich bin sprachlos!
- ☐ D Routiniert, witzig und trotzdem arbeitslos!

4

CD 1 - TR. 73

Hören Sie das Gespräch noch einmal und entscheiden Sie, ob die folgenden Aussagen richtig oder falsch sind.

KROKODIL GEFUNDEN!

Eodem modo typi, qui nunc nobis videntur parum clari

Nam liber tempor cum soluta nobis eleifend option congue nihil legere

	richtig	falsch
1. Thomas verabschiedet sich, weil er noch einen Termin hat.	☐	☐
2. Sylvia wusste von dem Bewerbungsgespräch.	☐	☐
3. Erics Zeugnisse waren leider nicht da.	☐	☐
4. Eric denkt, dass das Bewerbungsgespräch nicht erfolgreich war.	☐	☐
5. Silvia findet andere Dinge wichtiger als Geld.	☐	☐
6. Für Eric ist es nicht wichtig, einen sicheren Arbeitsplatz zu haben.	☐	☐
7. Eric kennt die Geschichte über das Krokodil.	☐	☐
8. Sylvia, Thomas und Aynur hatten vor längerer Zeit ein Krokodil gesucht.	☐	☐

SPRACHTIPP

1. Wörter wie **ach**, **hm**, **ähm** und **na ja** sind typisch für die gesprochene Sprache. Man verwendet sie, wenn man nicht sofort antworten will oder Zeit braucht, um das passende Wort zu finden.

2. Um ein Wort besonders zu betonen, kann man es an die erste Stelle im Satz stellen: **Reich wird man nicht.**

5

Lesen Sie die Fragen aus dem Hauptdialog und ordnen Sie die passenden Antworten zu.

1. Eric! Was machst du denn hier?
2. Und wie war das Bewerbungsgespräch?
3. Bist du hier fest angestellt?
4. Verdient man denn als Freiberufler genug?
5. Hast du die Fotos zu der Serie über das Krokodil gemacht?

___ A Ja, dafür war ich verantwortlich.
___ B Na ja, reich wird man nicht.
___ C Ach, meine Zeugnisse sind sehr gut und ich war sehr motiviert.
___ D Ich hatte gerade ein Bewerbungsgespräch.
___ E Nein, ich bin selbstständige Fotografin.

6

Was bedeuten die folgenden Wörter und Ausdrücke aus dem Dialog? Kreuzen Sie die richtige Antwort an.

1. eine **Zusage**
- ☐ A ein Vorteil
- ☐ B eine positive Antwort
- ☐ C ein guter Auftrag

2. jemanden **aufklären**
- ☐ A jemanden verabschieden
- ☐ B für jemanden verantwortlich sein
- ☐ C jemandem den Zusammenhang erklären

3. mit einer Person beruflich **zu tun haben**
- ☐ A mit einer Person zusammenarbeiten
- ☐ B eine Person motivieren
- ☐ C einer Person etwas nicht erzählen

4. sich amüsieren
- ☐ A sprachlos sein
- ☐ B Spaß haben und über etwas lachen
- ☐ C einen Eindruck haben

7

Aus Lektion 14 kennen Sie schon die Wörter **flexibel** und **belastbar**. Hier sind weitere Qualifikationen und Eigenschaften, die für einen Beruf wichtig sind:

WORTSCHATZ

selbstständig =
1. ohne fremde Hilfe;
2. nicht fest angestellt

Qualifikationen:
ein gutes Zeugnis aus der Schulzeit oder aus dem Studium,
gute Referenzen (z.B. von der letzten Arbeitsstelle oder von einem Professor an der Universität) und
eine langjährige Praxis / Erfahrung

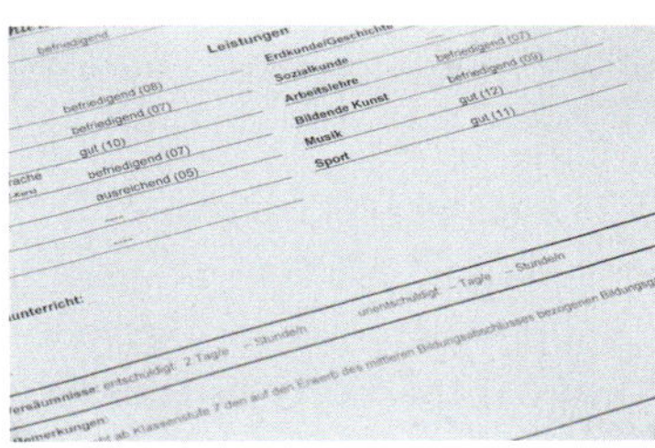

Eigenschaften:
qualifiziert, **motiviert**, **selbstständig**, **zuverlässig**, **verantwortungsvoll**, **routiniert** (oder **erfahren**) oder entsprechende Substantive, z.B. **die Belastbarkeit**, **die Verantwortung**.

Lesen Sie die Beschreibungen. Welche Eigenschaft passt am besten? Schreiben Sie die Wörter in die Lücken.

verantwortungsvoll   selbstständig   zuverlässig   routiniert

1. Nach 20 Jahren Berufserfahrung bin ich sehr ____________.
2. Der Beruf eines Arztes ist ____________, denn er trägt die Verantwortung für seine Patienten.
3. Wir suchen junge Leute, die ____________ arbeiten können, also ohne Hilfe.
4. Ich kann meiner Sekretärin viele Aufgaben geben und weiß, dass sie sie nicht vergisst. Sie ist ____________.

8

Wie heißen die Substantive zu den folgenden Adjektiven? Ordnen Sie den Buchstabensalat und notieren Sie die Wörter.

1. selbstständig - die ____________ BSTSELKEITIGSTÄDN
2. motiviert - die ____________ VAMIOOTITN
3. flexibel - die ____________ TÄTEXFLILIBI
4. zuverlässig - die ____________ KIETZULÄSSVERIG
5. routiniert - die ____________ OUNERIT

SPRACHTIPP

Substantive auf **-heit**, **-ik**, **-ine**, **-ion**, **-keit**, **-schaft**, **-tät** und **-ung** sind immer feminin.

WORTSCHATZ

erhalten (erhält, erhielt, hat erhalten) = bekommen
(die) Verantwortung tragen (für) = verantwortlich sein
(die) Verantwortung übernehmen = bereit sein, Verantwortung zu bekommen
Beide Ausdrücke haben außerdem die Bedeutung **(die) Schuld auf sich nehmen.**

9

Was ist wichtig für Sie im Job? Beantworten Sie die Frage für sich selbst. Sie können die folgenden Strukturen verwenden:

Mir ist wichtig, dass ich ...
Ich (persönlich) finde es wichtig, dass ich ...
Ich lege Wert darauf, dass ich ...

Hier sind einige Vorschläge:
... meine Zeit selbst / frei einteilen kann.
... mit interessanten Menschen zu tun habe.
... viel Geld verdiene / ein hohes Einkommen habe.
... neben dem Beruf Zeit für ... habe.
... abwechslungsreiche Aufträge erhalte.
... Verantwortung tragen / übernehmen kann.
... eine geregelte Arbeitszeit habe.
... einen sicheren Job habe.
... hilfsbereite Kollegen habe.

CD 1 - TR. 74

10

Hören Sie auf Ihrer CD, was Frau Kremer und Herr Holsten über ihre Arbeitssituation sagen.

Kreuzen Sie die Themen an, über die die Personen sprechen.

1. gut verdienen / ein gutes Einkommen	☐	☐
2. eine geregelte Arbeitszeit	☐	☐
3. hilfsbereite Kollegen	☐	☐
4. Zeit frei einteilen können	☐	☐
5. interessante Aufträge	☐	☐
6. ein sicherer Arbeitsplatz	☐	☐

11

Die Konjunktion **nachdem** leitet einen Nebensatz ein. Die Handlung im Nebensatz findet **<u>vor</u>** der Handlung im Hauptsatz statt. Die Vorzeitigkeit wird durch **nachdem** und eine entsprechende Zeitform ausgedrückt:

<u>Nebensatz</u> (vorzeitig)	**<u>Hauptsatz</u> (Gegenwart/ Zukunft)**
Nachdem du **gegessen hast**, *Perfekt*	**gehen** wir ins Kino. *Präsens*

<u>Nebensatz</u> (vorzeitig)	**<u>Hauptsatz</u> (Vergangenheit)**
Nachdem er **angekommen war**, *Plusquamperfekt*	**rief** er seine Mutter **an**. *Präteritum*

Der Nebensatz mit **nachdem** steht meist vor dem Hauptsatz, kann ihm aber auch folgen. Bringen Sie die Wörter in die richtige Reihenfolge.

1. den Auftrag | viel Geld | bekam | . | **Nachdem** ich | erledigt hatte, | ich

   ____

2. **nachdem** er | Sie | an, | rief ihn | schon gegangen war | . | im Büro

   ____

 23

 SPRACHTIPP

In der gesprochenen Sprache wird im Neben- und im Hauptsatz oft auch das Perfekt verwendet. Beispiele dafür finden Sie im Hauptdialog.

12

Die Vorzeitigkeit im Nebensatz kann nicht nur mit **nachdem**, sondern auch mit den Konjunktionen **als** und **sobald** ausgedrückt werden:
<u>Nachdem/Als/Sobald</u> er die Schule beendet hatte, ging er ins Ausland.
Ergänzen Sie die die Sätze mit dem Perfekt oder Plusquamperfekt der angegebenen Verben. Die Zeitform im Hauptsatz hilft Ihnen dabei.

1. Nachdem wir ihr alles ______________, war sie sprachlos. *(erzählen)*
2. Sobald er sein erstes Gehalt ______________, macht er eine große Party. *(bekommen)*
3. Als meine Kollegen nach Hause ______________, bekamen wir noch einen wichtigen Auftrag. *(gehen)*
4. Nachdem ich die Fotos ______________, zeige ich sie den Redakteuren. *(machen)*

  23

 SPRACHTIPP

Die Verwendung von **als** in der Bedeutung von **nachdem** ist nur möglich, wenn sich die Handlung im Hauptsatz auf die Vergangenheit bezieht.

13

Sie kennen schon viele Wörter aus der **Wortfamilie Arbeit**. Lesen Sie die folgenden Wörter laut:

Art der Arbeit:
die Zusammenarbeit, die Teamarbeit, die Teilzeitarbeit

Personen in der Arbeitswelt:
der Arbeitnehmer, der Arbeitgeber,
der Mitarbeiter (= 1. Arbeitnehmer; 2. Kollege),
der Arbeitslose

Außerdem:
der Arbeitsplatz (= die Arbeitsstelle), **die Arbeitszeit,**
die Arbeitsagentur (oder: **Agentur für Arbeit**),
die Arbeitserlaubnis, die Arbeitslosigkeit, die Arbeitsbedingungen

ABC WORTSCHATZ

Apropos **Arbeitszeiten**, man kann **(in) Teilzeit** ⟷ **(in) Vollzeit arbeiten**
geregelte (= feste) **Arbeitszeiten** ⟷ **Gleitzeit haben**

14

Lesen Sie die Erklärungen und ordnen Sie die Wörter zu.

1. Diese Menschen haben keine Arbeit: ___
2. Ein anderes Wort für „Job, Stelle“: ___
3. Sie macht man, wenn man nicht Vollzeit arbeitet: ___
4. Man fängt zwischen 8.00 und 10.00 Uhr an zu arbeiten: ___
5. Alle Personen, die arbeiten: ___
6. Er hat Angestellte: ___
7. Ein anderes Wort für „die Kollegin“: ___
8. Man braucht sie, um im Ausland arbeiten zu dürfen: ___
9. Sie ist zuständig, wenn man arbeitslos ist und eine neue Arbeit sucht: ___

A der Arbeitgeber
B die Arbeitserlaubnis
C die Mitarbeiterin
D der Arbeitsplatz
E die Arbeitnehmer
F die Arbeitsagentur
G die Arbeitslosen
H die Gleitzeit
I die Teilzeitarbeit

15

Mit den folgenden Sätzen können Sie Ihre Arbeitssituation beschreiben.

Ich bin Arbeiter / Auszubildender/ Angestellter / Beamter / Freiberufler / Unternehmer / Rentner.

Ich bin freiberuflich tätig ↔ fest angestellt.
Ich bin bei einer Firma angestellt.
Ich arbeite in einem Betrieb.
Ich leite eine Abteilung / einen Betrieb.
Ich bin berufstätig ↔ zurzeit arbeitslos.

Ich bin selbstständig und besitze einen eigenen Betrieb / eine eigene Firma.

Ich verdiene ... Euro netto / brutto.
Mein Einkommen / Meine Rente beträgt ... Euro.

WORTSCHATZ

Für Frauen: Ich bin Arbeiterin / Auszubildende / Angestellte / Beamtin / Freiberuflerin / Unternehmerin / Rentnerin.

der Beamte = Angestellter des Staates. In Deutschland sind zum Beispiel Lehrer an staatlichen Schulen oder Polizisten Beamte. Beachten Sie: **der Beamte, ein Beamter**; siehe § 2 Das Substantiv.

das Einkommen = das Gehalt

16

Wer sagt was? Zu jeder Person und ihrer Arbeitssituation passen immer zwei Sätze. Ordnen Sie die Sätze den Fotos zu.

1

2

3

4

___ A Als Unternehmer bin ich für 20 Angestellte verantwortlich.

___ B Ich bin Beamter.

___ C Meine Rente ist leider nicht sehr hoch.

___ D Zurzeit bin ich freiberuflich tätig.

___ E Ich bin selbstständig und leite eine Firma.

___ F Ich habe weder ein festes Einkommen noch geregelte Arbeitszeiten.

___ G Ich war lange berufstätig. Jetzt bin ich Rentnerin.

___ H Seit drei Jahren bin ich an einem Gymnasium tätig.

LEKTION 16 Ende gut, alles gut!

CD 1 - TR. 75

WORTSCHATZ

die Stimmung = Zustand von Gefühlen
nerven (umgangssprachlich) = aufregen, stören
sauer (umgangssprachlich) = wütend
mit sich beschäftigt sein = sich nur um sich selbst kümmern
Zum Verrücktwerden sagt man, wenn man nicht mehr weiß, was man in einer Situation tun soll.

1

wütend sein

schlechte Stimmung

zum Verrücktwerden!

Aynur fühlt sich wie die Personen auf den Fotos. Sie ist sehr **wütend** auf Eric, ihre **Stimmung** ist schlecht, denn ihre Gefühle wurden verletzt. Hören Sie auf Ihrer CD, was sie in dieser Situation sagt. Schreiben Sie die Wörter in die Lücken.

1. Es ist zum ____________________!
2. Eric ist nur mit sich ____________________!
3. Es ist alles seine ____________________!
4. Mich ____________________ das Ganze!
5. Ich bin wirklich ____________________ auf ihn!

Schuld   Verrücktwerden   sauer   beschäftigt   nervt

2

Die Wörter auf der linken Seite kennen Sie schon. Ordnen Sie die entsprechenden Substantive oder Verben zu. Die Angaben in Klammern helfen Ihnen, die neuen Wörter rechts zu finden und zu verstehen.

1. ärgerlich (*Verb*)	___	**A** unschuldig sein
2. klar (*Verb*)	___	**B** das Missverständnis
3. Entschuldigung! (*Verb*)	___	**C** der Anfang
4. Schuld haben (*Gegenteil* ⟷)	___	**D** sich ärgern
5. denken (*Substantiv*)	___	**E** klären
6. das Ende (*Gegenteil* ⟷)	___	**F** sich entschuldigen
7. falsch verstehen (*Substantiv*)	___	**G** der Gedanke

3

In der Zwischenzeit hat Aynur erfahren, dass Eric und Sylvia sich oft treffen. Sie ist zwar sauer, aber sie hat Eric um ein Gespräch gebeten. Jetzt wartet sie zusammen mit ihrer Freundin Claudia in einer Kneipe auf Eric. Eric ist schon auf dem Weg zur Kneipe, aber nicht allein, sondern mit Sylvia.

Hören Sie auf Ihrer CD die Gespräche der vier Personen und beantworten Sie die Fragen.

CD 1 - TR. 76

	ja	nein
1. Ist Eric Sylvias neuer fester Freund?	☐	☐
2. Gibt es ein glückliches Ende für Aynur?	☐	☐

4

Hören Sie das Gespräch noch einmal. Was sagen und wollen die vier Personen? Kreuzen Sie die richtige Antwort an.

CD 1 - TR. 76

1. Sylvia findet, dass ...
- ☐ A Eric stört.
- ☐ B Eric sich entschuldigen soll.
- ☐ C Eric nicht gut aussieht.

2. Eric möchte ...
- ☐ A alle Missverständnisse aufklären.
- ☐ B ausgerechnet Claudia treffen.
- ☐ C allein in die Kneipe gehen.

3. Als Claudia von Sylvia und Eric hört, sagt sie:
- ☐ A Zum Verrücktwerden!
- ☐ B Mach dir keine Sorgen!
- ☐ C Das ist ja heftig!

4. Sylvia sagt zu Aynur:
- ☐ A Du täuschst dich.
- ☐ B Das hat keinen Sinn.
- ☐ C Du warst sehr beschäftigt.

5. Eric war die ganze Zeit ...
- ☐ A eifersüchtig.
- ☐ B mit seinen Gedanken woanders.
- ☐ C sauer auf Aynur.

6. Eric hofft, dass ...
- ☐ A Aynur ihm nicht mehr böse ist.
- ☐ B er Recht hat.
- ☐ C die Stimmung gut ist.

ABC **WORTSCHATZ**

sich täuschen = etwas glauben, das aber nicht so ist
woanders = an einem anderen Ort

1. Im Dialog kommt der Ausdruck **Das macht keinen Sinn!** vor, der wörtlich aus dem Englischen übersetzt ist und den man in der Umgangssprache oft verwendet. Korrekt ist aber: **Das ergibt/hat keinen Sinn!** oder **Das ist sinnlos!**

2. Das Adverb **ausgerechnet** drückt aus, dass man eine Situation so nicht erwartet hat und dass man sich darüber ärgert: **Er trifft sich ausgerechnet mit Silvia. / Ausgerechnet mir ist das passiert.**

5

Im Dialog gibt es viele Wörter und Ausdrücke aus der Umgangssprache. Was bedeuten sie? Ordnen Sie die richtigen Erklärungen zu.

1. Es tut mir schrecklich leid!
2. etwas miteinander haben
3. jemandem böse sein
4. Mensch!
5. Das ist ja heftig!
6. Gott sei Dank!
7. Wenn man vom Teufel spricht …

___ A sauer auf eine Person sein
___ B froh sein, dass etwas ein gutes Ende hat
___ C etwas ist wirklich extrem
___ D man redet über jemanden und dann kommt zufällig genau diese Person
___ E ein Liebespaar sein
___ F man möchte sich entschuldigen
___ G das sagt man zu einer Person, wenn man sich über sie ärgert

6

Der emotionalste Teil des Hauptdialogs ist das Gespräch zwischen Aynur und Claudia. Hören Sie noch einmal die einzelnen Sätze dieses Teils. Achten Sie auf die Intonation und sprechen Sie die Sätze nach.

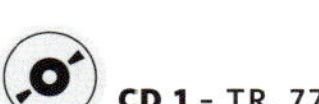
CD 1 - TR. 77

Claudia: Na, was gibt's Neues? Hast du endlich dein Liebesleben in Ordnung gebracht?

CD 1 - TR. 78

Aynur: Ach nein, ganz und gar nicht. Inzwischen weiß ich, dass sich Eric mit einer anderen trifft, und zwar ausgerechnet mit Sylvia, einer Freundin. Es ist zum Verrücktwerden!

CD 1 - TR. 79

Claudia: Eric und eine Freundin von dir? Das ist ja heftig! Bist du dir sicher?

CD 1 - TR. 80

Aynur: Na ja. Er kommt gleich und will mir alles erklären.

CD 1 - TR. 81

Claudia: Mensch! Wenn ihr früher miteinander geredet hättet, wäre doch alles ganz anders gelaufen!

CD 1 - TR. 82

Aynur: Ja vielleicht, aber ich war sauer auf ihn und in so einer Stimmung hätte ein Gespräch keinen Sinn gemacht. Mich nervt das Ganze immer noch.

CD 1 - TR. 83

Claudia: Du bist nicht genervt, du bist ganz einfach eifersüchtig. Ha, wenn man vom Teufel spricht, schau mal, wer da kommt!

7

In der Umgangsprache verwendet man oft Ausdrücke mit dem Verb **nerven** und dem Substantiv **Nerv/Nerven**, zum Beispiel:

Du nervst! / Das Ganze nervt (mich)!
Mein Vater / Dieses Gespräch geht mir auf die Nerven.
Ich bin genervt von ihm / von seinem Verhalten.
Ich habe die Nerven verloren ⟷ behalten.

WORTSCHATZ

das Verhalten = die Art, wie ein Mensch etwas tut oder sagt
die Nerven verlieren = die Kontrolle über sich selbst verlieren
die Nerven behalten = die Kontrolle in einer schwierigen Situation nicht verlieren

Mit welchen Wörtern kann man eine Aussage weniger hart oder härter klingen lassen? Ordnen Sie die Buchstaben und ergänzen Sie die Sätze.

1.	*weniger hart:*	W E I G E N D I R	Du nervst __________.
2.	*härter:*	L A T T O	Ich bin __________ genervt.

8

 17

In Übung 6 haben Sie sicher die Formen **hättet geredet** und **wäre gelaufen** bemerkt. Es handelt sich um den **Konjunktiv II der Vergangenheit**.

Bildung:
Konjunktiv II (der Gegenwart) von **haben** / **sein** (**ich hätte**, **er wäre** usw.) + Partizip Perfekt des Hauptverbs

Wichtige Funktionen:
Der Konjunktiv II der Vergangenheit drückt Folgendes aus:

irreale Bedingung:	Hätte ich mich um Aynur gekümmert, dann ...
irrealer Wunsch:	Wenn er doch angerufen hätte!
irreale Vermutung:	Das wäre besser gewesen!

Ergänzen Sie die Lücken mit den Formen des Konjunktiv II.

gewusst gesagt hättest gekommen hätte wärst

Warum hast du mir Erics Namen nie gesagt? Dann __________ (1) du nicht auf falsche Gedanken __________ (2) und ich __________ (3) von Anfang an __________ (4), wer er ist. Wenn du doch nur seinen Namen __________ (5)!

 23

9

Der Konjunktiv II der Vergangenheit wird oft in irrealen Bedingungssätzen verwendet. Es gibt wie beim Konjunktiv II der Gegenwart (Lektion 12) die folgenden Möglichkeiten mit und ohne **wenn**:

Hauptsatz:	**Nebensatz:**
Er wäre gerne zur Party gekommen,	**wenn** er Zeit gehabt hätte.

Nebensatz:	**Hauptsatz:**
Wenn er Zeit gehabt hätte,	wäre er gerne zur Party gekommen.
Hätte er Zeit gehabt,	wäre er gerne zur Party gekommen.

Im Nebensatz mit **wenn** steht eine irreale Bedingung und im Hauptsatz eine Folge, die in der Vergangenheit nicht realisiert wurde.

Bringen Sie die Wörter in die richtige Reihenfolge.

1. wäre | Es | gewesen | besser | , | **wenn** ich | hätte | gekümmert | . | mich mehr um sie

____

2. hättet | **Wenn** | miteinander geredet | ihr | , | weniger Probleme | gehabt | . | hätten | wir alle

____

10

Was wäre passiert, wenn ...? Lesen Sie das Beispiel:
Er hat sich entschuldigt. Ich war nicht sauer.
→ **Wenn er sich nicht entschuldigt hätte, wäre ich sauer gewesen.**

Formulieren Sie Sätze mit dem Konjunktiv II der Vergangenheit nach diesem Muster. Stellen Sie sich das Gegenteil vor und ergänzen Sie **nicht**.

1. Sie haben sich getroffen. Aynur und Eric haben ihre Probleme geklärt.

____

2. Du hast alles missverstanden. Wir waren so wütend auf dich.

____

11

Wenn Sie **sich bei jemandem entschuldigen** möchten, können Sie die folgenden Sätze verwenden:

Jemanden um Verzeihung bitten:
Ich möchte mich für ... entschuldigen.
Bist du mir noch böse? / noch sauer auf mich? *(Umgangssprache)*
Kannst du mir noch einmal vergeben / verzeihen?

Einen Fehler zugeben oder auf ein Missverständnis reagieren:
Das Ganze tut mir leid. Ich hatte mich getäuscht.
Das war ein Missverständnis. / Ich hatte das missverstanden.
Das ist/war alles meine Schuld / mein Fehler.

Hören Sie auf Ihrer CD drei Entschuldigungen und schreiben Sie die fehlenden Wörter in die Lücken. In jedem Satz fehlen zwei Wörter. **CD 1 - TR. 84**

1. Ich möchte mich ________ entschuldigen.
2. Es tut ________ leid.
3. Bitte entschuldige ________!

12

Wie kann man auf eine Entschuldigung reagieren, um sich zu versöhnen? Trennen Sie die Wörter und schreiben Sie die Sätze.

1. I C H N E H M E D I E E N T S C H U L D I G U N G G E R N E A N .

____

2. G O T T S E I D A N K K O N N T E N W I R A L L E S K L Ä R E N .

____

Wenn dann alles wieder in Ordnung ist, kann man auch, wie auf dem Foto rechts, mit einem Getränk **anstoßen** und „**Prost!**" sagen.

ABC WORTSCHATZ

blind sein = nicht sehen können
schweigen (schweigt, schwieg, hat geschwiegen) = nichts sagen
das Vergnügen = der Spaß
währen = dauern

13

Sprichwörter werden verwendet, um eine Situation humorvoll oder kritisch zu kommentieren. Aus dem Hauptdialog kennen Sie schon die ersten zwei Situationen und die passenden Sprichwörter:

- **Wenn man vom Teufel spricht ...** Aynur und Claudia sprechen über Sylvia und Eric, die genau in diesem Moment in die Kneipe kommen.
- Aynur hatte die Beziehung zwischen Eric und Sylvia falsch verstanden. Der Kommentar ihrer Freundin Claudia ist: **Liebe macht blind.**
- Bekannt ist auch das Sprichwort **Reden ist Silber, Schweigen ist Gold.** Aber es wäre besser gewesen, wenn Aynur nicht geschwiegen hätte.
- Zu Eric, der sich um seine Bewerbung gekümmert hat, passt: **Erst die Arbeit, dann das Vergnügen.**
- Am Ende wurden alle Missverständnisse aufgeklärt und man kann sagen: **Ende gut, alles gut.** Oder: **Was lange währt, wird endlich gut.**

14

Welches Sprichwort passt? Ordnen Sie die Sprichwörter den Situationen auf den Fotos zu.

1

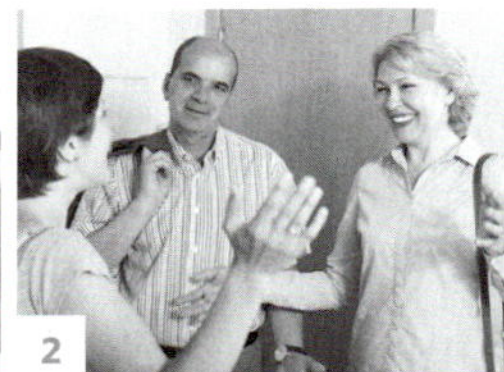
2

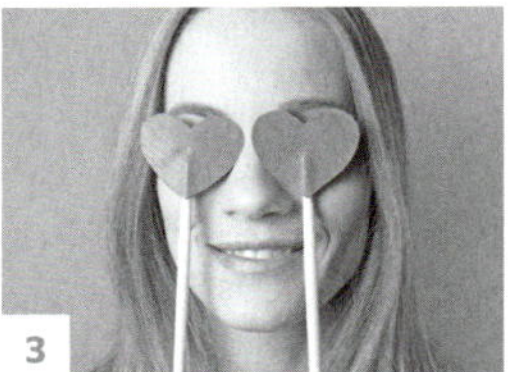
3

4

5

___ A Wenn man vom Teufel spricht.

___ B Reden ist Silber, Schweigen ist Gold.

___ C Erst die Arbeit, dann das Vergnügen.

___ D Liebe macht blind.

___ E Was lange währt, wird endlich gut.

15

Die Aussprache von **e**

(1) In der gesprochenen Sprache wird der Vokal **e** nicht immer ausgesprochen. Man schreibt das fehlende e mit einem Apostroph ('). Beispiele:

- Statt **es** spricht man manchmal nur **s**:
  Was gibt's? Wie geht's dir? Ich kann's nicht.
- Bei Verben in der 1. Person Singular fehlt oft die Endung **-e**:
  ich hab', **ich komm'**, **ich wär'**, **ich hör'** usw.

(2) Das **e** in der Infinitivendung **-en** wird oft nur ganz schwach ausgesprochen oder man kann es gar nicht hören.

CD 1 - TR. 85

Hören Sie auf Ihrer CD, wie die Endung -en bei den vier Verben ausgesprochen wird. Kreuzen Sie an, was Sie hören.

1. hören	☐ schwaches **e**	☐ kein **e**
2. müssen	☐ schwaches **e**	☐ kein **e**
3. laufen	☐ schwaches **e**	☐ kein **e**
4. anfangen	☐ schwaches **e**	☐ kein **e**

16

CD 1 - TR. 86

Hören Sie auf Ihrer CD, was die Personen sagen. Ordnen Sie dann die passenden Reaktionen zu.

1.
2.
3.
4.
5.
6.

A Nein, es ist sicher nicht meine Schuld.
B Ja, es ist alles in Ordnung. Ich habe mich mit ihr versöhnt.
C Das wäre sinnlos gewesen, denn wir waren zu genervt.
D Mensch, das ist ja heftig! Jetzt musst du die Nerven behalten.
E Hoffentlich nur Gutes!
F Ach, ich war mit vielen Dingen beschäftigt.

RÜCKBLICK 4

1

Lesen Sie die folgenden Situationen und ordnen Sie die Beispiele zu.

1. sich entschuldigen
2. Situationen mit einem Sprichwort kommentieren
3. über persönliche Fähigkeiten sprechen
4. irreale Aussagen machen
5. mit dem Kundendienst sprechen
6. Aktivitäten am Computer erklären
7. über die Ausbildung sprechen
8. sagen, warum man sich bewirbt

____ A Wir möchten den Fernseher reparieren lassen.

____ B Ich bin zuverlässig und flexibel.

____ C Du musst die Datei noch speichern.

____ D Ich suche nach einer verantwortungsvollen Tätigkeit.

____ E Nach der Schule habe ich eine Ausbildung gemacht.

____ F Es tut mir schrecklich leid.

____ G Wenn ich das nur gewusst hätte!

____ H Erst die Arbeit, dann das Vergnügen.

2

Es gibt Post für Sie! Schreiben Sie die fehlenden Wörter in die Lücken. Versuchen Sie es zuerst ohne Hilfe.

Hallo Marco,

wie geht's dir? Hoffentlich bist du mir nicht ____________ (1), dass ich dir erst jetzt schreibe. Ich hatte ein paar Probleme.

In letzter Zeit habe ich mich mehr um meinen Computer als um meine Frau ____________ (2). Sie war total ____________ (3) auf mich und die schlechte ____________ (4) ging mir auf die ____________ (5). Aber am Ende konnten wir alles ____________ (6). Gott sei ____________ (7)!

Bis bald in unserer Kneipe! Ich lade dich ein!
Franz

gekümmert klären sauer böse Nerven Dank Stimmung

3

Lesen Sie die Sätze A bis J. Zu welchen Situationen auf den Fotos passen sie? Schreiben Sie die Buchstaben unter die Fotos.

___ A Wenn du dort klickst, kannst du den Ordner öffnen.

___ B Es ist zum Verrücktwerden! Der Fernseher ist schon wieder kaputt.

___ C Wie haben Sie von der Stelle erfahren?

___ D Haben Sie Ersatzteile auf Lager?

___ E Hast du alle Daten gespeichert?

___ F Hier werden Mitarbeiter gesucht, die routiniert und belastbar sind.

___ G Kannst du dieses Dokument herunterladen und für mich kopieren?

___ H Warum möchten Sie sich beruflich verändern?

___ I Lass dir unbedingt einen Kostenvoranschlag geben.

___ J Soll ich mich um den Job bewerben? Was meinst du?

4

Lesen Sie die Fragen zum Thema **Ausbildung und Beruf**. Beantworten Sie die Fragen für sich selbst.

1. Was machen Sie zurzeit beruflich?
- ☐ Ich studiere an einer Universität.
- ☐ Ich gehe noch zur Schule.
- ☐ Ich bin fest angestellt.

2. Welche Qualifikationen brauchen Sie für Ihre Tätigkeit?
- ☐ Gute Zeugnisse und Referenzen.
- ☐ Fremdsprachenkenntnisse.
- ☐ Sehr gute Kenntnisse im Umgang mit Computern.

3. Was ist Ihnen im Beruf wichtig?
- ☐ Ich kann selbstständig arbeiten.
- ☐ Die Zeit frei einteilen zu können.
- ☐ Ich verdiene viel Geld.

4. Was wäre Ihr Wunsch?
- ☐ Ich würde lieber Teilzeit arbeiten.
- ☐ Ich hätte gern geregelte Arbeitszeiten.
- ☐ Mehr Verantwortung zu tragen.

§ 13

5

Das **Plusquamperfekt** (**ich hatte geschrieben, er war gekommen**) wird für Handlungen in der Vergangenheit verwendet, die vor einer anderen vergangenen Handlung stattfanden.

Ergänzen Sie die angegebenen Verben im Plusquamperfekt.

1. Nachdem ich das Studium ____________________, habe ich eine Stelle bei einer Zeitung bekommen. *(beenden)*
2. Von 1998 bis 2002 war ich als Bankkaufmann tätig. Davor __________ ich drei Monate lang arbeitslos ____________________. *(sein)*
3. Mein Computer funktionierte nicht mehr, nachdem ich eine neue Software ____________________. *(installieren)*

§ 20

6

Wenn die Handlung im Nebensatz <u>nach</u> der Handlung im Hauptsatz stattfindet, verwendet man die Konjunktionen **bevor** oder **ehe**. Beispiele:

Handlung 1 (Nebensatz)	**Handlung 2 (Hauptsatz)**
Bevor/Ehe er sich bei der Firma bewarb,	bereitete er sich gut vor.
Bevor/Ehe du den Rechner ausschaltest,	musst du alles abspeichern.

Ergänzen Sie die Regeln. Kreuzen Sie die richtige Antwort an.

1. Welche Handlung kommt zeitlich zuerst? ☐ Handlung 1 ☐ Handlung 2
2. Die Zeitformen im Haupt- und Nebensatz sind ☐ gleich ☐ verschieden.

§ 20

7

Erinnern Sie sich an die **zweiteiligen Konjunktionen**? Schreiben Sie die fehlenden Konjunktionen in die Lücken.

1. In meinem Job gibt es __________ Vorteile **als auch** Nachteile.
2. __________ du entschuldigst dich **oder** wir haben ein Problem.
3. Er hat mich **weder** angerufen __________ eine SMS geschrieben.
4. Das Gerät ist **nicht nur** alt, __________ **auch** fehlerhaft.
5. Die Arbeit ist __________ interessant, **aber** man verdient zu wenig.

8

Ergänzen Sie die Präpositionen. Versuchen Sie es zuerst ohne Hilfe.

10

1. Wie haben Sie ______ der Stelle erfahren?
2. Wir danken Ihnen ______ das Gespräch.
3. Ich möchte dich ______ Verzeihung bitten.
4. Hast du die Daten ______ einem USB-Stick gespeichert?
5. Er bewirbt sich als Redakteur ______ einer Zeitung.
6. Ich möchte mich ______ den Fehler entschuldigen.
7. Ärgerst du dich immer noch ______ sein Verhalten?

Mit Hilfe:

von um über für für bei auf

WORTSCHATZ

Wenn Sie Ihr Interesse (z.B. an einem Job) äußern möchten, sind folgende Konstruktionen möglich:
Ich interessiere mich für diesen Job.
Ich bin an diesem Job interessiert.
Dieser Job interessiert mich.

9

Pronominaladverbien (**daran**, **dafür** usw.) haben Sie schon in Lektion 8 kennen gelernt. Hier ist eine weitere Funktion. Lesen Sie die Beispielsätze:

7

Mit Präposition:	Er legt Wert **auf** ihre Entschuldigung. Ich denke **an** einen neuen Job.
Mit Pronominal-adverb:	Er legt Wert **darauf**, dass sie sich entschuldigt. Ich denke **daran**, einen neuen Job zu suchen.

Regel:
Wenn einem Verb mit Präposition ein Nebensatz oder ein Infinitivsatz folgt, muss ein Pronominaladverb (**da(r)-** + Präposition) verwendet werden. Das gilt auch für Substantive und Adjektive mit Präposition.

Ergänzen Sie das Pronominaladverb.

1. Kümmerst du dich __________, das Gerät in eine Werkstatt zu bringen?
2. Ich möchte mich __________ entschuldigen, dass ich zu spät komme.
3. Der Gedanke __________, dass er morgen arbeiten muss, nervt ihn.
4. Er ist unglücklich __________, keine Stelle zu finden.

ABC WORTSCHATZ

Hilfe:
sich kümmern um
sich entschuldigen für
der Gedanke an
unglücklich über

16

10

In Lektion 16 finden Sie die folgenden Sätze:

Alles ist geklärt.

Aynurs Gefühle sind verletzt.

Hätten Sie gedacht, dass es sich um Sätze im Passiv handelt? Hier ist die Erklärung:

Was ist vorher passiert?		Was ist jetzt das Resultat?
Wir haben alles geklärt.	→	Nun **ist** alles **geklärt**.
Ihre Gefühle wurden verletzt.	→	Ihre Gefühle **sind verletzt**.
		Passiv mit sein

Das **Zustandspassiv** wird mit dem Hilfsverb **sein** und dem Partizip Perfekt des Hauptverbs gebildet. Es drückt ein Resultat oder einen Zustand aus. Man verwendet das Zustandspassiv vor allem im Präsens und im Präteritum: **Ihre Gefühle sind/waren verletzt**.

SPRACHTIPP

Passiv mit **werden** (Vorgangspassiv):
Präsens: er wird repariert
Präteritum: er wurde repariert
Perfekt: er ist repariert worden

Passiv mit **sein** (Zustandspassiv):
Präsens: er ist repariert
Präteritum: er war repariert

Ergänzen Sie die Sätze im Zustandspassiv mit den Formen von **sein**. Achten Sie auf die Zeit.

Er wird repariert.

Er ist repariert.

1. Der Computer wurde repariert.
   → Jetzt _______ er repariert.
2. Alle Daten konnten gerettet werden.
   → Zum Glück _______ nun alle Daten gerettet.
3. Peter hat heute neue Programme installiert.
   → Sie _______ jetzt installiert.
   → Gestern _______ sie noch nicht installiert.

11

Es ist schon alles erledigt! Schreiben Sie Sätze im Zustandspassiv Präsens.

1. die alten Dateien löschen → _______________
2. die DVD für Anna kopieren → _______________
3. die Dokumente ausdrucken → _______________

12

Was wäre passiert, wenn ...? Schreiben Sie die Sätze im Konjunktiv II der Vergangenheit mit den angegebenen Wörtern.

 17

1. noch bleiben | wir

   Wenn wir gewusst hätten, dass er kommt, ______________________.

2. wenn | sich entschuldigen | er

   ______________________, hätte sie ihm verziehen.

3. sich sofort bewerben | ich

   Hätte ich von der Stelle früher erfahren, ______________________.

4. uns anrufen | du

   ______________________, hätten wir uns keine Sorgen gemacht.

13

In dieser Übung können Sie die Konstruktion **lassen** + Infinitiv (Sätze 1 bis 4) und **lassen** ohne Infinitiv als Vollverb (Sätze 5 und 6) wiederholen.

§ 19

Ergänzen Sie die Sätze mit den Formen von **lassen**.

lassen gelassen Lass ließen lasse lässt hast habt

1. Wann ________ du den kaputten Drucker abholen ________?
2. Gestern ________ wir die Festplatte reparieren.
3. Mein Vater ________ mich nicht an seinem Computer arbeiten.
4. ________ uns doch am Abend zusammen ins Kino gehen!
5. Ich ________ meine Kinder nie allein.
6. Warum ________ ihr eure Taschen hier ________?

Eine weitere Konstruktion ist **sich lassen** + Infinitiv. Sie hat die Bedeutung „etwas kann gemacht werden":
Das Gerät lässt sich nicht reparieren. (... kann nicht repariert werden.)
Eure Fragen lassen sich leicht klären. (... können leicht geklärt werden.)

 WORTSCHATZ

Wichtige Bedeutungen von **lassen** + Infinitiv:
- etwas nicht selbst tun, jemanden bitten oder einen Auftrag geben, etwas zu tun (Sätze 1 und 2)
- etwas erlauben (Satz 3)
- etwas zusammen tun wollen (Satz 4)

Bedeutung von **lassen** als Vollverb:
- etwas / jemanden zurücklassen, liegen lassen

Bildung des Perfekts:
lassen als Hilfsverb: **er hat machen lassen**
lassen als Vollverb: **er hat gelassen**

14

Welche Wörter passen zu den Situationen, die Sie auf den Fotos sehen? Kreuzen Sie die richtigen Wörter an. Mehrere können richtig sein.

1.

- ☐ A Kenntnisse
- ☐ B die Schulzeit
- ☐ C die Gleitzeit
- ☐ D die Berufserfahrung

2.

- ☐ A verantwortlich
- ☐ B kaputt
- ☐ C merkwürdig
- ☐ D fehlerhaft

3.

- ☐ A eine Zusage
- ☐ B „Prost!"
- ☐ C sich versöhnen
- ☐ D miteinander anstoßen

4.

- ☐ A Arbeitgeber
- ☐ B Arbeitsagentur
- ☐ C Unternehmer
- ☐ D arbeitslos

15

Was bedeuten die Verben **aufgeben**, **ergeben**, **vergeben** und **zugeben**? Ergänzen Sie die Sätze mit dem Partizip Perfekt dieser Verben.

aufgegeben ergeben vergeben zugegeben

1. Mein Freund hat ________, dass alles sein Fehler war.
2. Ich habe mich bei ihr entschuldigt und sie hat mir ________.
3. Damals hätte ein Gespräch keinen Sinn ________.
4. Nachdem er eine Anzeige ________ hatte, erhielt er endlich einen Job.

16

Was gehört zusammen? Ordnen Sie die richtigen Verben zu.

1. einen eigenen Betrieb ___ A abschließen
2. sich die Zeit ___ B arbeiten
3. Waren, Geräte, Ersatzteile ___ C bewerben
4. eine Ausbildung ___ D bitten
5. Verantwortung ___ E einteilen
6. Vollzeit ___ F leiten
7. um Verzeihung ___ G liefern
8. sich um eine Stelle ___ H tragen

17

Wann? Wie lang? Wie oft? Lesen Sie die Beispiele und schreiben Sie die Adverbien, die die gleiche Bedeutung haben, hinter die Sätze. Achtung: Zwei Adverbien passen nicht.

gleich | eine Zeit lang | vor nicht langer Zeit | davor | oft | im Moment | irgendwann

1. Ich bin **zurzeit** arbeitslos. ___
2. Er war **vorher** Bäcker gewesen. ___
3. Ich habe ihn **vor Kurzem** getroffen. ___
4. Nach dem Abitur begann er **sofort** zu studieren. ___
5. Wir haben **häufig** Termindruck. ___

18

Markieren Sie das Wort, das nicht in die Reihe passt.

1. klären | speichern | drucken | löschen
2. der Job | der Arbeitsplatz | das Zeugnis | die Stelle
3. sauer | wütend | genervt | heftig
4. Beamter | Master | Angestellter | Freiberufler
5. das Studium | die Ausbildung | die Lehre | das Lager
6. verdienen | herunterladen | das Einkommen | das Gehalt
7. qualifiziert | abgeholt | routiniert | erfahren

ANHANG

Inhaltsübersicht Grammatik

1 WICHTIGE GRAMMATIKBEGRIFFE

Begriff	**Erklärungen und Beispiele**
Adjektiv, das	**schön**, ein **großes** Haus
Adverb, das	**immer**, **heute**, **deshalb**
Akkusativ, der	Ich kaufe **einen Pullover** / **ihn**.
Aktiv, das	Der Koch **grillt** den Fisch.
Artikel, der	*bestimmter Artikel:* **der**, **die**, **das** *unbestimmter Artikel:* **ein**, **eine**
Dativ, der	Ich schreibe **meinem Freund** / **ihm** einen Brief.
Deklination, die	*bei Substantiven:* der **Mann**, des **Mannes** *bei Pronomen:* **er**, **ihn**, **ihm**, ... *bei Adjektiven:* das **neue** Büro, des **neuen** Büros
Diphthong, der	**au**, **äu**, **eu**, **ei**
feminin	**die Hose**
Fragewort, das	**wer**, **wofür**, **welcher**
Genitiv, der	**des Freundes**, die Tasche **einer Freundin**
Genus, das	*maskulin, feminin, neutrum*
Hilfsverb, das	er **hat** gekauft, sie **sind** gefahren, es **wird** repariert
Imperativ, der	**Kommen Sie**! **Geht** nach Hause!
indirekte Frage, die	Ich weiß nicht, **ob er heute noch kommt**.
Infinitiv, der	*Grundform des Verbs:* **essen**, **kommen**
Komparativ, der	**schöner**; eine **bessere** Idee
Konjugation, die	ich **gehe**, du **gehst**, er **geht**, ...
Konjunktion, die	*Nebensatzkonjunktion:* **wenn**, **obwohl** *Hauptsatzkonjunktion:* **oder**, **aber**, **weder** ... **noch**
Konjunktiv II, der	*K. der Gegenwart:* ich **hätte**, er **würde kommen** *K. der Vergangenheit:* ich **hätte gehabt**, er **wäre gekommen**
Konsonant, der	**b**, **c**, **d**, **f**, **g**, ...
Kasus, der	*Nominativ, Akkusativ, Dativ, Genitiv*
maskulin	**der Pullover**
Modalverb, das	**können**, **müssen**, **wollen**, ...
neutrum	**das Kleid**
Nominativ, der	**der Freund**, **mein Job**
Numerus, der	*Singular, Plural*
Objekt, das	*Ergänzung im Akkusativ:* Ich mag **den Film** / **ihn**. *Ergänzung im Dativ:* Er hilft **seinem Vater** / **ihm**.
Partizip Perfekt, das	*Partizip II:* **gekauft**, **gekommen**
Passiv, das	Der Fisch **wird gegrillt**.
Perfekt, das	ich **habe gekauft**, er **ist gekommen**
Personalpronomen, das	**ich**, **du**, **er**, ...
Plural, der	**Kinder**; **wir**
Plusquamperfekt, das	ich **hatte gekauft**, er **war gekommen**
Possessivartikel, der	**mein** Freund, **seine** Mutter
Präfix, das	*Vorsilbe:* **un**wichtig, **an**kommen
Präposition, die	**in**, **nach**, **mit**
Präsens, das	ich **habe**, er **kommt**

Präteritum, das	ich **hatte**, er **kam**
Pronomen, das	siehe *Personal-*, *Reflexiv-* und *Relativpronomen*
Pronominaladverb, das	**damit**, **darüber**, ...; Ich entschuldige mich **dafür**.
reflexive Verben	**sich entspannen**, **sich waschen**
Reflexivpronomen, das	ich wasche **mich**; ich wasche **mir** die Haare
Relativpronomen, das	der Mann, **den** ich kenne
reziproke Verben	**sich** / **einander lieben**
Singular, der	**Kind**; **ich**
Stamm, der	*Verb ohne Personalendung:* **geh-**, **komm-**
Subjekt, das	*Ergänzung im Nominativ:* **Sylvia** fotografiert gern. **Der Computer** ist kaputt. **Wir** freuen uns.
Substantiv, das	*Nomen:* **Haus**, **Problem**
Suffix, das	*Nachsilbe:* Krank**heit**, humor**los**
Superlativ, der	**am schönsten**; die **beste** Idee
Trennbare Verben	**ab**fahren, ich fahre **ab**
Umlaut, der	**ä**, **ö**, **ü**
Verb, das	er **kommt**, wir **sind gekommen**
Vokal, der	**a**, **e**, **i**, **o**, **u**
Vorgangspassiv, das	Der Fisch **wird gegrillt**.
Zustandspassiv, das	Der Fisch **ist gegrillt**.
Zustandsreflexiv, das	Sie **ist erkältet**.

§ 2 DAS SUBSTANTIV

Deklination

	Maskulin	*Feminin*	*Neutrum*	*Plural*
Nom.	der Pullover	die Hose	das Kleid	die Schuhe
Akk.	den Pullover	die Hose	das Kleid	die Schuhe
Dat.	dem Pullover	der Hose	dem Kleid	den Schuhe**n**
Gen.	des Pullovers	der Hose	des Kleides	der Schuhe

(1) Der **Dativ Plural** endet auf **-n**, bei Substantiven, die den Plural auf **-s** bilden, auf **-s**:
mit den Autos.

(2) Im **Genitiv Singular** erhalten maskuline und neutrale Substantive die Endung **-es** oder **-s**.
-es: - meist bei einsilbigen Substantiven: **des Kindes**
- bei Substantiven auf **-s**, **-ß**, **-sch**, **-st** oder **-z**: **des Hauses**, **des Fußes**
-s: - bei Substantiven mit zwei oder mehr Silben: **des Vaters**
- bei Eigennamen: **Sylvias Haus**, **Berlins Kaufhäuser**
Eigennamen stehen meist vor ihrem Bezugswort. Wenn der Eigenname auf **-s** endet, schreibt man einen Apostroph für das Genitiv-**s**: **Thomas' Tochter**.

(3) In der Umgangssprache wird statt Genitiv oft **von** + Dativ verwendet:
die Tochter von einem Freund (statt: die Tochter eines Freundes).

1 GRAMMATIK

Maskuline Substantive der n-Deklination

Einige maskuline Substantive enden – außer im Nominativ Singular – immer auf **-(e)n**:

	Singular		*Plural*	
Nom.	der Kollege	der Student	die Kollege**n**	die Student**en**
Akk.	den Kollege**n**	dem Student**en**	die Kollege**n**	die Student**en**
Dat.	dem Kollege**n**	dem Student**en**	den Kollege**n**	den Student**en**
Gen.	des Kollege**n**	des Student**en**	der Kollege**n**	der Student**en**

Manchmal wird der Genitiv Singular mit **-ns** gebildet: **der Buchstabe**, **des Buchstabens**; **der Gedanke**, **des Gedankens**; **der Name**, **des Namens**.
Diese Regel gilt auch für das neutrale Substantiv **das Herz**, **des Herzens**.
Nach dem Muster der n-Deklination werden dekliniert:

- *viele maskuline Substantive und Nationalitätenbezeichnungen auf **-e**:*	der Expert**e**	der Kund**e**
	der Pol**e**	der Türk**e**
- *Internationalismen auf **-and**, **-ant**, **-ent**, **-graf**, **-ist** und **-oge**:*	der Doktor**and**	der Prakti**kant**
	der Stud**ent**	der Foto**graf**
	der Spezia**list**	der Psychol**oge**
- *einige weitere maskuline Substantive, die Personen bezeichnen:*	der Architekt	der Herr
	der Mensch	der Nachbar

Substantive aus Adjektiven und Partizipien

Maskuline Substantive auf **-e**, die aus Adjektiven oder Partizipien gebildet werden, folgen nicht der n-Deklination, sondern werden wie Adjektive dekliniert (siehe § 4): Sie ändern ihre Endungen entsprechend dem Artikel:

	Maskulin	*Feminin*	*Plural*
Bestimmter Artikel:	**der** Deutsche	**die** Deutsche	**die** Deutsch**en**
Unbestimmter oder ohne Artikel:	**ein** Deutsch**er**	**eine** Deutsche	Deutsch**e**
	Deutsch**er**	Deutsche	

Weitere Beispiele: **der/die Angestellte**, **der Beamte** (*aber:* **die Beamtin!**), **der/die Bekannte**, **der/die Einheimische**, **der/die Erwachsene**, **der/die Fortgeschrittene und der/die Fremde**.

3 DER ARTIKEL

Der bestimmte Artikel

	Maskulin	*Feminin*	*Neutrum*	*Plural*
Nom.	der	die	das	die
Akk.	den	die	das	die
Dat.	dem	der	dem	den
Gen.	des	der	des	der

Ebenso: **welche/r/s**, **diese/r/s** und **jede/r/s**. Wie der Artikel im Plural werden **keine**, **meine/deine/...**, **irgendwelche** und **alle** dekliniert:

welche/r/s	**Welchen** Kurs besuchen Sie?
diese/r/s	Die Farbe **dieses** Kleides gefällt mir nicht.
jede/r/s	Er besucht mich **jeden** Mittwoch.
keine	Anna und Peter haben **keine** Kinder.
meine, deine, ...	Er fährt mit **seinen** Eltern in Urlaub.
irgendwelche	Hast du **irgendwelche** Ideen?
alle	Sie hilft **allen** Menschen.

Der unbestimmte Artikel

	Maskulin	*Feminin*	*Neutrum*	*Plural*
Nom.	ein	eine	ein	–
Akk.	einen	eine	ein	–
Dat.	einem	einer	einem	–
Gen.	eines	einer	eines	–

Wie der unbestimmte Artikel werden dekliniert:

kein/e	Wir haben noch **keinen** Flug gebucht.
mein/e, dein/e, ...	Die Frau **meines** besten Freundes ist Ärztin.
was für ein/e	**Was für einen** Pullover suchen Sie denn?
irgendein/e	Das Gerät hat **irgendeinen** Fehler.

§ 4 DAS ADJEKTIV

Der Rock ist rot.	*Beim Verb: Adjektiv ohne Endung*
Der rote Rock gefällt mir.	*Vor einem Substantiv: Adjektiv mit Endung*
Ein roter Rock passt gut dazu.	

Regel: Der Artikel (bestimmter, unbestimmter oder Nullartikel) bestimmt die Endung des Adjektivs.

Deklination

1. Adjektivdeklination nach dem bestimmtem Artikel

	Maskulin	*Feminin*	*Neutrum*	*Plural*
Nom.	der alt**e** Rock	die neu**e** Hose	das rot**e** Kleid	die **-en**
Akk.	den alt**en** Rock	die neu**e** Hose	das rot**e** Kleid	die **-en**
Dat.	dem alt**en** Rock	der neu**en** Hose	dem rot**en** Kleid	den **-en**
Gen.	des alt**en** Rockes	der neu**en** Hose	des rot**en** Kleides	der **-en**

Diese Adjektivdeklination verwendet man auch nach:

diese/r/s	Passt das zu **diesem** schön**en** Kleid?
jede/r/s	Er freut sich auf **jeden** neu**en** Tag.
welche/r/s	**Welcher** interessant**e** Film läuft heute?

Nach **keine**, **meine/deine/...**, **alle** und **irgendwelche** im Plural haben Adjektive immer die Endung **-en**: **keine/seine kleinen Tiere**, **mit allen/irgendwelchen neuen Studenten**.

2. Adjektivdeklination nach dem unbestimmten Artikel

	Maskulin	*Feminin*	*Neutrum*
Nom.	ein alt**er** Rock	eine neu**e** Hose	ein rot**es** Kleid
Akk.	einen alt**en** Rock	eine neu**e** Hose	ein rot**es** Kleid
Dat.	einem alt**en** Rock	einer neu**en** Hose	einem rot**en** Kleid
Gen.	eines alt**en** Rockes	einer neu**en** Hose	eines rot**en** Kleides

Ebenso nach **kein-**, **mein-**, **dein-** usw. im Singular:
kein großer Mann *(Nominativ)*, **mit meiner kleinen Tochter** *(Dativ)*.

3. Adjektivdeklination nach dem Nullartikel

	Maskulin	*Feminin*	*Neutrum*	*Plural*
Nom.	grün**er** Tee	warm**e** Milch	hoh**es** Fieber	lang**e** Haare
Akk.	grün**en** Tee	warm**e** Milch	hoh**es** Fieber	lang**e** Haare
Dat.	grün**em** Tee	warm**er** Milch	hoh**em** Fieber	lang**en** Haare
Gen.	grün**en** Tees	warm**er** Milch	hoh**en** Fiebers	lang**er** Haare

Regeln:
- Die typische Endung (Signalendung) des bestimmten Artikels hat jetzt das Adjektiv, z.B.:
  de**m** Fieber → Sie liegt mit hoh**em** Fieber im Bett. *(Dativ)*
  de**r** Milch → Sie trinkt eine Tasse warm**er** Milch. *(Genitiv)*
- Ausnahmen: Im Genitiv Singular maskulin und neutrum hat das Adjektiv die Endung **-en** und die Signalendung **-s** ist beim Substantiv: **grünen Tees**, **hohen Fiebers**.

Die Adjektivdeklination nach dem Nullartikel verwendet man unter anderem nach den folgenden Wörtern (alle im Plural!):

einige	Wir müssen über **einige** wichtig**e** Dinge sprechen.
mehrere	In **mehreren** groß**en** Städten arbeitet man heute nicht.
viele	Er kennt **viele** interessant**e** Menschen.
wenige	Es gibt nur noch **wenige** günstig**e** Flüge.
Zahlen	Sie hat täglich mit **20** klein**en** Kindern zu tun.

1 GRAMMATIK

Die Steigerung des Adjektivs

Grundform	*Komparativ*	*Superlativ*	
Anna ist **schön**.	Klara ist **schöner**.	Maria ist **am schönsten**.	*beim Verb*
der **schöne** Tag	der **schönere** Tag	der **schönste** Tag	*vor einem Substantiv*
ein **schöner** Tag	ein **schönerer** Tag	–	

- Der Komparativ wird mit **-er** gebildet.
- Der Superlativ wird mit **am ... -(e)sten** bzw. **-(e)st** gebildet.
- Vor einem Substantiv haben die Komparativ- und Superlativformen die üblichen Adjektivendungen. Der Superlativ kann nur mit dem bestimmten Artikel verwendet werden.

Besonderheiten:

(1) Viele einsilbige Adjektive erhalten einen Umlaut in den Komparativ- und Superlativformen: **a**, **o**, **u** → **ä**, **ö**, **ü**:

lang	l**ä**ngere Haare	die l**ä**ngsten Haare
groß	eine gr**ö**ßere Portion	die gr**ö**ßte Portion
jung	mein j**ü**ngerer Bruder	mein j**ü**ngster Bruder

Ebenso:
alt, hart, kalt, krank, scharf, schwach, stark, warm, dumm, gesund, kurz

(2) Die Superlativendung **-est** verwendet man bei Adjektiven auf **-d**, **-t**, **-s**, **-ß**, **-sch** oder **-z**. Ausnahme: **groß – größt**.

schlecht	schlechtere Krimis	die schlecht**esten** Krimis
heiß	ein heißerer Tag	der heiß**este** Tag

(3) Bei Adjektiven auf **-er** oder **-el** entfällt **e** in der Komparativform:

teuer	ein **teurerer** Flug	der teuerste Flug
dunkel	**dunklere** Farben	die dunkelsten Farben

(4) Unregelmäßige Steigerungsformen:

groß	**größer-**	**größt-**	gut	**besser-**	**best-**
hoch	**höher-**	**höchst-**	viel	**mehr** (!)	**meist-**
nah	**näher-**	**nächst-**	wenig	**weniger** (!)	**wenigst-**

Die Komparativformen **mehr** und **weniger** haben keine Endung und werden ohne Artikel verwendet: **mehr Menschen**, **weniger Ideen**.

Der Vergleich mit wie und als

Grundform	Wir haben die **gleiche** Situation **wie** ihr.
+ **(so/genauso) wie**	Der Flug nach Antalya ist **so teuer wie** der (Flug) nach Wien.
Komparativ	Hast du eine **bessere** Idee **als** ich?
+ **als**	Er denkt, dass Rotwein **gesünder als** Weißwein ist.

5 PRÄPOSITIONEN

Übersicht

Akkusativ:	bis, durch, für, gegen, ohne, per, pro, um
Dativ.	ab, aus, bei, mit, nach, seit, von, zu
Akkusativ oder Dativ:	an, auf, hinter, in, neben, über, unter, vor, zwischen
Genitiv:	außerhalb, innerhalb, trotz, während, wegen

Zusammenziehungen mit dem bestimmten Artikel:

bei, von, zu + dem	→	**beim**, **vom**, **zum**
zu + der	→	**zur**
in, an + dem	→	**im**, **am**
in, an, auf + das	→	**ins**, **ans**, **aufs**

Präpositionen mit Akkusativ

bis	Ich bin **bis** nächsten Dienstag nicht da.	*zeitlicher Endpunkt*
	Wir fahren **bis** Düsseldorf.	*örtlicher Endpunkt*
durch	Eine Reise **durch** die Türkei.	*Richtung*
für	Ein Pullover **für** meine Tochter.	*Adressat/Zweck*
gegen	Eine Tablette **gegen** die Schmerzen.	*Zweck*
	Wir treffen uns **gegen** 16 Uhr.	*ungenaue Uhrzeit*
	Ein Auto ist **gegen** unser Haus gefahren.	*Kontakt mit etwas*
ohne	Den Salat bitte **ohne** Zwiebeln.	*Art und Weise*
per	Man kann sich **per** E-Mail anmelden.	*Art und Weise*
pro	Das kostet 15,- Euro **pro** Person.	*„für jede/n"*
um	Wir landen **um** 16.05 Uhr.	*Uhrzeit*

Die Präposition **bis** wird oft mit einer weiteren Präposition verwendet. Der Kasus richtet sich dann nach der zweiten Präposition:
Wir fahren bis zum Flughafen. *(Dativ)*

1

Präpositionen mit Dativ

ab	Flüge gibt es **ab** 339,- Euro.	*Ausgangspunkt*
	Ab dem nächsten Montag ...	*Beginn in der Gegenwart oder Zukunft*
aus	Sie kommt **aus** der Schweiz.	*Herkunft (Land)*
	Eine Tasche **aus** Leder.	*Material*
bei	Er wohnt **bei** seinen Eltern.	*Person (Ort)*
	Sie arbeitet **bei** einer Zeitung.	*Arbeitsplatz*
mit	Einen Salat **mit** Thunfisch bitte.	*Art und Weise*
nach	Morgen fliege ich **nach** Berlin.	*Richtung/Ziel*
	Nach der Arbeit mache ich Yoga.	*Zeitangabe*
seit	Ich kenne ihn **seit** vielen Jahren.	*Beginn in der Vergangenheit*
von	Ich komme gerade **vom** Arzt.	*Ausgangspunkt (Person)*
	Das sind Freunde **von** mir.	*Besitz/Zugehörigkeit*
	Du wirst **von** deiner Mutter gerufen.	*Passiv*
von ... bis	Wir sind **vom** 1. **bis** 10.8. nicht da.	*Beginn und Ende*
zu	Wie komme ich **zum** Flughafen?	*Richtung/Ziel*
	Möchtest du etwas Brot **zur** Suppe?	*Ergänzung*
	Ich habe keine Lust **zum** Lernen.	*Ziel/Zweck*
	Eine Ausbildung **zur** Redakteurin.	*Ziel/Zweck*

Präpositionen mit Akkusativ oder Dativ

1. Ortsangaben

Man verwendet den Akkusativ, um die Richtung oder das Ziel anzugeben (**wohin?**). Der Dativ gibt die Position oder den Standort an (**wo?**):

	wohin? *(Akkusativ)*	***wo?*** *(Dativ)*
an	Wir fahren **an einen See**.	Wir sind **an einem See**.
auf	Stell das Salz **auf den Tisch**.	Das Salz steht **auf dem Tisch**.
hinter	Geh **hinter das Auto**!	**Hinter dem Auto** steht jemand.
in	Tim fährt **ins Gebirge**.	Tim macht **im Gebirge** Urlaub.
neben	Sie setzte sich **neben mich**.	Sie saß **neben mir**.
über	Wir fliegen **über das Meer**.	Wir sind **über dem Meer**.
unter	Er legt etwas **unter das Bett**.	Etwas liegt **unter dem Bett**.
vor	Komm **vor die VHS**!	Ich treffe dich **vor der VHS**.
zwischen	Hast du die Fernbedienung **zwischen die Bücher** gelegt?	Warum liegt die Fernbedienung **zwischen den Büchern**?

Über wird zur Angabe eines Themas nur mit dem **Akkusativ** verwendet:

über	Sie redete die ganze Zeit **über** ihre Mutter.

2. Zeitangaben

In zeitlicher Bedeutung werden die Präpositionen **an**, **in**, **vor** und **zwischen** meist mit dem **Dativ** verwendet:

an	**Am** Montag fängt die Schule an.
in	Wir fliegen **im** September nach Antalya.
vor	Sie kam **vor** vielen Jahren nach Deutschland.
zwischen	**Zwischen** dem Morgen und dem Abend kann viel passieren.

Präpositionen mit Genitiv

außerhalb	Was befindet sich **außerhalb** des Hauses?	*Ort*
	Ich rief **außerhalb** der Sprechstunde an.	*Zeit*
innerhalb	**Innerhalb** der Stadt sind Wohnungen sehr teuer.	*Ort*
	Er erledigte alles **innerhalb** eines Tages.	*Zeit*
trotz	**Trotz** des starken Windes landeten wir planmäßig.	*Gegengrund*
während	**Während** des Fluges habe ich geschlafen.	*Zeitraum*
wegen	Sie ist **wegen** ihrer Erkältung nicht im Büro.	*Grund*

In der Umgangssprache werden **trotz**, **während** und **wegen** oft mit dem Dativ gebraucht: **trotz dem starken Wind / trotz starkem Wind** usw.

6 FRAGEWÖRTER

Übersicht

wer	**Wer** ist der Mann dort?	*Person (Nominativ)*
was	**Was** ist das?	*Sache (Nominativ)*
	Was essen wir heute?	*Sache (Akkusativ)*
wen	**Wen** hast du getroffen?	*Person (Akkusativ)*
wem	**Wem** hat er geholfen?	*Person (Dativ)*
wessen	**Wessen** Tasche ist das?	*Person (Genitiv)*
wo	**Wo** bekomme ich Batterien?	*Ort*
wohin	**Wohin** fahrt ihr in Urlaub?	*Richtung, Ziel*
woher	**Woher** kommen Sie?	*Herkunft*
wann	**Wann** treffen wir uns?	*Zeitpunkt allgemein*
seit wann	**Seit wann** lernen Sie Deutsch?	*Beginn*
wie lange	**Wie lange** dauert der Kurs?	*Dauer*
wie oft	**Wie oft** machst du Yoga?	*Häufigkeit*
warum	**Warum** kommst du nicht mit?	*Grund*
wozu	**Wozu** lernen Sie Deutsch?	*Ziel, Zweck, Absicht*

1 GRAMMATIK

wie + Verb	**Wie** kann man sich anmelden?	*Art und Weise*
wie + Adjektiv	**Wie** teuer ist der Flug?	*Höhe, Größe, Alter usw.*
wie viel	**Wie viel** Geld brauchen wir?	*Menge*
wie viele	**Wie viele** Sprachen sprichst du?	
welche/r/s	**Welche** Sprachen sprichst du?	*Auswahl*
was für ein/e	**Was für ein** Mensch ist er?	*Art, Eigenschaft, Typ*
	Was für Gewürze brauche ich?	

Welcher und *was für ein*

Die Fragewörter **welcher**, **welche**, **welches** und **was für ein(e)** werden meist vor einem Substantiv gebraucht. Wenn der Bezug klar ist, kann das Substantiv auch wegfallen:

Welches Kleid gefällt dir am besten? - **Das** rote (Kleid).
Siehst du den Mann dort? - **Welchen** (Mann)?

Was für einen Rock suchst du? - **Einen** kurzen (Rock).
Ich suche eine Jacke. - **Was für eine** (Jacke) denn?

- **Welcher**, **welche**, **welches** werden wie der bestimmte Artikel und **was für ein(e)** wie der unbestimmte Artikel dekliniert (siehe § 3 Der Artikel).
- Nach einer Frage mit **welche/r/s** steht in der Antwort der bestimmte Artikel, nach einer Frage mit **was für ein/e** folgt in der Antwort der unbestimmte Artikel.

Fragewörter bei Verben mit Präposition

Wofür interessierst du dich? - Für fremde Kulturen.	*Frage nach Sachen oder Ereignissen*
Wovon hast du geträumt? - Von der Reise nach Wien.	
Worauf freut sie sich? - Auf den Urlaub.	
An wen denken Sie? - An meine Frau.	*Frage nach Personen*
Von wem hast du geträumt? - Von Eric.	
Auf wen freut er sich? - Auf seine Kinder.	

Regeln:
(1) Frage nach Sachen: **wo(r)-** + Präposition
Bei Präpositionen, die mit einem Vokal (**an**, **auf**, **um**) oder einem Umlaut (**über**) beginnen, wird nach **wo-** ein **r** hinzugefügt: **woran**, **worüber** usw.
(2) Frage nach Personen: Präposition und das Fragewort **wen** (Akkusativ) oder **wem** (Dativ): **an wen**, **für wen**; **mit wem**, **von wem** usw.

7 PRONOMINALADVERBIEN

Gebrauch

Pronominaladverbien (**daran**, **davon** usw.) werden im Zusammenhang mit Verben verwendet, denen eine Präposition folgt (**denken an**, **halten von** usw.).
(1) Sie stehen für vorher genannte Sachen oder Ereignisse, aber nicht für vorher genannte Personen:

+ Was hältst du <u>von dieser Idee</u>? – Ich halte nichts **davon**. + Freust du dich <u>auf den Urlaub</u>? – Ja, ich freue mich sehr **darauf**.	*Bei Sachen oder Ereignissen:* ***Pronominaladverb***
+ Was hältst du <u>von dieser Person</u>? – Ich halte nichts **von ihr**. + Freust du dich <u>auf deine Eltern</u>? – Ja, ich freue mich sehr **auf sie**.	*Bei Personen:* ***Präposition + Personalpronomen** im Dativ oder Akkusativ*

(2) Sie werden auch verwendet, wenn ein Nebensatz mit **dass**, ein indirekter Fragesatz oder ein Infinitivsatz mit **zu** folgt:

Was hältst du **davon**, dass er gar keine Hobbys hat?	***dass**-Satz*
Sie interessiert sich **dafür**, ob er gern ins Ausland fährt.	*indirekte Frage*
Bitte denk **daran**, den Computer reparieren zu lassen.	***zu** + Infinitiv*

Bildung

Präpositionaladverbien werden mit **da(r)-** + Präposition gebildet: **damit**, **davon** usw. Bei Präpositionen, die mit einem Vokal (**an**, **auf**, **um**) oder einem Umlaut (**über**) beginnen, wird nach **da-** ein **r** hinzugefügt: **daran**, **darüber** usw.

8 REFLEXIVE VERBEN

Reflexive Verben (z.B. **sich verlieben**, **sich waschen**) sind Verben mit einem Reflexivpronomen, das sich auf das Subjekt bezieht. Das Reflexivpronomen steht entweder im Akkusativ oder im Dativ.

Ich verliebe <u>mich</u>.
↓ *Subjekt* (Ich) ↓ *Reflexivpronomen (Akkusativ)* (mich)

Ich wasche <u>mir</u> die Hände.
↓ *Subjekt* (Ich) ↓ *Reflexivpronomen (Dativ)* (mir)

Arten von reflexiven Verben

(1) Es gibt Verben, die immer reflexiv sind:

sich bewerben → Ich bewerbe mich.
Weitere Beispiele:
sich beschweren, sich trennen, sich umsehen, sich verabreden, sich verlieben

(2) Einige Verben können reflexiv sein oder mit einem Akkusativobjekt stehen:

sich waschen → Ich wasche mich.
waschen + Akk. → Ich wasche die Kleidung.
Weitere Beispiele:
(sich) anziehen, (sich) bewegen, (sich) eincremen, (sich) treffen

(3) Wenn es im Satz schon ein Akkusativobjekt gibt, verwendet man das Reflexivpronomen im Dativ:

sich waschen → Ich wasche **mir** die Haare.
sich eincremen → Wie oft cremst du **dir** die Hände ein?

(4) Bei Verben, die immer ein Akkusativobjekt brauchen, steht das Reflexivpronomen immer im Dativ:

sich etwas einteilen → Ich kann **mir** die Zeit frei einteilen.
sich etwas vorstellen → Wie stellst du **dir** die Zukunft vor?

Reflexivpronomen im Akkusativ und Dativ

	Akkusativ		*Dativ*		
ich	wasche	**mich**	wasche	**mir**	die Hände
du	wäschst	**dich**	wäschst	**dir**	die Hände
er/sie/es	wäscht	sich	wäscht	sich	die Hände
wir	waschen	uns	waschen	uns	die Hände
ihr	wascht	euch	wascht	euch	die Hände
sie/Sie	waschen	sich	waschen	sich	die Hände

- Mit Ausnahme der 1. und 2. Person Singular sind die Reflexivpronomen im Akkusativ und im Dativ identisch.
- Das Perfekt der reflexiven Verben wird mit **haben** gebildet:
  Ich habe mir die Hände gewaschen. Wo hast du dich beworben?

9 REZIPROKE VERBEN

Reziproke Verben (z.B. **sich umarmen**, **sich streiten**, **sich verstehen**) drücken eine reziproke Beziehung zwischen zwei Personen oder zwei Dingen aus: A mit B und B mit A. Reziproke Verben stehen deshalb immer im Plural.

	sich lieben	*Hinweis:* Statt **uns**, **euch** und **sich** kann man auch **einander** verwenden:
wir	lieben uns	wir lieben einander
ihr	liebt euch	ihr liebt einander
sie/Sie	lieben sich	sie lieben einander

Einige Verben können sowohl reziprok als auch reflexiv gebraucht werden. Beim reflexiven Gebrauch kann das Verb auch im Singular stehen:

	Reziproker Gebrauch:	*Reflexiver Gebrauch (oft mit Präposition):*
sich verabreden	Wir verabreden uns.	Wir verabreden uns **mit** Peter.
sich treffen	Wann trefft ihr euch?	Eric trifft sich **mit** Aynur.
sich trennen	Sie trennen sich.	Ich trenne mich **von** meiner Frau.

Auch nicht reflexive Verben können reziprok gebraucht werden. Man verwendet dann **einander** oder Präposition + **-einander**:

helfen	Wir helfen **einander**. (Ich helfe dir und du hilfst mir.)
träumen	Ihr träumt **voneinander**. (Du träumst von ihr und sie von dir.)
spielen	Sie spielen **miteinander**. (Er spielt mit ihr und sie mit ihm.)

10 VERBEN, ADJEKTIVE UND SUBSTANTIVE MIT PRÄPOSITION

Viele Verben, aber auch Adjektive und Substantive werden mit einer Präposition verwendet. Die Präposition entscheidet, ob das nachfolgende Substantiv oder Pronomen im Akkusativ oder Dativ steht.

Akkusativ:	auf, für, gegen, über, um
Dativ:	aus, bei, mit, nach, unter, von, vor, zu
Akkusativ oder Dativ:	an, in

Verben mit Präposition

abbuchen **von** + D	Die Gebühr wird vom Konto abgebucht.
sich amüsieren **über** + A	Sie amüsieren sich über den witzigen Text.
anfangen **mit** + D	Wann fängst du mit dem Lernen an?
sich anmelden **für** + A	Ich melde mich für einen Kurs an.
sich ärgern **über** + A	Er ärgert sich über die Werbung.
aufnehmen **auf** + A	Nimm die Sendung bitte auf DVD auf!
sich aufregen **über** + A	Er regt sich über den Film auf.

Grammatik

§ 10 - 11

1

GRAMMATIK

begrenzen **auf** + A	Der Kurs ist auf 16 Teilnehmer begrenzt.
sich bewerben **bei** + D, **um** + A	Eric bewirbt sich bei einer Zeitung um die Stelle als Redakteur.
danken **für** + A	Ich danke dir für deine Geduld.
denken **an** + A	Sie denkt oft an ihre Mutter.
einzahlen **in** + A / **auf** + A	Arbeitnehmer zahlen Beiträge in die Krankenkasse / auf ein Konto ein.
sich entscheiden **für** + A	Er entscheidet sich für das teurere Angebot.
empfinden **für** + A	Was empfindest du für ihn?
sich entschuldigen **bei** + D, **für** + A	Ich entschuldige mich bei dir für mein Verhalten.
erfahren **von** + D	Von wem hast du das erfahren?
sich erinnern **an** + A	Er erinnert sich gern an die Schulzeit.
sich erkundigen **nach** + D	Hast du dich nach Flügen erkundigt?
es geht **um** + A	Hier geht es um ein Kind, das ...
fragen **nach** + D	Sie hat nie nach meinen Problemen gefragt.
sich freuen **auf** + A	Wir freuen uns schon auf den Urlaub.
sich freuen **über** + A	Er freut sich über die Zusage.
gehören **zu** + D	Gehört diese Tasche zu Ihrem Gepäck?
halten **von** + D	Was halten Sie von dieser Idee?
handeln **von** + D	Der Film handelt von einem Mann, ...
hören **von** + D	Ich habe lange nichts von ihm gehört.
sich identifizieren **mit** + D	Sie identifiziert sich mit ihrer Arbeit.
sich informieren **über** + A	Wo kann ich mich über Yoga informieren?
sich interessieren **für** + A	Interessiert ihr euch für dieses Thema?
klicken **auf** + A	Du musst auf den Link hier klicken.
sich kümmern **um** + A	Kümmerst du dich um die Reparatur?
passen **zu** + D	Diese Jacke passt nicht zu deiner Hose.
sich qualifizieren **für** + A	Wo kann man sich für den Job weiter qualifizieren?
riechen **nach** + D	Hier riecht es nach Gewürzen.
schmecken **nach** + D	Der Wein schmeckt nach Früchten.
sprechen **mit** + D, **über** + A	Sie spricht mit ihm nie über ihre Arbeit.
sich streiten **über** + A	Sie streiten sich oft über Kleinigkeiten.
suchen **nach** + D	Ich suche nach einem Stift.
teilnehmen **an** + D	Wer nimmt an dem Kurs teil?
träumen **von** + D	Sie träumt von einer besseren Zukunft.
sich treffen **mit** + D	Wann triffst du dich mit ihm?
sich trennen **von** + D	Er hat sich von seiner Frau getrennt.
sich umsehen **nach** + D	Wir möchten uns nach Blusen umsehen.
sich unterhalten **mit** + D, **über** +A	Sie unterhielt sich lange mit ihren Elternüber die Reise.
sich verabreden **mit** + D	Verabrede dich doch endlich mit ihm!
sich verabschieden **von** + D	Ich muss mich noch von ihr verabschieden.
verbinden **mit** + D	Könnten Sie mich mit Frau Kunz verbinden?
sich verlieben **in** + A	Aynur hat sich in Eric verliebt.
sich vorbereiten **auf** + A	Er bereitet sich auf den Unterricht vor.
warten **auf** + A	Sie wartet auf eine Antwort.
zu tun haben **mit** + D	In ihrem Beruf hat sie mit interessanten Menschen zu tun.

Adjektive mit Präposition

begeistert **von** + D	Ich bin begeistert von meinem neuen Auto.
beschäftigt **mit** + D	Er ist mit einem Auftrag beschäftigt.
eifersüchtig **auf** + A	Sie ist eifersüchtig auf Peters Freundin.
einverstanden **mit** + D	Bist du einverstanden mit dieser Idee?
enthalten **in** + D	Was ist in dem Preis alles enthalten?
enttäuscht **von** + D	Ich bin enttäuscht von ihm.
genervt **von** + D	Sie ist genervt von ihren Kollegen.
interessiert **an** + D	Ich bin an diesem Job sehr interessiert.
motiviert **für** + A	Eric ist motiviert für neue Aufgaben.
neugierig **auf** + A	Wir sind neugierig auf eure Fotos.
qualifiziert **für** + A	Er ist qualifiziert für diese Stelle.
sauer **auf** + A	Sie hat nicht angerufen. Ich bin sauer auf sie.
traurig **über** + A	Wir sind traurig über deine Entscheidung.
unschuldig **an** + D	Ich bin unschuldig an dem Missverständnis.
verantwortlich **für** + A	Wer ist für die Anmeldung verantwortlich?
verliebt **in** + A	Wien ist toll! Ich bin verliebt in diese Stadt.
wütend **auf** + A	Sie ist sehr wütend auf ihn.
zufrieden **mit** + D	Mit dem Kundendienst ist er sehr zufrieden.

Substantive mit Präposition

Angst **vor** + D	Das Mädchen hat Angst vor großen Tieren.
Kontakt **zu** + D	Hast du noch Kontakt zu Aynur?
Schuld **an** + D	Wer hat Schuld an dieser Situation?
die Suche **nach** + D	Die Suche nach dem Fehler dauerte lange.

§ 11 DAS PRÄTERITUM

Das **Präteritum** wird vor allem in der geschriebenen Sprache verwendet, um über vergangene Handlungen zu erzählen, z.B. in literarischen Texten, Berichten oder Lebensläufen.
In der gesprochenen Sprache verwendet man meist nur das Präteritum von **haben**, **sein**, **werden** und den Modalverben. Ansonsten bevorzugt man das Perfekt (siehe § 12).

Nach dem Abitur **machte** Eric eine Ausbildung zum Bankkaufmann. Er **arbeitete** fünf Jahre in einer Bank. Dann **wollte** er sich beruflich verändern und **bewarb** sich bei einer Zeitung.

1 GRAMMATIK

Konjugation

	regelmäßige Verben und Mischverben			*unregelmäßige Verben*	
	erzählen	**wissen**		**kommen**	
ich	erzähl**te**	wuss**te**	**-te**	kam	**-**
du	erzähl**test**	wuss**test**	**-test**	kam**st**	**-st**
er/sie/es	erzähl**te**	wuss**te**	**-te**	kam	**-**
wir	erzähl**ten**	wuss**ten**	**-ten**	kam**en**	**-en**
ihr	erzähl**tet**	wuss**ten**	**-tet**	kam**t**	**-t**
sie/Sie	erzähl**ten**	wuss**ten**	**-ten**	kam**en**	**-en**

Regelmäßige Verben: Stamm des Infinitivs + **t** + Personalendung
Bei Verben mit einem Infinitivstamm auf **-t** oder **-d** (arbeit-, beend-) steht ein **e** vor der Präteritumsendung:

arbeiten:	ich arbeit**ete**, du arbeit**etest**, er arbeit**ete**, ...
beenden:	ich beend**ete**, du beend**etest**, er beend**ete**, ...

Mischverben: Geänderter Stamm + **t** + Personalendung

kennen:	ich **kannte**, du **kanntest**, er **kannte**, ...
denken:	ich **dachte**, du **dachtest**, er **dachte**, ...

Unregelmäßige Verben: Geänderter Stamm. Die 1. und 3. Person Singular haben keine Endung; alle anderen Personalendungen sind wie im Präsens.

fahren:	ich **fuhr**, du **fuhrst**, er **fuhr**, ...
gehen:	ich **ging**, du **gingst**, er **ging**, ...
bleiben:	ich **blieb**, du **bliebst**, er **blieb**, ...

Das Präteritum von ***haben***, ***sein*** und ***werden***

	haben	**sein**	**werden**
ich	hatte	war	wurde
du	hattest	warst	wurdest
er/sie/es	hatte	war	wurde
wir	hatten	waren	wurden
ihr	hattet	wart	wurdet
sie/Sie	hatten	waren	wurden

Das Präteritum der Modalverben

	dürfen	**können**	**mögen**	**müssen**	**sollen**	**wollen**
ich	durfte	konnte	mochte	musste	sollte	wollte
du	durftest	konntest	mochtest	musstest	solltest	wolltest
er/sie/es	durfte	konnte	mochte	musste	sollte	wollte
wir	durften	konnten	mochten	mussten	sollten	wollten
ihr	durftet	konntet	mochtet	musstet	solltet	wolltet
sie/Sie	durften	konnten	mochten	mussten	sollten	wollten

Beachten Sie: Die Modalverben haben im Präteritum keinen Umlaut; das Modalverb **mögen** ändert seinen Stamm: ich **mochte**, du **mochtest**, ...

12 DAS PERFEKT

Das Perfekt wird vor allem in der gesprochenen Sprache verwendet, um über vergangene Ereignisse zu erzählen. Man findet es aber auch in der geschriebenen Alltagssprache, z.B. in privaten E-Mails.

Gestern **haben** wir zufällig Peter **getroffen**.
Wir **sind** dann zusammen in eine Kneipe **gegangen**.

Bildung:
Präsens von **haben** oder **sein** + Partizip Perfekt des Hauptverbs

Konjugation

	arbeiten		**fahren**	
ich	habe	gearbeitet	bin	gefahren
du	hast	gearbeitet	bist	gefahren
er/sie/es	hat	gearbeitet	ist	gefahren
wir	haben	gearbeitet	sind	gefahren
ihr	habt	gearbeitet	seid	gefahren
sie/Sie	haben	gearbeitet	sind	gefahren

Zur Bildung des Partizip Perfekt siehe § 14.

1

GRAMMATIK

Haben oder *sein*?

	Perfekt mit haben:
Er **hat** einen Computer **gekauft**.	*- die meisten Verben*
Hast du dich bei ihr **entschuldigt**?	*- reflexive Verben*
Sie **haben** sich lange **umarmt**.	*- reziproke Verben*
Ich **habe** das nicht **gewollt**.	*- die Modalverben*
	Perfekt mit sein:
Wir **sind** in die Türkei **geflogen**.	*- Bewegung von A nach B*
Mein Bruder **ist** Arzt **geworden**.	*- Veränderung eines Zustands*
Ich **bin** in Wien **aufgewachsen**.	
Was **ist passiert**?	*- Geschehen, Ereignisse*
Sie **ist** im Krankenhaus **gewesen**.	*- sein und bleiben*
Warum **bist** du nicht **geblieben**?	

- Einigen Verben der Bewegung (z.B. **fahren**, **fliegen**, **landen**) kann ein Akkusativobjekt, wie z.B. **Auto**, **Flugzeug**, folgen. Das Perfekt wird dann mit **haben** gebildet:
  Er **hat** das Flugzeug sicher **gelandet**.
- Das Perfekt der Verben **legen**, **liegen**, **sitzen** wird mit **haben** gebildet, in Süddeutschland, Österreich und in der Schweiz jedoch mit **sein**:
  Sie **haben/sind** nebeneinander **gesessen**.

13 DAS PLUSQUAMPERFEKT

Das Plusquamperfekt wird vor allem für vergangene Ereignisse oder Handlungen verwendet, die vor einem anderen vergangenen Ereignis stattgefunden haben.

	Das ist vorher passiert:
Heute war er wieder im Büro.	Davor **war** er lange krank **gewesen**.
Ich erhielt endlich eine Zusage,	nachdem ich 80 Bewerbungen **geschrieben hatte**.

Bildung:
Präteritum von **haben** oder **sein** + Partizip Perfekt des Hauptverbs

Konjugation

	arbeiten		**fahren**	
ich	hatte	gearbeitet	war	gefahren
du	hattest	gearbeitet	warst	gefahren
er/sie/es	hatte	gearbeitet	war	gefahren
wir	hatten	gearbeitet	waren	gefahren
ihr	hattet	gearbeitet	wart	gefahren
sie/Sie	hatten	gearbeitet	waren	gefahren

Zum Gebrauch der Hilfsverben **haben** und **sein** siehe § 12 Das Perfekt.
Zur Bildung des Partizip Perfekt siehe § 14 Das Partizip Perfekt.

14 DAS PARTIZIP PERFEKT

(1) Das Partizip Perfekt wird für die zusammengesetzten Zeitformen benötigt:

Perfekt	Das **habe** ich leider nicht **gewusst**.
Plusquamperfekt	Er **hatte** uns nicht **informiert**.
Konjunktiv II (Vergangenheit)	Wenn er uns doch **angerufen hätte**!
Passiv	Alle Gerichte **werden** frisch **zubereitet**.

(2) Das Partizip Perfekt einiger Verben kann als Adjektiv verwendet werden. Vor einem Substantiv wird es dekliniert (siehe § 4 Das Adjektiv).

Als Adjektiv	Heute gibt es **gebackenen** Fisch. **Gekochte** Kartoffeln schmecken mir nicht.

Die Verwendung des Partizip Perfekt als Adjektiv ist nicht möglich bei den Verben **haben** und **sein** sowie bei Verben, die kein Akkusativobjekt haben (z.B. **arbeiten**, **gefallen**).

Bildung

Regelmäßige Verben: Endung **-(e)t**

Einfache Verben:	kaufen	→	**ge**kauf**t**	ge___t
- mit Stamm auf -d/-t:	reden	→	**ge**rede**t**	ge___et
	arbeiten	→	**ge**arbeite**t**	
Trennbare Verben:	zumachen	→	zu**ge**mach**t**	___ge___t
Nicht trennbare Verben:	erzählen	→	erzähl**t**	___t
*Verben auf **-ieren**:*	reparieren	→	repariert**t**	___t

Unregelmäßige Verben: Endung **-en** und oft Änderung des Stamms

Einfache Verben:	sehen	→	**ge**seh**en**	ge___en
Trennbare Verben:	ankommen	→	an**ge**komm**en**	___ge___en
Nicht trennbare Verben:	verlieren	→	verlor**en**	___en

Mischverben: Endung **-t** und Änderung des Stamms

Mischverben:	wissen	→	**ge**wuss**t**	ge___t

Beachten Sie:
- Bei den trennbaren Verben steht **-ge-** zwischen dem Präfix und dem Stamm: **vorhaben → vorgehabt**.
- Bei den nicht trennbaren Verben und bei den Verben auf **-ieren** gibt es kein **ge-**: **beenden → beendet**, **informieren → informiert**.
- Bei allen Mischverben und vielen unregelmäßigen Verben ändert sich oft der Stammvokal und manchmal auch der ganze Stamm: **schreiben → geschrieben**, **nehmen → genommen**.

trennbar:	*nicht trennbar:*
ab-, an-, auf-, aus-, ein-, fern-, her-, hin-, los-, mit-, vor-, weg-, zu-, zurück-	be-, emp-, ent-, er-, ge-, miss-, ver- zer-

15 UNREGELMÄSSIGE VERBEN

Die folgende Liste enthält die wichtigsten unregelmäßigen Verben. Angegeben ist jeweils die 3. Person Singular Präsens, Präteritum und Perfekt.
Verben mit einem trennbaren Präfix (**ankommen**, **zurückgehen** usw.) werden wie das einfache Verb (**kommen**, **gehen** usw.) konjugiert.

Infinitiv	***Präsens***	***Präteritum***	***Perfekt***
anfangen	fängt an	fing an	hat angefangen
anrufen	ruft an	rief an	hat angerufen
beginnen	beginnt	begann	hat begonnen
bekommen	bekommt	bekam	hat bekommen
bewerben	bewirbt	bewarb	hat beworben
bleiben	bleibt	blieb	ist geblieben
brennen	brennt	brannte	hat gebrannt
bringen	bringt	brachte	hat gebracht
denken	denkt	dachte	hat gedacht
dürfen	darf	durfte	hat gedurft
einladen	lädt ein	lud ein	hat eingeladen
empfehlen	empfiehlt	empfahl	hat empfohlen
entscheiden	entscheidet	entschied	entschieden
erfahren	erfährt	erfuhr	hat erfahren
essen	isst	aß	hat gegessen
fahren	fährt	fuhr	ist / hat gefahren *)
finden	findet	fand	hat gefunden
fliegen	fliegt	flog	ist / hat geflogen *)
geben	gibt	gab	hat gegeben
gefallen	gefällt	gefiel	hat gefallen
gehen	geht	ging	ist gegangen
geschehen	geschieht	geschah	ist geschehen
halten	hält	hielt	hat gehalten
heißen	heißt	hieß	hat geheißen
kennen	kennt	kannte	hat gekannt
kommen	kommt	kam	ist gekommen
können	kann	konnte	hat gekonnt
lassen	lässt	ließ	hat gelassen
laufen	läuft	lief	ist gelaufen
lesen	liest	las	hat gelesen
liegen	liegt	lag	hat gelegen **)
mögen	mag	mochte	hat gemocht
müssen	muss	musste	hat gemusst

nehmen	nimmt	nahm	hat genommen
schließen	schließt	schloss	hat geschlossen
schneiden	schneidet	schnitt	hat geschnitten
schreiben	schreibt	schrieb	hat geschrieben
sehen	sieht	sah	hat gesehen
sein	ist	war	ist gewesen
sitzen	sitzt	saß	hat gesessen **)
sprechen	spricht	sprach	hat gesprochen
stehen	steht	stand	hat gestanden **)
streiten	streitet	stritt	hat gestritten
tragen	trägt	trug	hat getragen
treffen	trifft	traf	hat getroffen
trinken	trinkt	trank	hat getrunken
vergessen	vergisst	vergaß	hat vergessen
verlieren	verliert	verlor	hat verloren
verstehen	versteht	verstand	hat verstanden
verzeihen	verzeiht	verzieh	hat verziehen
waschen	wäscht	wusch	hat gewaschen
werden	wird	wurde	ist geworden
wissen	weiß	wusste	hat gewusst
wollen	will	wollte	hat gewollt

*) Das Perfekt von **fahren** und **fliegen** wird mit **sein** gebildet, wenn kein Akkusativobjekt folgt.
Perfekt mit **sein**: Er **ist** nach Wien **gefahren/geflogen**.
Perfekt mit **haben**: Er **hat** das Auto seines Nachbarn **gefahren**.
Er **hat** ein Flugzeug **geflogen**.
) In Süddeutschland, Österreich und in der Schweiz verwendet man in der Regel **sein als Hilfsverb.

16 DAS PASSIV

Das Vorgangspassiv

Mit dem Passiv beschreibt man einen Vorgang („Was wird gemacht? Was passiert?"). Wichtig ist der Vorgang oder die Aktion und nicht die handelnde Person.
Die meisten Verben mit einem Akkusativobjekt können das Passiv bilden:

Aktivsatz		*Passivsatz*
Der Arzt untersucht den Patienten.	→	**Der Patient wird untersucht.**
Akkusativobjekt	→	*Subjekt (Nominativ)*

Wenn man die handelnde Person im Passivsatz nennen möchte, verwendet man **von** + Dativ: **Der Patient wird von dem Arzt untersucht.**
Bildung:
Formen von **werden** + Partizip Perfekt des Hauptverbs

1

GRAMMATIK

	Präsens		Präteritum		Perfekt	
ich	werde	geliebt	wurde	geliebt	bin	geliebt worden
du	wirst	geliebt	wurdest	geliebt	bist	geliebt worden
er/sie/es	wird	geliebt	wurde	geliebt	ist	geliebt worden
wir	werden	geliebt	wurden	geliebt	sind	geliebt worden
ihr	werdet	geliebt	wurdet	geliebt	seid	geliebt worden
sie/Sie	werden	geliebt	wurden	geliebt	sind	geliebt worden

Das Passiv mit Modalverben

Bildung:
Formen des Modalverbs + Partizip Perfekt des Hauptverbs + **werden**

Präsens:	Ich **muss** im Krankenhaus **untersucht werden**.
Präteritum:	Der Computer **konnte** nicht mehr **repariert werden**.

Nur das Modalverb wird konjugiert.
Im Hauptsatz steht das Modalverb in der zweiten Position; das Partizip Perfekt des Hauptverbs und **werden** stehen am Satzende.
Zum Gebrauch von **sich lassen** + Infinitiv als Alternative zum Passiv mit dem Modalverb **können** siehe § 19.

Das Passiv im Nebensatz

Wortstellung: Das konjugierte Verb steht am Ende.

Präsens:	Er fragt, wann die neue Waschmaschine **geliefert wird**.
Präteritum:	Wir sind sauer, weil das Hotel falsch **gebucht wurde**.
Perfekt:	Ich weiß nicht, ob das Gerät schon **repariert worden ist**.
Mit Modalverb:	Kommst du mit, wenn ich **untersucht werden muss**?

Das Zustandspassiv

Mit dem Zustandspassiv wird ein Zustand beschrieben, nachdem vorher jemand etwas gemacht hat oder etwas passiert ist.

Was war vorher?		*Wie ist der Zustand / das Resultat jetzt?*
	→	*Zustandspassiv*
Jemand hat die Hemden gebügelt.	→	Die Hemden **sind** jetzt **gebügelt**.
Die Software wurde installiert.	→	Die Software **ist** jetzt **installiert**.

Bildung:
Präsens oder Präteritum von **sein** + Partizip Perfekt des Hauptverbs

Präsens:	Der Computer **ist repariert**.
Präteritum:	Der Computer **war repariert**.

Nur mit Verben, die das Vorgangspassiv bilden können, kann das Zustandspassiv gebildet werden.

Das „Zustandsreflexiv"

Einige wenige reflexive Verben können ein sogenanntes „Zustandsreflexiv" bilden, das wie das Zustandspassiv aus **sein** + Partizip Perfekt besteht:

Was war vorher?		*Wie ist der Zustand jetzt?*
	→	*Zustandsreflexiv*
Sylvia hat sich im Urlaub gut erholt.	→	Sie **ist erholt**.
Ich habe mich erkältet.	→	Ich **bin erkältet**.

§ 17 DER KONJUNKTIV II

Funktionen

Mit dem Konjunktiv II der Gegenwart (ich **hätte**, er **würde kommen**) und der Vergangenheit (ich **hätte gehabt**, er **wäre gekommen**) wird Folgendes ausgedrückt:

Höfliche Bitten:	**Könnten** Sie mir bitte helfen? **Wärst** du so lieb und bringst mir das Handy?
Ratschläge:	Ihr **müsstet** auch zu Hause üben. An deiner Stelle **hätte** ich nicht so lange **gewartet**.
Vermutungen:	Ein Wörterbuch **wäre** nützlich. Das **wäre** sicher besser **gewesen**.
Irreale Wünsche:	Ich **hätte** gern mehr Geld, aber ... Wenn er doch **angerufen hätte**!
Irreale Bedingungen:	Wenn du Zeit **hättest**, **könnten** wir ins Kino gehen. **Hätte** er sich nicht **entschuldigt**, dann ...

Zu den Bedingungssätzen mit **wenn** siehe § 23 Nebensätze.

Der Konjunktiv II der Gegenwart

	Hilfsverben		*Modalverben*	*Unregelmäßige Verben*
	haben	**sein**	**können**	**wissen**
ich	hätte	wäre	könnte	wüsste
du	hättest	wär(e)st	könntest	wüsstest
er/sie/es	hätte	wäre	könnte	wüsste
wir	hätten	wären	könnten	wüssten
ihr	hättet	wär(e)t	könntet	wüsstet
sie/Sie	hätten	wären	könnten	wüssten

Bildung:
Stamm des Präteritum + Personalendung (**-e**, **-est**, **-e**, **-en**, **-et**, **-en**)

1

GRAMMATIK

Präteritum	→	*Konjunktiv II*
ich ging	→	ich ginge
ich hatte	→	ich h**ä**tte
ich konnte	→	ich k**ö**nnte
ich musste	→	ich m**ü**sste

Die Vokale **a**, **o**, **u** werden zu Umlauten **ä**, **ö**, **ü**.

Ausnahmen: sollte → sollte, wollte → wollte (ohne Umlaut).

Die so gebildeten Konjunktiv II - Formen werden meist nur bei den Hilfsverben **haben** und **sein**, den Modalverben und manchmal bei einigen unregelmäßigen Verben (z.B. **brauchen**, **gehen**, **kommen**, **wissen**) verwendet.
In allen anderen Fällen bevorzugt man den Konjunktiv II mit **würde** + Infinitiv, siehe § 18.

Der Konjunktiv II der Vergangenheit

Bildung:
Konjunktiv II der Gegenwart von **haben** oder **sein** + Partizip Perfekt des Hauptverbs

	arbeiten		**fahren**	
ich	hätte	gearbeitet	wäre	gefahren
du	hättest	gearbeitet	wär(e)st	gefahren
er/sie/es	hätte	gearbeitet	wäre	gefahren
wir	hätten	gearbeitet	wären	gefahren
ihr	hättet	gearbeitet	wär(e)t	gefahren
sie/Sie	hätten	gearbeitet	wären	gefahren

§ 18 *WÜRDE* + INFINITIV

Alle regelmäßigen Verben und viele unregelmäßige Verben bilden den Konjunktiv II der Gegenwart mit der Konstruktion **würde** – Infinitiv (**würde** ist der Konjunktiv II von **werden**).

	regelmäßige Verben		*unregelmäßige Verben*	
ich	würde	warten	würde	fahren
du	würdest	warten	würdest	fahren
er/sie/es	würde	warten	würde	fahren
wir	würden	warten	würden	fahren
ihr	würdet	warten	würdet	fahren
sie/Sie	würden	warten	würden	fahren

Bei den regelmäßigen Verben sind die Formen des Präteritums und des Konjunktiv II identisch. Deshalb verwendet man **würde** + Infinitiv:
er wartete *(Präteritum)* = **er wartete** *(Konjunktiv II)* → **er würde warten**
Zu den unregelmäßigen Verben, die den Konjunktiv II aus dem Präteritum bilden, siehe § 17.

 19 DAS VERB *LASSEN*

Bedeutungen

Das Verb **lassen** kann mit dem Infinitiv eines anderen Verbs oder ohne Infinitiv als Vollverb verwendet werden.
(1) **lassen** + Infinitiv: *etwas nicht selbst tun; jemanden bitten, etwas zu tun*

Hast du das Auto **waschen lassen**?

(2) **lassen** + Infinitiv: *etwas erlauben*

Meine Eltern **lassen** mich allein nach Berlin **fahren**.

(3) **lass** / **lasst** / **lassen Sie uns** + Infinitiv: *etwas zusammen mit einer oder mehreren Personen tun wollen*

Lass uns in Ruhe darüber **sprechen**.

(4) **sich lassen** + Infinitiv als Alternative zum Passiv mit dem Modalverb **können**: *etwas kann gemacht werden*

Die Datei **lässt sich** nicht **öffnen**. (= Die Datei kann nicht geöffnet werden.)
Mit diesem Programm **lassen sich** CDs leicht **brennen**. (= Mit diesem Programm können CDs leicht gebrannt werden.)

(5) **lassen** als Vollverb: *etwas/jemanden zurücklassen; etwas liegen lassen*

Lass mich in Ruhe!
Sie **hat** ihre Tasche im Büro **gelassen**.

Formen

Das Verb ***lassen*** ist unregelmäßig:

Lassen *+ Infinitiv*
Präsens: Er **lässt** den Computer **reparieren**.
Präteritum: Er **ließ** den Computer **reparieren**.
Perfekt: Er **hat** den Computer **reparieren lassen**. *)
Lassen *+ Infinitiv mit Modalverb*
Präsens: Er **muss** den Computer **reparieren lassen**. *)
Präteritum: Er **musste** den Computer **reparieren lassen**. *)
Lassen *als Vollverb*
Präsens: Er **lässt** seine Kinder oft allein.
Präteritum: Er **ließ** seine Kinder oft allein.
Perfekt: Er **hat** seine Kinder oft allein **gelassen**.

*) Hier gibt es zwei Infinitive: den des Hauptverbs und am Ende **lassen**.

20 KONJUNKTIONEN

Hauptsatz + Hauptsatz

1. Einfache Konjunktionen

Mit den folgenden Konjunktionen kann man zwei Hauptsätze oder zwei Satzteile miteinander verbinden.
Beachten Sie die Wortstellung: Nach der Konjunktion steht zuerst das Subjekt und dann das konjugierte Verb:

aber	Ich würde mitkommen, **aber** ich habe keine Zeit.	*Gegensatz*
denn	Sie freut sich sehr, **denn** sie hat einen Job gefunden.	*Grund*
oder	Am Abend sehen wir fern **oder** (wir) gehen ins Kino.	*Alternative*
	Möchten Sie Rotwein **oder** Weißwein trinken?	
sondern	Er fährt nicht in Urlaub, **sondern** (er) bleibt zu Hause.	*Korrektur*
und	Sie war kurz hier **und** ging dann gleich wieder.	*Verbindung*
	Kannst du mir bitte Salz **und** Pfeffer geben?	*Aufzählung*

- **aber** kann auch nach dem Verb stehen: **..., er hat aber ...**
- **sondern** steht nach einem verneinten Hauptsatz: **Er ist nicht froh, sondern ...**

Eine weitere, häufig gebrauchte Konjunktion ist **jedoch**. Es gibt folgende Möglichkeiten der Wortstellung:

jedoch	Lea kaufte einen Drucker, **jedoch** er war defekt.	*Gegensatz*
	Lea kaufte einen Drucker, **jedoch** war er defekt.	
	Lea kaufte einen Drucker, er war **jedoch** defekt.	

Auch **Adverbien** können zwei Hauptsätze miteinander verbinden, z.B.:

deshalb	Er ist krank, **deshalb** bleibt er heute zu Hause.	*Folge*
	Er ist krank, er bleibt **deshalb** heute zu Hause.	
trotzdem	Er ist krank, **trotzdem** geht er zur Arbeit.	*Gegengrund*
	Er ist krank, er geht **trotzdem** zur Arbeit.	

2. Zweiteilige Konjunktionen

Sie können wie die einfachen Konjunktionen zwei Hauptsätze oder zwei Satzteile miteinander verbinden:

entweder ... oder	Wir buchen **entweder** ein Hotel **oder** (wir) übernachten bei Freunden.	*„a oder b"*
weder ... noch	Ich kann die Datei **weder** speichern **noch** schließen.	*„nicht a und nicht b"*
nicht nur ..., sondern auch	Das Gerät ist **nicht nur** alt, **sondern auch** fehlerhaft.	*„a und auch noch b"*
sowohl ... als auch	Du hast eine gute Figur. Du kannst **sowohl** Hosen **als auch** Röcke tragen.	*„beides, a und b"*
zwar ... aber	Die Software war **zwar** teuer, **aber** sie ist sehr gut.	*„trotz a b"*

1

GRAMMATIK

Entweder und **zwar** können auch auf Position 1 stehen: **Entweder wir buchen ein Hotel oder ... / Zwar war die Software teuer, aber ...**

Hauptsatz + Nebensatz

Nebensätze sind von einem Hauptsatz abhängig und werden durch eine Konjunktion eingeleitet.
In diesem Kurs kommen die folgenden Nebensatzkonjunktionen vor:
als, **bevor**, **da**, **damit**, **dass**, **ehe**, **falls**, **nachdem**, **ob**, **obwohl**, **sobald**, **während**, **weil** und **(immer) wenn**.
Der Nebensatz kann nach oder vor dem Hauptsatz stehen.
Wortstellung im Nebensatz: Das konjugierte Verb steht am Ende.

Hauptsatz	*Nebensatz*
Ich denke,	**dass** er einen Fehler gemacht hat.
Kannst du bitte anrufen,	**bevor** du kommst?
Nebensatz	*Hauptsatz (Verb – Subjekt)*
Wenn er nach Hause kommt,	macht er eine Stunde Yoga.
Nachdem sie sich getrennt hatten,	blieben sie Freunde.

Zur Bedeutung und zum Gebrauch der Konjunktionen siehe § 23 Nebensätze, § 24 Indirekte Fragen und § 25 Wortstellung.

21 INFINITIVSÄTZE

zu + Infinitiv

Die Konstruktion **zu** + Infinitiv kann nach bestimmten Verben, Substantiven und Adjektiven verwendet werden:

Ich **verspreche**, dich bald **zu besuchen**.

Es ist eine gute **Idee**, sich bei Musik **zu entspannen**.

Es ist **gesünder**, nicht **zu rauchen**.

Nach diesen Ausdrücken steht oft **zu** + Infinitiv:

Verben:	anfangen, beginnen, empfehlen, sich freuen, hoffen, vergessen, versprechen, vorhaben usw.
Substantive:	Angst/Lust/Zeit haben, eine/die Idee, ein/das Problem
Adjektive:	es gut/schlecht finden, es ist gut/schlecht/wichtig usw.

Regeln:
- **Zu** + Infinitiv steht am Satzende.
- Verben mit einem trennbaren Präfix schreibt man als ein Wort; zu steht zwischen dem Präfix und dem Stamm:
  ..., Stress abzubauen / ..., neu anzufangen.
- Bei Verben mit zwei Teilen steht zu vor dem zweiten Infinitiv:
  ..., dich kennen zu lernen. / ..., arbeiten zu müssen.

um zu + Infinitiv

Die Konstruktion **um zu** + Infinitiv gibt ein Ziel oder einen Zweck an:

Ich habe mich für einen Kurs an der Volkshochschule angemeldet,

um einen Sprachkurs **zu besuchen**.	*einfache Verben*
um endlich mit Spanisch **anzufangen**.	*trennbare Verben*
um neue Leute **kennen zu lernen**.	Verben mit zwei Teilen

Regeln:
- Nach dem Komma folgt **um** und am Ende des Satzes stehen **zu** und der Infinitiv.
- Die Stellung von **zu** ist wie bei der Konstruktion **zu** + Infinitiv:
  um ... anzufangen. / um ... kennen zu lernen.

§ 22 RELATIVSÄTZE

Relativsätze sind Nebensätze, die ein Substantiv genauer beschreiben. Sie werden mit einem Relativpronomen eingeleitet.
Der Relativsatz steht so nah wie möglich bei seinem Bezugswort und kann den Hauptsatz teilen.

Der Mann, **der** hier wohnt, ist Arzt.

Bezugswort: *maskulin Singular*; Kasus: ***kennen*** + *Akkusativ*

Das sind die Kolleginnen, **mit denen** ich mich regelmäßig treffe.

Bezugswort: *feminin Plural*; Kasus: ***mit*** + *Dativ*

Regeln:
(1) Das *Genus* (der, die, das) und der *Numerus* (Singular, Plural) richten sich nach dem Bezugswort.
(2) Der *Kasus* (Nominativ, Akkusativ usw.) richtet sich
- nach dem Verb im Relativsatz, z.B. **kennen** + Akkusativ; **helfen** + Dativ.
- nach der Präposition beim Verb, z.B. **sich interessieren für** + Akkusativ.

(3) Das Relativpronomen im Genitiv hat verweist oft auf den Besitz oder die Zugehörigkeit:

Das ist die Frau, **deren** Sohn du gestern getroffen hast.
(Du hast gestern ihren Sohn getroffen.)
Das Gewürz, an **dessen** Name ich mich nicht erinnere, schmeckt bitter.
(Ich erinnere mich nicht an seinen Namen.)

1 GRAMMATIK

Die Formen des Relativpronomens

	Maskulin	*Feminin*	*Neutrum*	*Plural*
Nom.	der	die	das	die
Akk.	den	die	das	die
Dat.	dem	der	dem	**denen**
Gen.	**dessen**	**deren**	**dessen**	**deren**

Die Relativpronomen haben die gleichen Formen wie der bestimmte Artikel. Ausnahmen: Dativ Plural (**denen**) und Genitiv (**dessen**, **deren**).

23 NEBENSÄTZE

Nebensätze hängen von einem Hauptsatz ab und werden mit einer Konjunktion (**weil**, **wenn** usw.) eingeleitet. Das konjugierte Verb steht im Nebensatz am Ende.

Übersicht: Arten von Nebensätzen

Grammatische Bezeichnung	***Konjunktion***	***Funktion***
Temporale Nebensätze	als, bevor, ehe, nachdem, sobald, während, wenn	*Zeitliche Beziehung*
Kausale Nebensätze	weil, da	*Grund*
Konzessive Nebensätze	obwohl	*Gegengrund*
Finale Nebensätze	damit	*Ziel, Zweck*
Konditionale Nebensätze	wenn, falls	*Bedingung*

Temporale Nebensätze

Temporale Nebensätze geben die zeitliche Beziehung zum Hauptsatz an (Frage: **Wann?**). Sie stehen meist vor dem Hauptsatz.

(1) Die Handlungen im Haupt- und Nebensatz finden **gleichzeitig** statt.

als	**Als** ich nach Hause kam, rief Tina an.	*einmalige Handlung in der Vergangenheit*
wenn	**Wenn** wir im Herbst nach Wien kommen, besuchen wir dich.	*einmalige Handlung in der Gegenwart oder Zukunft*
	Wenn er arbeitet, hört er Musik. **(Immer) wenn** sie in die Türkei gefahren ist, hat sie ihre Eltern besucht.	*mehrmalige Handlung („immer wenn") in der Gegenwart, Zukunft oder Vergangenheit*
während	**Während** ich im Urlaub bin, lese ich keine E-Mails. **Während** wir am Check-in-Schalter warteten, unterhielten wir uns über die Reise.	*zwei Handlungen, die gleichzeitig stattfinden*

(2) Die Handlung im Nebensatz findet **vor** der Handlung im Hauptsatz statt:

nachdem	**Nachdem** ihr eingecheckt habt, müsst ihr in die Abflughalle gehen.	*Nebensatz: Perfekt Hauptsatz: Präsens*
	Nachdem sie eingecheckt hatten, mussten sie noch eine Stunde auf den Abflug warten.	*Nebensatz: Plusquamperfekt Hauptsatz: Präteritum*
sobald	**Sobald** wir angekommen sind, rufe ich dich an.	*Handlungen folgen sofort aufeinander*
	Sobald er die Schule beendet hatte, ging er ins Ausland.	*Zeitformen wie bei „nachdem"*
	Sobald ich hier fertig bin, können wir nach Hause gehen.	*auch möglich: gleiche Zeitformen in Haupt- und Nebensatz*
als	**Als** er Massagen bekommen hatte, ging es dem Patienten besser.	*Nebensatz: Plusquamperfekt Hauptsatz: Präteritum*

(3) Die Handlung im Nebensatz findet **nach** der Handlung im Hauptsatz statt:

bevor ehe	**Bevor/Ehe** ich gehe, muss ich dir noch etwas sagen. **Bevor/Ehe** er die Stelle bei der Zeitung bekommen hat, hat er mehr als 20 Bewerbungen geschrieben.	*meist gleiche Zeitformen in Haupt- und Nebensatz*

Kausale Nebensätze

Kausale Nebensätze geben den Grund für eine Handlung an (Frage: **Warum?**).

weil da	Ich bin gerne bei meiner Tante, **weil/da** sie interessante Geschichten erzählt. **Weil/Da** ich am Wochenende arbeiten muss, können wir leider nicht aufs Land fahren.	*Angabe des Grundes*
	Warum hast du nicht angerufen? – **Weil** mein Handy nicht funktioniert.	*Auf eine Frage mit **warum?** kann man mit einem **weil**-Satz ohne Hauptsatz antworten.*

Hinweis: Kausale Zusammenhänge kann man nicht nur mit einem Nebensatz mit **weil** formulieren, sondern auch mit der Hauptsatzkonjunktion **denn** und dem Adverb **deshalb**:

Hauptsatz	*Nebensatz (Grund)*
Aynur ist oft in der Türkei,	**weil** sie ihre Mutter vermisst.
Hauptsatz	*Hauptsatz (Grund)*
Aynur ist oft in der Türkei,	**denn** sie vermisst ihre Mutter.
Hauptsatz (Grund)	*Hauptsatz (Folge)*
Aynur vermisst ihre Mutter,	**deshalb** ist sie oft in der Türkei.

Konzessive Nebensätze

Konzessive Nebensätze geben einen Gegengrund an: Etwas passiert, was man nicht erwartet hat oder was gegen die Logik ist.

obwohl	Er geht heute zur Arbeit, **obwohl** er krank ist.	*Angabe des Gegengrundes*

Hinweis: Auch das Adverb **trotzdem** hat eine konzessive Bedeutung. Mit ihm kann ein zweiter Hauptsatz angeschlossen werden:
Er ist krank, trotzdem geht er heute zur Arbeit.

Konditionale Nebensätze

Konditionale Nebensätze geben die Bedingung an, unter der etwas passiert. Im Hauptsatz steht die Folge oder die Konsequenz (Frage: **Unter welcher Bedingung? Was ist/wäre, wenn ...?**).
(1) Bedingung und Folge sind real:

wenn falls	**Wenn** ich mich morgen nicht besser fühle, gehe ich zum Arzt. **Falls** ich morgen noch Schmerzen habe, gehe ich zum Arzt.	*reale Bedingung und Folge*

Wenn hat auch eine zeitliche Bedeutung (siehe temporale Nebensätze) und ist nicht immer eindeutig; **falls** hat immer eine konditionale Bedeutung.
(2) Bedingung und Folge sind irreal:

wenn	**Wenn** ich Zeit hätte, würde ich mit dir den Krimi ansehen.	*mit Bezug zur Gegenwart oder Zukunft: Konjunktiv II der Gegenwart*
	Wenn ich Zeit gehabt hätte, hätte ich mit dir den Krimi angesehen.	*in der Vergangenheit nicht realisiert: Konjunktiv II der Vergangenheit*

Wortstellung:
Konditionale Nebensätze können vor oder nach dem Hauptsatz stehen. Vor dem Hauptsatz werden sie oft auch ohne Konjunktion verwendet. Das konjugierte Verb steht dann in der Position 1:

Hauptsatz	*Nebensatz*
Ich würde den Krimi ansehen,	**wenn** ich Zeit hätte.
*Nebensatz mit **wenn***	*Hauptsatz*
Wenn ich Zeit hätte,	würde ich den Krimi ansehen.
*Nebensatz ohne **wenn***	*Hauptsatz*
Hätte ich Zeit,	würde ich den Krimi ansehen.

Finale Nebensätze

Finale Nebensätze geben ein Ziel, einen Zweck oder eine Absicht an (Frage: **Wozu? Mit welchem Ziel?**).

damit	Sie arbeitet nur noch Teilzeit, **damit** ihre Kinder nach der Schule nicht allein zu Hause sind.	*Ziel, Zweck oder Absicht*
	Sie arbeitet nur noch Teilzeit, **damit** sie mehr Zeit für ihre Kinder hat. Sie arbeitet nur noch Teilzeit, **um** mehr Zeit für ihre Kinder **zu haben**.	*Wenn das Subjekt in Haupt- und Nebensatz gleich ist, bevorzugt man **um zu** + Infinitiv* (siehe § 21).

§ 24 INDIREKTE FRAGEN

Mit indirekten Fragen formuliert man meist Unsicherheit, Nichtwissen oder Fragen, bei denen man sich nicht sicher ist. Sie stehen oft nach Verben wie z.B. **(nicht) sagen**, **(nicht) fragen**, **(sich) fragen** und **(nicht) wissen**.
Indirekte Fragen sind Nebensätze, die mit einem Fragewort (**wer**, **warum**, **wann** usw.) oder der Konjunktion **ob** eingeleitet werden. Das konjugierte Verb steht am Ende.

Indirekte Frage	*Direkte Frage*
(1)	***W-Frage (mit Fragewort)***
Ich weiß nicht, **woran** er denkt.	Woran denkt er?
Können Sie mir sagen, **wie viel** der Flug kostet?	Wie viel kostet der Flug?
(2)	***Ja-/Nein-Frage (ohne Fragewort)***
Ich frage mich, **ob** er zu Hause ist.	Ist er zu Hause?
Sie weiß noch nicht, **ob** sie nach Wien fährt.	Fährt sie nach Wien?

Regeln:
(1) Indirekte *W-Fragen* haben das gleiche Fragewort wie die entsprechende direkte Frage, z.B. **warum**, **wer**, **wann**, …
(2) Indirekte *Ja-/Nein-Fragen* werden mit der Konjunktion **ob** eingeleitet.

25 WORTSTELLUNG

Die Stellung des Verbs

Das konjugierte Verb kann in drei Positionen stehen:

Position 2	
Hauptsatz (Aussage):	Er fliegt in die Türkei.
W-Frage:	Wann treffen wir uns?
Position 1	
Ja-/Nein-Frage:	Bist du heute zu Hause?
Imperativ:	Lass uns einen Fachmann anrufen!
Bedingungssatz ohne wenn:	Hätte er mehr Geld, würde er in Urlaub fahren.
Satzende	
Nebensatz	
- mit Konjunktion:	Wir hoffen, dass er bald eine Arbeit findet.
- indirekte Frage:	Ich weiß nicht, ob sie noch kommt.
- Relativsatz:	Das ist ein Film, den du dir ansehen musst.

Die Satzklammer im Hauptsatz

Bei Verben mit zwei oder drei Teilen steht das konjugierte Verb in Position 2 und die anderen Verbteile am Satzende.

	Satzklammer			
	Position 2		*Satzende*	
Sie	ruft	gleich	**an.**	*trennbares Präfix*
Er	**muss**	noch Brot	**besorgen.**	*Infinitiv*
Wir	**lernten**	uns 2012	**kennen.**	
Sie	**lassen**	das Gerät	**reparieren.**	
Er	**ist**	ins Büro	**gefahren.**	*Partizip Perfekt*
Der Fisch	**wird**	mit Öl	**zubereitet.**	
Wir	**haben**	uns 2012	**kennen gelernt.**	*Infinitiv + Partizip Perfekt*
Das Gerät	**muss**	endlich	**repariert werden.**	*Partizip Perfekt +* ***werden/ worden***
Es	**ist**	gestern	**repariert worden.**	

1

GRAMMATIK

Die Wortstellung im Nebensatz

Hauptregel: Das konjugierte Verb steht am Ende.

Hauptsatz	*Nebensatz*	
...,	dass sie gleich **anruft**.	*Ein trennbares Präfix bleibt beim Verb.*
...,	weil er Brot **besorgen muss**.	*Ein Infinitiv oder ein Partizip Perfekt stehen direkt vor dem konjugierten Verb.*
...,	als wir uns **kennen lernten**.	
...,	wann er ins Büro **gefahren ist**.	
...,	ob er mit Öl **zubereitet wird**.	
...,	dass es **repariert werden muss**.	*Bei drei Teilen: Partizip Perfekt – werden/worden – konjugiertes Verb.*
...,	ob es **repariert worden ist**.	

Wenn der Nebensatz vor dem Hauptsatz steht, folgt nach dem Komma das konjugierte Verb des Hauptsatzes:

Nebensatz	*Hauptsatz*
Wann er ins Büro gefahren ist,	**weiß** ich nicht.
Als wir uns kennen lernten,	**haben** wir beide kein Deutsch gesprochen.

Subjekt und Objekte

Position 1	*Position 2*		
Mein Mann	arbeitet	heute nicht.	*Wenn das **Subjekt** nicht auf Position 1 steht, folgt es meist direkt nach dem Verb.*
Heute	arbeitet	**mein Mann** nicht.	
Ich	gebe	dem Kind ein Eis.	***Objekte** Bei zwei Substantiven: Dativ vor Akkusativ Bei zwei Pronomen: Akkusativ vor Dativ*
Ich	gebe	es ihm.	
Ich	gebe	ihm ein Eis.	***Objekte** Pronomen vor Substantiv (Regel: „kurz vor lang")*
Ihm	helfen	wir nie wieder.	*Dativ oder Akkusativ auf Position 1: Das Element wird besonders betont.*
Diesen Film	kenne	ich nicht.	

Adverbien und adverbiale Ausdrücke

Zu den Adverbien und adverbialen Ausdrücken gehören:

Zeitangaben (wann?):	heute, gestern, danach, 2014, im Herbst, nach dem Abitur, ...
Angaben des Grundes (warum?) und Gegengrundes:	wegen (*+ Genitiv*), trotz (*+ Genitiv*)
Angaben der Art und Weise (wie?):	unter Termindruck, mit/ohne Spaß, mit der Hand, leider, gern, ...
Ortsangaben (wo? wohin? woher?):	hier, in/nach Wien, zu/nach Hause, im/ins Büro, aus der Türkei, ...

Die Wortstellung ist relativ frei, aber es gibt ein paar Tendenzen:
(1) Zeit- und Ortsangaben:

2013 hat unser Sohn die Schule beendet.	*Zeit- und Ortsangaben stehen oft in Position 1.*
In meiner Heimat gibt es viele Arbeitslose.	
Ich bin **gestern ins Krankenhaus** gefahren.	*Wenn sie nach dem Verb stehen, gilt „Zeit vor Ort".*

(2) Die Reihenfolge bei Zeit-, Orts- und weiterer Angaben ist meist Zeit → Grund → Art und Weise → Ort:

Er kann	**heute** *Zeit*	**wegen eines Unfalls** *Grund*	**erst später** *Art und Weise*	**im Büro** *Ort*	sein.

(3) Wenn ein Dativ- und Akkusativobjekt hinzukommen, steht
- das Dativobjekt meist vor oder nach der Zeitangabe und
- das Akkusativobjekt vor der Ortsangabe:

Er schreibt	**seiner Frau** *Dativ*	**jeden Tag** *Zeit*	gern	**E-Mails** *Akkusativ*	**aus dem Büro.** *Ort*

Er schreibt	**jeden Tag** *Zeit*	**seiner Frau** *Dativ*	gern	**E-Mails** *Akkusativ*	**aus dem Büro.** *Ort*

§ 26 WORTBILDUNG

Substantive

1. Zusammensetzungen

Substantive können zusammen mit anderen Substantiven, Adjektiven oder Verben neue, zusammengesetzte Substantive bilden. Der letzte Teil der Zusammensetzung bestimmt den Artikel.

Substantiv + Substantiv:	das Wasser + **das** Glas	→	**das Wasserglas**
	das Glas + **die** Schüssel	→	**die Glasschüssel**
	die Stadt + **der** Plan	→	**der Stadtplan**
Adjektiv + Substantiv:	kurz + **der** Urlaub	→	**der Kurzurlaub**
	süß + **die** Speise	→	**die Süßspeise**
Verb + Substantiv:	wohnen + **der** Ort	→	**der Wohnort**
	essen + **das** Zimmer	→	**das Esszimmer**
Präposition + Substantiv:	mit + **der** Arbeiter	→	**der Mitarbeiter**
	nach + **die** Speise	→	**die Nachspeise**

- Manchmal wird **-(e)s** oder **-(e)n** an das erste Substantiv angehängt: **der Arbeitsplatz**, **der Suppenteller**.
- Bei Zusammensetzungen mit Verben wird nur der Stamm verwendet: **wohn-**, **ess-**.

2. Wortbildung mit Suffixen

Mit bestimmten Suffixen (Endungen) kann man aus Adjektiven, Substantiven und Verben Substantive bilden.

Adjektiv + -heit:	gesund	→	die Gesund**heit**
Adjektiv + -keit:	zuverlässig	→	die Zuverlässig**keit**
Adjektiv + -igkeit:	arbeitslos	→	die Arbeitslos**igkeit**
Substantiv + -schaft:	der Freund	→	die Freund**schaft**
Verb + -ung:	üben	→	die Üb**ung**

- Substantive mit den Endungen **-heit**, **-keit**, **-igkeit**, **-schaft** und **-ung** sind immer feminin.
- Die Endung **-keit** verwendet man für Adjektive auf **-bar**, **-ig**, **-lich**, **-sam** und meist auch auf **-el/-er**: **belastbar → Belastbarkeit**, möglich → Möglichkeit, **dunkel → Dunkelheit**.
- Die Endung **-igkeit** verwendet man für Adjektive auf **-haft**, **-los** und bei einigen normalen Adjektiven: **neu → die Neuigkeit**.
- Bei der Wortbildung mit Verben entfällt meist die Infinitivendung **-(e)n**: **wohn(en) → die Wohnung**.

Aus dem Infinitiv kann man ebenfalls Substantive bilden. Die so gebildeten Substantive sind immer neutrum:

Verb (Infinitiv):	leben	→	**das** Leben
	schreiben	→	**das** Schreiben

Adjektive

1. Wortbildung mit Suffixen

Mit den folgenden Suffixen (Endungen) kann man aus Substantiven, Verben und Adverbien Adjektive bilden.

Substantiv + -haft:	der Fehler	→	fehler**haft**
Substantiv + -ig:	die Eifersucht	→	eifersücht**ig**
Adverb + -ig:	heute	→	heut**ig**
Substantiv + -isch:	der Alkohol	→	alkohol**isch**
Substantiv + -lich:	das Glück	→	glück**lich**
Substantiv + -los:	der Humor	→	humor**los**
Verb + -bar:	bezahlen	→	bezahl**bar**
Verb + -sam:	unterhalten	→	unterhalt**sam**

- Die Endung **-los** hat die Bedeutung „ohne“: **humorlos** „ohne Humor“, **gefühllos** „ohne Gefühl“.
- Die Endung **-bar** bedeutet „kann gemacht werden“: **bezahlbar** „kann bezahlt werden“.

Die Adjektive **frei**, **reich** und **voll** können wie Suffixe verwendet werden und aus Substantiven Adjektive bilden. Sie drücken aus, dass etwas nicht (**frei**) oder aber in großer Menge (**reich**, **voll**) vorhanden ist:

Substantiv + -frei:	der Alkohol	→	alkohol**frei**
Substantiv + -reich:	der Erfolg	→	erfolg**reich**
Substantiv + -voll:	der Humor	→	humor**voll**

2. Adjektive mit Präfix

Mit den Präfixen un- und in- drückt man das Gegenteil aus:

un- + *Adjektiv*:	glücklich	→	**un**glücklich
	freundlich	→	**un**freundlich
in- + *Adjektiv*:	tolerant	→	**in**tolerant
	formell	→	**in**formell

CD1

LEKTION 1

TR 1 Übung 1

1. Thomas Kowalski arbeitete in der Redaktion.
2. Aynur beendete ihr Praktikum.
3. Susanne besuchte viele Ausstellungen.
4. Sylvia Moser fotografierte viel.
5. Lisa feierte ihren 7. Geburtstag.

TR 2 Übung 3, 5

Susanne: Lisa, schau mal, da ist Sylvia. Hallo, Sylvia! So ein Zufall!
Sylvia: Hallo, Susanne! Tag, Lisa! Wir haben uns ja lange nicht gesehen. Wie geht es euch?
Susanne: Ach, ganz gut, danke. Und selbst?
Sylvia: Prima. Ich habe immer noch Urlaub und genieße die Freizeit. Und wie geht es Thomas?
Susanne: Auch gut. Er wollte eigentlich zum Einkaufen mitkommen, aber er durfte noch nicht aus der Redaktion weg.
Sylvia: Apropos Redaktion, gibt es wieder einen Praktikanten? Aynur hat ihr Praktikum ja schon lange beendet.
Susanne: Keine Ahnung. Thomas erzählte mir nichts. Hast du noch Kontakt zu Aynur?
Sylvia: Ja, wir treffen uns morgen und gehen in die neue Ausstellung des Goethe-Museums.
Susanne: Die ist wirklich interessant. Wir waren auch schon dort. Grüß Aynur von mir!
Sylvia: Das mache ich gerne. So, ich muss langsam weiter. Was müsst ihr noch besorgen?
Susanne: Am Montag fängt die Schule an und wir brauchen noch Hefte und Stifte für Lisa. Außerdem wollen wir uns nach Kleidung umschauen. Und du?
Sylvia: Die Batterie meines Fotoapparats ist leer und nun suche ich die Fotoabteilung.
Susanne: Die ist im Erdgeschoss am Ende der Rolltreppe. Sag mal, möchtest du nicht wieder einmal zum Abendessen kommen?
Sylvia: Ja, sehr gern, danke. Rufst du mich an?
Susanne: Klar! Also bis bald!
Sylvia: Tschüss und noch viel Spaß beim Einkaufen!

TR 5 Übung 7

2. So eine angenehme Überraschung!
4. Wir haben uns ja eine Ewigkeit nicht gesehen.
9. Wir müssen uns unbedingt mal wieder treffen.

TR 6 Übung 10

1. Wo bekomme ich Hefte und Stifte? - Die bekommen Sie in der 2. Etage bei Schreibwaren.
2. Ich suche Batterien für meinen Fotoapparat. - Die gibt es oben am Ende der Rolltreppe.
3. Wo finde ich die Abteilung für Damen? - Im Erdgeschoss. Fahren Sie mit dem Aufzug nach unten.

LEKTION 2

TR 7 Übung 3, 5

Verkäuferin: Guten Tag. Kann ich Ihnen helfen?
Susanne: Guten Tag. Wir suchen eine Hose und einen Pullover für meine Tochter, Größe 140.
Verkäuferin: Hm, mal sehen. Hosen haben wir hier. Was für eine Hose soll es sein?
Susanne: Vielleicht eine Jeans. Was meinst du, Lisa?
Lisa: Mir gefällt die karierte Hose hier. Meine Freundin hat auch so eine.
Susanne: Ja, die ist hübsch. Probier sie mal an! Können Sie uns auch noch Pullover zeigen?
Verkäuferin: Ja, kommen Sie mit.
...
Verkäuferin: Schauen Sie, wie gefallen Ihnen diese Pullover hier? Soll es eine bestimmte Farbe sein?
Susanne: Eigentlich nicht. Schau mal Lisa, wie findest du den roten Pullover?
Lisa: Nein, ich mag lieber den hellblauen.
Verkäuferin: Ja, der ist wirklich schön. Am besten, Ihre Tochter probiert alles mal an.
Susanne: Wo sind die Umkleidekabinen?
Verkäuferin: Dort hinten.
...
Susanne: Hübsch siehst du aus! Der Pullover passt hervorragend zu der karierten Hose.
Verkäuferin: Ja, das steht Ihrer Tochter wirklich gut. Die hellen Farben und auch das karierte Muster sind in diesem Herbst sehr in Mode.
Susanne: Und wie passt dir die neue Hose? Ist sie groß genug?
Lisa: Ja, ich denke schon.
Verkäuferin: Zu dem Pullover gibt es übrigens auch Schal und Handschuhe in der gleichen Farbe.
Susanne: Nein, danke. Sagen Sie, aus welchem Material ist eigentlich der Pullover? Kann ich ihn in der Waschmaschine waschen?
Verkäuferin: Er ist aus Wolle. Waschen Sie ihn lieber mit der Hand.
Susanne: Hm, nicht sehr praktisch. Vielleicht nehmen wir doch lieber ein Sweatshirt ...
Verkäuferin: Wir haben Sweatshirts in allen Farben. Darf ich sie Ihnen zeigen?
Lisa: Ich möchte aber den Pullover. Der ist so schön weich.
Susanne: Na gut, wir nehmen ihn. Zieh dich wieder um und dann bezahlen wir. ... Vielen Dank für Ihre Hilfe.
Verkäuferin: Gern geschehen.

TR 8 Übung 6

Der Hut steht Ihnen ausgezeichnet.

TR 9 Übung 6

Ich finde dein Kleid sehr schick.

TR 10 Übung 6

Die Hose ist zu klein. Sie passt nicht.

LEKTION 3

TR 11 Übung 3, 4

Frau Schmidt: Guten Morgen, Herr Kowalski. Wie geht es Ihnen?
Thomas: Guten Morgen. Ach, ich fühle mich nicht sehr gut.
Frau Schmidt: Was fehlt Ihnen denn?
Thomas: Ich habe Kopfschmerzen, mein Hals tut weh. Ich glaube, ich bin krank.
Frau Schmidt: Hoffentlich ist das keine Grippe! Waren Sie schon beim Arzt?
Thomas: Nein, so schlimm ist es doch nicht. Immer wenn ich zum Arzt gehe, fühle ich mich noch schlechter. Außerdem habe ich sehr viel Arbeit. Schauen Sie, hier liegen die Bewerbungen der neuen Praktikanten und ich muss mich noch auf die Gespräche mit ihnen vorbereiten.
Frau Schmidt: Ist das wirklich so wichtig? Ich meine, die Gesundheit kommt zuerst.
Thomas: Ja, aber die Arbeit ...
Frau Schmidt: Nichts aber. Erst gestern hat mir meine Schwester Anni geschrieben, dass sie eine schwere Grippe hatte und sogar ins Krankenhaus musste.
Thomas: Ach ja?
Frau Schmidt: Ja. Hören Sie selbst.
Liebe Martina, stell dir vor, ich musste ins Krankenhaus. Das ist passiert: Während ich im Büro am Computer arbeitete, bekam ich auf einmal hohes Fieber und starke Schmerzen. Ein Kollege brachte mich sofort ins Krankenhaus. Dort blieb ich drei Tage und man untersuchte mich gründlich. Keine Sorge, es war nicht sehr ernst. Nur eine Grippe. Als ich endlich nach Hause kam, ging es mir schon viel besser. Bist du schon aus dem Urlaub zurück? Ich rufe dich an. Deine Anni. Sehen Sie, Herr Kowalski, mit der Gesundheit macht man keinen Spaß.
Thomas: Ja, ja, Sie haben natürlich Recht. Ich rufe gleich mal meinen Hausarzt an.

...

Arzthelferin: Arztpraxis Dr. Willner, guten Tag.
Thomas: Guten Tag, hier ist Thomas Kowalski. Ich brauche einen Termin beim Doktor. Ist es heute noch möglich?
Arzthelferin: Ist es dringend?
Thomas: Na ja, ich fühle mich nicht sehr gut, vielleicht eine Grippe ...
Arzthelferin: Dann kommen Sie doch einfach in der Praxis vorbei. Wir haben bis 12.30 Uhr Sprechstunde.
Thomas: In Ordnung, ich kann in einer halben Stunde bei Ihnen sein. Vielen Dank.
Arzthelferin: Keine Ursache. Bis später. Auf Wiederhören.

TR 12 Übung 9

- \- Hallo Peter, wie geht es dir?
- \+ Ach, ich fühle mich schwach und müde.
- \- Was fehlt dir denn?
- \+ Ich glaube, ich bin erkältet.

LEKTION 4

TR 13 Übung 3, 4, 5

Aynur: Tag, Sylvia. Du bist ja schon da!
Sylvia: Hallo, Aynur. Komme ich zu früh?
Aynur: Nein, nein, aber ich bin noch nicht ganz fertig. Ich habe gerade geduscht und mir die Haare gewaschen.
Sylvia: Ja, das sehe ich. Du hast wohl später noch etwas vor?
Aynur: Ja, richtig. Aber komm doch erst einmal herein. Wenn es dir nichts ausmacht, dann gehe ich noch kurz ins Bad. Meine Haut ist so trocken und ich muss mir noch das Gesicht eincremen.
Sylvia: Kein Problem. Nimm dir Zeit!

...

Sylvia: Sag mal, seit wann schminkst du dich eigentlich? Ich habe dich noch nie mit Lippenstift gesehen.
Aynur: Na ja, ich finde, das sieht gut aus. Was meinst du, was soll ich mit meinen Haaren machen? Deine Haare sehen immer so gepflegt aus und sie glänzen so schön. Wie machst du das?
Sylvia: Ich mache eigentlich nichts Besonderes. Ich verwende einfach ein mildes Shampoo und ich föhne sie. Aber warum legst du heute so viel Wert auf dein Aussehen? Triffst du dich vielleicht später mit einem Mann?
Aynur: Ach was!
Sylvia: Sag schon, hast du einen neuen Freund?
Aynur: Hm, wer weiß ... Gibst du mir bitte mal den Föhn und den Kamm dort?
Sylvia: Hier, bitte. Während du dir die Haare föhnst, kann ich ja schon mal Tee machen. Ich habe eine neue Sorte mitgebracht.
Aynur: Gute Idee! Und stell bitte keine neugierigen Fragen mehr! O.K.?
Sylvia: Ja, ich verspreche dir, keine neugierigen Fragen mehr zu stellen. Aber ich interessiere mich doch für ...
Aynur: Sylvia!
Sylvia: Schon gut! Ich koche jetzt den Tee.

...

Aynur: Hm, der Tee schmeckt etwas seltsam. Ist das grüner Tee?
Sylvia: Ja, den habe ich bei meinem letzten Urlaub in einem Wellness-Hotel zum ersten Mal getrunken.
Aynur: Du warst in einem Wellness-Hotel? Aha! Sind diese Hotels eigentlich nur ein Modetrend oder kann man sich dort wirklich gut erholen?
Sylvia: Also ich habe mich dort sehr wohl gefühlt und die anderen Gäste auch.

Aynur: Und was macht man dort den ganzen Tag?
Sylvia: Oh, es gibt viele Möglichkeiten, sich zu entspannen, den Stress abzubauen und etwas für die Gesundheit zu tun.
Aynur: Das klingt gut! Erzähl doch noch mehr.
Sylvia: Na ja, wir haben jeden Morgen nach einem gesunden Frühstück Yoga gemacht, dann konnte man Massagen bekommen, Gymnastik machen und ...

TR 15 Übung 14

Sylvia: Wie ich Stress abbaue? Also, ich kann mich sehr gut entspannen, wenn ich Musik höre, Yoga mache oder ein heißes Bad nehme. Ich erhole mich aber auch sehr gut, wenn ich an der frischen Luft spazieren gehe und Menschen fotografiere.
Thomas: Stress ist wirklich ein Problem. In den letzten Tagen hatte ich sehr viel Arbeit im Büro. Und was tue ich gegen den Stress? Wenn ich zu Hause bin, bade ich immer lange. Manchmal mache ich zusammen mit meiner Frau Yoga. Das ist gut gegen meine Rückenschmerzen. Und wenn wir Zeit haben, gehen wir auch in die Sauna.

RÜCKBLICK 1

TR 16 Übung 12

1. Erinnerst du dich noch an Peter?
2. Du hast Probleme? Das kann ich mir nicht vorstellen!
3. Wir wollen uns nach warmer Kleidung umschauen.
4. Ich habe mich noch nicht auf das Gespräch vorbereitet.
5. Ich lege viel Wert auf gepflegte Haare.
6. Macht es dir etwas aus, wenn ich später komme?
7. Diese Bluse passt nicht zu deiner gelben Hose.
8. Warum stellt ihr diese Frage?

LEKTION 5

TR 17 Übung 3, 4

Aynur: Wie findest du die Kneipe? Ist doch toll hier, oder?
Claudia: Ja, sie ist ganz nett. Aber ich verstehe nicht, dass wir uns hier treffen. Wir sind doch immer in dem Café, das in der Nähe der Uni liegt.
Aynur: Das stimmt, aber ich bin in letzter Zeit lieber hier.
Claudia: Na ja, du hast schon am Telefon etwas erzählt. Geht es um den Mann, den du hier treffen willst?
Aynur: Ja. Ach, Claudia, ich glaube, ich habe mich verliebt.
Claudia: Nein! Wirklich? In wen? Kenne ich ihn?
Aynur: Nein, ich denke nicht. Er heißt übrigens Eric.
Claudia: Eric? Nein, ich kenne niemanden, der so heißt. Beschreib ihn doch mal! Wo hast du ihn kennen gelernt?
Aynur: Ich bin ihm hier zum ersten Mal begegnet und wir haben uns ein paar Mal zufällig wieder gesehen. Wir haben ein bisschen geflirtet und ich finde ihn einfach süß.
Claudia: Eine genauere Beschreibung, bitte! Wie sieht er aus?
Aynur: Also, er ist nicht sehr groß, schlank, gut gekleidet. Er ist etwas älter als ich. Er hat blonde, kurze Haare und dann die Augen ...
Claudia: Was ist mit seinen Augen?
Aynur: Er hat die schönsten blauen Augen, die ich kenne. Er ist jemand, der viel lacht. Er ist temperamentvoll und so charmant ...
Claudia: Ui, du bist wirklich verliebt. Weiß er, dass du ihn gern hast?
Aynur: Nein, ich habe Angst, es ihm zu sagen. Was ist, wenn er eine feste Freundin hat?
Claudia: Aber wenn du eine Chance haben willst, dann musst du etwas unternehmen und nicht nur einfach warten und unglücklich sein. Oder hast du eine bessere Idee?
Aynur: Und wenn er nichts für mich empfindet? Und wenn ich dann enttäuscht bin?
Claudia: Mein Gott, Aynur! Das kannst du doch gar nicht wissen! Siehst du ihn heute noch?
Aynur: Ja, vielleicht kommt er später.
Claudia: Dann tu etwas! Sprich mit ihm! So, und jetzt brauche ich noch einen Milchkaffee. Und du?
Aynur: Ja, ich auch.
Claudia: Hallo! Können wir noch etwas bestellen? Zwei Milchkaffee, bitte!

TR 18 Übung 13

\+ Lebt Maria allein?
\- Nein, sie hat einen festen Freund.
\+ Steht ihr euch nahe?
\- Ja, wir haben eine feste Beziehung.
\+ Seid ihr eng befreundet?
\- Wir sind nur gute Bekannte.

LEKTION 6

TR 19 Übung 2

1. **Gast:** Das habe ich nicht bestellt!
   Bedienung: Oh, Entschuldigung!
2. **Gast1:** Die Suppe schmeckt nicht gut.
   Gast2: Ja sie ist versalzen.
3. **Gast1:** Das Steak ist nicht durch.
   Gast2: Ich mag kein blutiges Steak.
4. **Gast:** Haben Sie das Brot vergessen?
   Bedienung: Ich bringe es sofort.

TR 20 Übung 3, 4

Bedienung: Haben Sie schon gewählt?

Eric: Ja. Als Vorspeise nehmen wir dreimal die Tagessuppe. Können wir zur Suppe auch etwas Brot haben?
Bedienung: Ja, selbstverständlich. Und was nehmen Sie als Hauptgericht?
Eric: Mein Vater und ich hätten gern das Steak mit Pfeffersoße, halb durch bitte. Und als Beilage Reis.
Bedienung: Möchten Sie vielleicht auch einen Salat? Unser Salat wird mit einem hausgemachten Dressing aus Joghurt und frischen Kräutern angemacht.
Eric: Dann nehme ich einen gemischten Salat.
Herr V.: Für mich auch. Den Salat bitte ohne Zwiebeln.
Bedienung: Und was möchten Sie?
Frau V.: Ich habe mich noch nicht entschieden. Vielleicht nehme ich ein vegetarisches Gericht oder Fisch. Können Sie mir etwas empfehlen?
Bedienung: Ja, ich kann Ihnen den Thunfisch empfehlen. Der ist eine Spezialität unseres Koches.
Frau V.: Wie wird der Thunfisch denn zubereitet? Wird er gebacken?
Bedienung: Nein, er wird gegrillt und dann mit Bratkartoffeln serviert.
Frau V.: Werden die Kartoffeln mit Butter gebraten?
Bedienung: Ja, mit Butter und mit Rosmarin.
Frau V.: Das klingt lecker. Ja, ich glaube, ich probiere den Thunfisch.
Bedienung: Gerne. Möchten Sie auch schon den Nachtisch bestellen?
Frau V.: Nein, wir warten noch und entscheiden uns später.
Bedienung: Gut.
...
Frau V.: Sagt mal, hat euch die Suppe geschmeckt?
Herr V.: Also ich fand den Geschmack ausgezeichnet. Leider war sie nur lauwarm.
Frau V.: Und wie ist dein Steak, Eric?
Eric: Na ja, eigentlich wollte ich es halb durch, aber es ist noch ziemlich blutig. Macht dir das nichts aus, Papa?
Herr V.: Nein, man kann es trotzdem essen. Ist wenigstens dein Thunfisch in Ordnung?
Frau V.: Er war zu lange auf dem Grill und nun ist er etwas trocken. Außerdem habe ich keinen Salat bestellt.
Eric: Was meint ihr? Sollen wir uns beschweren?
Herr V.: Ja, das meine ich schon. Herr Ober!

LEKTION 7

TR 21 Übung 3, 4, 5

Susanne: Thomas, der Tisch muss noch gedeckt werden. Hier sind schon mal die Gläser und das Besteck. Lisa kann dir ja helfen.
Lisa: Wofür brauchen wir so viele Gläser?
Thomas: Für Wasser, Wein und deinen Saft. Apropos Wein, ich muss noch den Wein aus dem Keller holen. Möchtet ihr Rotwein oder Weißwein zum Essen?
Susanne: Ich bevorzuge Rotwein.
Sylvia: Ich auch.
...
Sylvia: Wonach riecht es hier so gut?
Susanne: Es riecht nach den Gewürzen in der Soße. Es gibt nämlich Sauerbraten mit Klößen.
Sylvia: Sauerbraten? Den esse ich zum ersten Mal. Sag mal, wozu brauchst du die Pflaumen hier?
Susanne: Die gebe ich jetzt in die Soße. So, sie ist fast fertig. Nur noch etwas Essig für den typischen süßsauren Geschmack und dann kann gegessen werden. Sylvia, kannst du bitte die Schüssel mit den Klößen nehmen und ins Esszimmer tragen? Thomas, Lisa, habt ihr den Tisch gedeckt?
Thomas: Jaaa!
...
Sylvia: Mein Kompliment, Susanne, das schmeckt wirklich toll. Das nächste Mal lade ich euch zum Essen ein. Dann gibt es Frittatensuppe.
Susanne: Frittatensuppe?
Sylvia: Ja, eine österreichische Spezialität. Zuerst macht man Palatschinken, bei euch sagt man Pfannkuchen. Also zuerst backt man viele Pfannkuchen. Danach müssen die Pfannkuchen in feine Streifen geschnitten werden. Dann bereitet man eine Brühe vor. Wenn sie heiß ist, werden die Pfannkuchenstreifen in die Brühe gelegt. Umrühren und fertig!
Susanne: Das ist schon alles? Das ist ja einfach!
Sylvia: Ja, einfach, aber sehr lecker. Die Suppe kann natürlich noch mit Gewürzen verfeinert werden. Also, machen wir doch bald einmal einen österreichischen Abend bei mir. Vielleicht kann ich auch noch ein paar besondere Süßigkeiten aus Wien mitbringen.
Thomas: Du fährst nach Wien?
Sylvia: Es ist noch nicht sicher. Ich wollte zusammen mit Aynur ein paar Tage wegfahren. Aber wir haben uns noch nicht entschieden.

TR 22 Übung 12

Susanne: Ich bin keine typische Hausfrau, die alles allein macht. Thomas hilft mir sehr oft. Er putzt die Wohnung, er geht einkaufen, er deckt den Tisch. Viele Arbeiten machen wir auch zusammen: Wir räumen auf und auch Lisa muss helfen. Wir spülen zusammen das Geschirr: Ich oder Thomas spült ab und Lisa trocknet ab.
Thomas: Ich helfe Susanne viel im Haushalt. Ich gehe einkaufen, ich hole die Getränke aus dem Keller, ich räume auf. Sehr oft decke ich den Tisch, während Susanne kocht. Manchmal putze ich sogar die Wohnung. Bügeln mag ich aber nicht. Das muss Susanne machen.

2

HÖRTEXTE

LEKTION 8

TR 23 Übung 1

1. Wir planen c einen Kurzurlaub in die Turkei.
2. Wir buchen eine Pauschalreise im Reiseburo.
3. Wir suchen einen gunstigen Flug im Internet.
4. Wir packen unseren Koffer.
5. Wir wechseln Geld.

TR 24 Übung 3, 4

Sylvia: Wir müssen uns endlich entscheiden, wo wir Urlaub machen wollen. In zwei Wochen muss ich schon wieder arbeiten.
Aynur: Ja, ich weiß. Und ich habe nicht so viel Geld. Daran müssen wir auch denken.
Sylvia: Also, ich hatte die Idee, dass wir nach Wien fahren. Dann kann ich dir endlich meine Heimatstadt zeigen. Was hältst du davon?
Aynur: Ich bin mir nicht sicher, ob ich wirklich Urlaub in einer Stadt machen will.
Sylvia: Wien ist aber sehr schön in dieser Jahreszeit und bietet so viele kulturelle Möglichkeiten. Es ist ideal für einen Kurzurlaub. Außerdem müssen wir nicht viel für die Reise vorbereiten, wir müssen nur den Flug buchen und die Koffer packen. Wir brauchen kein Hotel, weil wir bei Freunden von mir übernachten können. Was meinst du?
Aynur: Ehrlich gesagt möchte ich lieber ans Meer fahren, am Strand liegen und faulenzen. Schau mal, die Flüge in die Türkei sind gar nicht so teuer.
Sylvia: Hm, das stimmt. Aber dann brauchen wir noch eine Unterkunft.
Aynur: Oder wir schlafen bei meiner Mutter in Antalya.
Sylvia: Gut, wir fragen jetzt, ob ein Flug nach Wien oder nach Antalya günstiger ist. Bist du damit einverstanden?
Aynur: Ja, das machen wir.
...
Angestellter: Guten Tag. Was kann ich für Sie tun?
Sylvia: Guten Tag. Wir möchten uns nach Last-Minute-Flügen erkundigen. Ist es möglich, nächste Woche noch einen Flug von Düsseldorf nach Wien zu bekommen?
Angestellter: An welchem Tag wollen Sie fliegen?
Sylvia: Am 24. Und wir wollen eine Woche bleiben.
Angestellter: Hm, tut mir Leid, alle Flüge nach Wien sind bereits ausgebucht.
Aynur: Und nach Antalya?
Angestellter: Ja, es gibt noch freie Plätze. Ich kann Ihnen sogar eine günstige Pauschalreise anbieten. Eine Woche Antalya im Doppelzimmer mit Halbpension in einem guten Hotel für nur 512.- Euro pro Person, inklusive Flug.
Aynur: Hm, eigentlich brauchen wir nur einen Flug, wenn wir bei meiner Mutter übernachten.
Angestellter: Flüge gibt es ab 339.- Euro, aber erst am 25. September oder später.
Aynur: Das ist zu spät. Was sollen wir machen? Haben Sie noch eine Idee?
Angestellter: Ja. Schauen Sie doch mal im Internet. Vielleicht finden Sie dort einen passenden Flug.
Sylvia: Das ist eine gute Idee. Vielen Dank.
Angestellter: Gern geschehen. Viel Glück!

TR 25 Übung 12

Wir fahren in den Süden ans Meer.
Hier gibt es einen Campingplatz.
Eine Reise nach Wien ist ideal in dieser Jahreszeit.

TR 26 Übung 12

Wir fahren dieses Jahr in die Alpen.
Wir wohnen in einer Jugendherberge.
Wir möchten Urlaub am Strand machen.

TR 27 Übung 12

Hast du einen passenden Flug gefunden?
Ich habe meine Kreditkarte vergessen.
Können Sie mir sagen, wie viel ein Doppelzimmer kostet?

RÜCKBLICK 2

TR 29 Übung 4

1. Aynur hat sich in Eric verliebt.
2. Denkst du noch an den Urlaub in Spanien?
3. Ich erkundige mich nach dem Rezept für Pizza.
4. Was hältst du eigentlich von Claudia?
5. Hast du dich schon um den Preis informiert?
6. Wir freuen uns sehr auf die Reise.
7. Ich bin enttäuscht von diesem Restaurant.
8. Es geht um eine interessante Geschichte.

LEKTION 9

TR 30 Übung 2

1. Aynurs Großeltern kamen aus der Türkei nach Deutschland.
2. Hier arbeiteten sie als Gastarbeiter.
3. Ihre Tochter, Aynurs Mutter, ist in Düsseldorf geboren.
4. Sie heiratete einen Deutschen.
5. Später kehrte sie in die Türkei zurück.
6. Was kann der Grund dafür sein?

TR 31 Übung 3, 4

Angestellter: Guten Tag. Kann ich bitte Ihre Flugscheine sehen?
Sylvia, Aynur: Hier bitte.
Angestellter: Danke. Wo möchten Sie sitzen? Am Gang oder am Fenster?
Sylvia: Gibt es noch freie Plätze am Fenster?
Angestellter: Ja, Sie haben Glück. Ist das Ihr Gepäck?
Sylvia: Ja.

Angestellter: Bitte stellen Sie es auf das Band. Gehört das auch dazu?

Sylvia: Nein, das ist meine Fototasche. Die nehme ich als Handgepäck mit ins Flugzeug.

Angestellter: In Ordnung. Hier sind Ihre Bordkarten. Gehen Sie bitte in Abflughalle A, Flugsteig 36. Ich wünsche Ihnen einen angenehmen Flug.

Sylvia, Aynur: Vielen Dank. Auf Wiedersehen.

...

Sylvia: Du hast mir nie erzählt, warum du in Deutschland geblieben bist, obwohl deine Mutter in die Türkei zurückgegangen ist.

Aynur: Hm, das ist eine längere Geschichte, die bei meinen Großeltern anfängt. Sie kamen vor etwa 40 Jahren als Gastarbeiter nach Deutschland, haben sich aber nie wirklich integriert, weil immer klar war, dass sie eines Tages in ihre Heimat zurückkehren wollen.

Sylvia: Und deine Mutter?

Aynur: Sie ist in Deutschland geboren und aufgewachsen. Trotzdem hat sie zwischen zwei Kulturen gelebt: Türkische Tradition zu Hause und außerhalb des Hauses ein Leben in der deutschen Gesellschaft. Na ja, irgendwann hat sie meinen Vater kennen gelernt und ihn geheiratet. Doch das Zusammenleben hat aus vielen Gründen nicht gut funktioniert. Wegen ihrer Eltern ist meine Mutter nach der Scheidung in die Türkei zurückgegangen. Sie wollte bei ihnen sein, weil sie inzwischen alt und etwas krank waren. Zu dieser Zeit habe ich schon studiert und deshalb bin ich nicht mit ihr in die Türkei zurückgekehrt.

Sylvia: Vermisst du deine Mutter nicht?

Aynur: Doch! Deshalb wollte ich ja auch, dass wir Urlaub in der Türkei machen. Ich bin gern in der Türkei, aber leben kann ich dort nicht. Ich fühle mich immer ein wenig fremd. Ich identifiziere mich einfach mehr mit der deutschen Mentalität. Apropos fremd, du bist ja auch Ausländerin.

Sylvia: Ja, aber die Unterschiede zwischen Österreichern und Deutschen sind ja nicht so groß. Vieles ist ähnlich, im Vergleich zur Türkei, wo man ...

Kapitän: Sehr geehrte Fluggäste, hier spricht Ihr Kapitän. Trotz des starken Windes während des Fluges landen wir planmäßig um 16.05 Uhr in Antalya. Wir befinden uns bereits im Anflug.

TR 32 Übung 7

1. landen
2. der Fluggast
3. einchecken
4. der Abflug
5. der Flugsteig
6. der Flughafen
7. das Flugzeug
8. abfliegen
9. starten

TR 33 Übung 9

1. Im Vergleich zu Deutschland leben in der Schweiz mehr Ausländer.
2. Die Situation in meiner Heimat ist ganz ähnlich, wie in Deutschland.
3. Im Unterschied zu dir lebe ich gern in einer multikulturellen Gesellschaft.

LEKTION 10

TR 34 Übung 3, 4

Frau: Volkshochschule Düsseldorf, guten Tag.

Sylvia: Guten Tag, mein Name ist Sylvia Moser. Ich möchte mich für einen Türkischkurs anmelden.

Frau: Für Anmeldungen ist Herr Lehnhart zuständig. Moment, ich verbinde Sie.

Sylvia: Danke.

...

Herr Lehnhart: VHS Düsseldorf, Lehnhart.

Sylvia: Guten Tag, ich möchte an einem Türkischkurs teilnehmen und wollte mich gern dafür anmelden.

Herr Lehnhart: Welches Niveau? Anfänger oder Fortgeschrittene?

Sylvia: Anfänger. Wenn es geht, am liebsten an einem Montag oder Dienstag nach 18 Uhr.

Herr Lehnhart: Das ist kein Problem. Dienstags findet ein Anfängerkurs um 18.30 Uhr statt. Er dauert bis 20.00 Uhr.

Sylvia: Das passt mir sehr gut. Und wie funktioniert nun die Anmeldung?

Herr Lehnhart: Am besten, Sie überweisen die Kursgebühr von 53,- Euro auf unser Konto. Ich gebe Ihnen gleich noch die Daten. Damit sind Sie dann automatisch angemeldet. Für unsere Buchhaltung brauche ich jetzt noch Ihren Namen und Ihre Anschrift.

Sylvia: Sylvia Moser, Sylvia mit „y". Meine Adresse ist Bäckerstraße ...

...

Lehrer: Ich freue mich, dass sich so viele für meine Muttersprache interessieren. Wir nutzen die heutige Stunde, um uns gegenseitig kennen zu lernen. Mich interessiert natürlich als Erstes, warum Sie Türkisch lernen möchten.

Mann: Ich habe schon mehrere Sprachkurse an der VHS besucht und dabei Italienisch und Spanisch gelernt. Jetzt möchte ich mit Türkisch anfangen, um mich geistig fit zu halten.
Frau: Mein Mann und ich fahren nächstes Jahr in die Türkei und ich möchte mich jetzt schon darauf vorbereiten.
Eric: Bei mir ist es etwas anders. Ich war bereits in der Türkei in Urlaub und konnte kein Wort Türkisch. Das fand ich sehr schade.
Sylvia: Ich habe ähnliche Gründe. Auch ich habe Urlaub in der Türkei gemacht und war begeistert von Land und Leuten. Nun möchte ich die Sprache lernen, damit ich beim nächsten Urlaub mit den Einheimischen sprechen kann. Ich habe während des Urlaubs schon ein paar Sätze gelernt und dabei gemerkt, dass die Grammatik und die Aussprache ziemlich schwierig sind.
Lehrer: Keine Sorge! Sie haben im Kurs genug Gelegenheit zum Üben und zum Lernen. Waren Sie eigentlich gemeinsam im Urlaub?
Eric: Nein.
Sylvia: Also ich war in Antalya. Und Sie?
Eric: Zufällig war ich auch in Antalya. Von dort bin ich dann weiter nach …

TR 35 Übung 15
1. Wann findet der nächste Türkischkurs für Fortgeschrittene statt?

TR 36 Übung 15
2. Ich spreche schon sehr gut Türkisch. Welches Niveau empfehlen Sie?

TR 37 Übung 15
3. Ist die Zahl der Teilnehmer begrenzt?

TR 38 Übung 15
4. Muss ich mich persönlich anmelden?

TR 39 Übung 15
5. Wie hoch ist die Kursgebühr?

TR 40 Übung 15
6. Soll ich das Geld überweisen?

TR 41 Übung 15
7. Wie lange dauert der Kurs?

LEKTION 11

TR 42 Übung 3, 4
Zu Hause bei Susanne Kowalski
Susanne: Wie war denn deine erste Stunde Türkisch an der VHS? Und wie sind die anderen Teilnehmer? Erzähl doch mal!
Sylvia: Oh, wir hatten viel Spaß. Die anderen Teilnehmer sind nett. Da ist ein älterer Herr, der am liebsten die ganze Zeit sprechen möchte. Das stört mich ein wenig, aber er ist sympathisch. Wirklich nett ist Eric. Wir saßen zufällig nebeneinander und nach der Stunde haben wir uns noch lange unterhalten.
Susanne: Soso! Könnte es sein, dass du ihn mehr als nur „nett" findest?
Sylvia: Weiß ich noch nicht. Auf jeden Fall bin ich froh, dass wir einander so gut verstehen.
Susanne: Habt ihr denn im Kurs schon etwas gelernt? Ich stelle mir vor, dass es nicht leicht ist, Türkisch zu lernen.
Sylvia: Das kannst du laut sagen! Ständig müssen wir fragen „Wie heißt das auf Deutsch?" Unser Kursleiter ist aber sehr geduldig und erklärt alles. Er möchte, dass wir viel sprechen und kleine Dialoge machen. Das fällt mir aber schwer, weil ich große Probleme mit der Aussprache habe.
Susanne: Macht ihr denn keine Übungen dazu?
Sylvia: Doch, aber das reicht mir nicht. Ich müsste noch mehr üben.
Susanne: Warum kaufst du dir nicht die CD zu eurem Buch? Dann könntest du in Ruhe zu Hause üben.
Sylvia: Du hast Recht, das wäre nützlich. Oder ich frage mal Eric. Wir wollten uns sowieso auch außerhalb des Unterrichts treffen, um gemeinsam Hausaufgaben zu machen.
Susanne: Ich merke schon, du hast einen neuen Freund gefunden.
Sylvia: Wer weiß!

Zur gleichen Zeit in der Studentenkneipe
Claudia: Gibt es Neuigkeiten? Träumst du immer noch von Eric?
Aynur: Ehrlich gesagt, ja. Nur leider haben wir uns vor ein paar Tagen über eine dumme Kleinigkeit gestritten und seitdem habe ich nichts von ihm gehört.
Claudia: Schade. Aber ihr seht euch doch wieder?
Aynur: Ich habe keine Ahnung. Ich würde ihn gern wiedersehen. Und ich würde auch gern wissen, wie es weitergeht.
Claudia: Das wäre wirklich gut. Dann hättest du endlich Klarheit.
Aynur: Wenn er doch anrufen würde!
Claudia: Schreib ihm doch eine SMS und verabrede dich mit ihm!
Aynur: Gut, ich versuche es.

TR 43 Übung 13

1. Ich träume von einer besseren Zukunft.
2. Wenn er doch anrufen würde.
3. Mein größter Wunsch ist, mehr Zeit für dich zu haben.
4. Wir würden uns gern in Ruhe unterhalten.

TR 44 Übung 18

1. Wörter wiederholen
2. Übungen zur Aussprache machen
3. regelmäßig den Unterricht besuchen
4. Dialoge anhören und nachsprechen
5. sich mit Deutschen unterhalten
6. Hausaufgaben machen

LEKTION 12

TR 45 Übung 3, 4

Nachrichtensprecher: Das waren die Nachrichten des heutigen Tages. Ich wünsche Ihnen noch einen schönen Abend. Bleiben Sie dran, es folgt das Wetter für morgen, Montag, den 21. ...

Susanne: Wie weit bist du mit deiner Arbeit? Wenn du fertig wärst, könnten wir doch zusammen gemütlich fernsehen.

Thomas: Ich bin aber leider noch nicht fertig. Gibt es denn etwas Interessantes im Fernsehen?

Susanne: Im Dritten läuft eine Sendung über Tiere in Afrika. Das würde Lisa sicher gefallen. Ich verstehe nicht, warum man Tierfilme immer erst am Abend zeigt, wenn Kinder schon im Bett sind.

Thomas: Dann nimm die Sendung doch auf Video auf!

Susanne: Das hatte ich sowieso vor. Wärst du so nett und würdest mir die Fernbedienung bringen? Sie liegt auf dem Fernseher.

Thomas: Hier bitte. Und was willst du dir ansehen?

Susanne: In ein paar Minuten beginnt „Tatort". Den würde ich gern sehen. Und auf MDR kommt ein Spielfilm mit Joachim Król, deinem Lieblingsschauspieler. Die Handlung spielt in Venedig und ...

Thomas: Ja, ja, das ist ein Krimi. Den kenne ich schon. Typisch Fernsehen, man zeigt nur noch Wiederholungen, langweilige Talkshows oder Werbung.

Susanne: Reg dich doch nicht so auf! Was ist jetzt mit dem „Tatort"?

Thomas: Wovon handelt er denn?

Susanne: Also, hier steht: „Eine junge Frau, die seit einem tragischen Unfall in einem Wohnheim für Behinderte lebt, liegt tot in ihrem Zimmer. Vergiftet. Kurze Zeit später wird auch Dr. Weis, der Schuld an dem Unfall hatte, ermordet. Kommissar Thiel vermutet einen Zusammenhang und bekommt jede Menge Arbeit." Das klingt doch spannend, findest du nicht?

Thomas: Na ja. Auch ich habe jede Menge Arbeit. Wenn du nichts dagegen hättest, würde ich lieber meinen Artikel zu Ende schreiben. Später können wir ja noch ein Glas Wein zusammen trinken.

Susanne: Wenn du meinst. Könntest du bitte das Licht dort ausschalten und die Tür hinter dir zumachen? Der Film fängt gleich an.

Thomas: Mache ich. Gute Unterhaltung!

Susanne: Danke.

...

Thomas: Verdammter Computer!

Susanne: Mein Gott, was ist denn jetzt schon wieder los?

TR 46 Übung 16

1. Würden Sie bitte den Fernseher einschalten?

TR 47 Übung 16

2. Wärst du so lieb und machst die Tür zu?

TR 48 Übung 16

3. Könntest du mir bitte dir Fernbedienung geben?

TR 49 Übung 16

4. Wären Sie so freundlich und würden mir mal das Fernsehprogramm geben?

TR 50 Übung 16

5. Würde es dir etwas ausmachen die Sendung für mich aufzunehmen?

TR 51 Übung 16

6. Wärst du so nett und würdest das Licht ausschalten?

RÜCKBLICK 3

TR 52 Übung 4

1. Auf welchem Programm kommt der Krimi mit Joachim Król?
2. Im Vergleich zur Schweiz leben bei uns nur wenige Gastarbeiter.
3. Muss ich mich persönlich anmelden oder geht es auch telefonisch?
4. Fällt es Ihnen schwer, Deutsch zu lernen?
5. Das kannst du laut sagen!

LEKTION 13

TR 53 Übung 2

1. Achtung! Der Computer hat einen Virus!
2. Die Maus reagiert nicht.
3. Es ist nicht möglich, das Programm zu schließen.
4. Man kann das Dokument nicht abspeichern.
5. Ich habe wichtige Daten verloren.
6. Hoffentlich kann das ein Fachmann reparieren!

TR 54 Übungen 3, 4

Susanne: Und? Funktioniert der Computer wieder?

Thomas: Nein, es funktioniert überhaupt nichts mehr. Ich kann das Programm weder öffnen noch schließen, die Maus reagiert nicht und der

Drucker ... na ja, du siehst ja selbst, alles ist schwarz.

Susanne: Ich verstehe das nicht. Die Geräte sind doch noch fast neu.

Thomas: Ich verstehe es auch nicht. Und das Handbuch hier hilft mir auch nicht weiter.

Susanne: Könnte es sein, dass du einen Virus auf dem Computer hast?

Thomas: Ja, entweder einen Virus oder die Festplatte hat irgendeinen Fehler. Ich weiß es nicht.

Susanne: Konntest du wenigstens alle Dokumente abspeichern?

Thomas: Einen Teil konnte ich noch speichern, aber ich befürchte, dass ich einige Daten verloren habe.

Susanne: Hm, das ist wirklich ärgerlich. Aber vielleicht kann ein Fachmann die Daten retten.

Thomas: Das hoffe ich. Auf jeden Fall müssen wir den Computer reparieren lassen.

Susanne: Soll ich das machen lassen? Du musst doch jetzt zur Arbeit gehen.

Thomas: Ja, das wäre sehr nett. Lass dir aber unbedingt einen Kostenvoranschlag geben.

Susanne: Den brauchen wir wahrscheinlich nicht. Auf dem Computer ist doch noch Garantie.

Thomas: Stimmt, das habe ich fast vergessen.

Susanne: Thomas, keine Sorge, ich kümmere mich um die Reparatur.

Thomas: Danke, ich muss jetzt wirklich los. Hast du hier irgendwo zufällig eine Bewerbung gesehen?

Susanne: Meinst du diese hier?

Thomas: Ja, genau die. Danke.

Susanne: Bitte. Der junge Mann auf dem Foto sieht aber nett aus.

Thomas: Ja, das ist Eric Vanderberg. Er möchte als Redakteur bei uns arbeiten, kann aber erst heute zum Gespräch kommen, weil er vor kurzem noch in der Türkei war.

Susanne: Das ist ja merkwürdig! Eric? Türkei?

Thomas: Warum merkwürdig? Kennst du ihn etwa?

Susanne: Nein, nicht persönlich, aber ich glaube, das ist Sylvias neuer Bekannter. Das wäre ja ein Zufall!

Thomas: Wenn du willst, frage ich ihn. Heute Abend kann ich dir dann mehr erzählen.

Susanne: Mach das! Das würde mich wirklich interessieren.

TR 55 Übung 9

1. Das Gerät ist kaputt.
2. Der Drucker hat irgendeinen Fehler.
3. Das Programm meldet ständig Fehler.

TR 56 Übung 16

1. Selbstverständlich bekommen Sie einen Kostenvoranschlag.
2. Leider gibt es dafür keine Ersatzteile mehr.
3. Ja, wir können es liefern. Aber es ist billiger, wenn Sie es persönlich abholen.

TR 57 Übung 17

1. Kann man dieses alte Gerät noch reparieren?
2. Würden Sie mir das Gerät auch nach Hause liefern?
3. Wir können den Drucker reparieren, aber das ist nicht billig.
4. Dieses Kabel ist fehlerhaft. Ich hätte gern ein neues.
5. Sie können Ihren Scanner in zwei Wochen wieder abholen.
6. Könnten Sie mir einen Kostenvoranschlag machen?
7. Kein Problem, das haben wir auf Lager.
8. Leider nein. Es gibt keine Ersatzteile mehr dafür.
9. Bitte informieren Sie mich, wenn die Reparatur mehr als 100 Euro kostet.

LEKTION 14

TR 58 Übungen 3, 4

Thomas: So, Herr Vanderberg, ich darf uns kurz vorstellen. Das ist Frau Wieland, unsere Personalchefin. Mein Name ist Thomas Kowalski und ich arbeite hier als Redakteur.

Eric: Ich freue mich, Sie kennen zu lernen.

Frau Wieland: Sie haben sich ja um eine Stelle als Redakteur beworben. Die Stelle, die wir besetzen wollen, ist in der Lokalredaktion. Dort ist Herr Kowalski tätig, deshalb führt hauptsächlich er das Bewerbungsgespräch mit Ihnen.

Thomas: Zuerst würde mich interessieren, wie Sie von der Stelle erfahren haben.

Eric: Ich lese regelmäßig die Stellenanzeigen im Internet. Ich hatte schon länger nach einer journalistischen Tätigkeit gesucht, aber erfolglos. Dann habe ich Ihre Anzeige entdeckt und mich gleich beworben.

Thomas: Aha. Ich habe mit großem Interesse Ihren Lebenslauf gelesen. Sie haben ja vor kurzem Ihr Studium abgeschlossen und davor hatten Sie in einer Bank gearbeitet. Da fragt man sich, warum Sie sich beruflich verändern wollen.

Eric: Nach dem Abitur machte ich eine Ausbildung als Bankkaufmann und arbeitete eine Zeit lang in diesem Beruf. Dann begann ich mit dem Studium der Betriebswirtschaft an der Heinrich-Heine-Universität. Ich hatte nämlich festgestellt, dass mich die wirtschaftlichen Zusammenhänge viel mehr interessierten als die Beratung von Bankkunden.

Thomas: Und warum sind Sie nun an der Tätigkeit als Redakteur interessiert?

Eric: Während der Lehre und des Studiums habe ich für verschiedene Zeitungen über wirtschaftliche Themen geschrieben. Dabei habe ich gemerkt, dass das Schreiben mehr als ein Hobby ist und ich gerne in diesem Beruf arbeiten möchte.

Frau Wieland: Wenn Sie im Team von Herrn Kowalski arbeiten, wären Sie allerdings für lokale Themen zuständig und nicht für wirtschaftliche.

Eric: Das ist kein Problem, ich bin flexibel. Für mich ist wichtig, eine abwechslungsreiche Tätigkeit zu haben.

Thomas: Ja, abwechslungsreich ist die Tätigkeit. Man muss aber auch belastbar sein. Wir haben häufig Termindruck und manchmal muss man mehr als zehn Stunden am Tag arbeiten.

Eric: Das macht mir nichts aus. Ich bin gerne bereit, viel zu arbeiten.

Thomas: Bringen Sie noch andere Fähigkeiten mit, die für den Beruf nützlich sein könnten?

Eric: Ja, ich habe sehr gute Kenntnisse im Umgang mit Computern und ich habe schon immer gern mit anderen Menschen zusammengearbeitet. Das war während des Studiums leider oft zu kurz gekommen.

Thomas: Gut, Herr Vanderberg, wir danken Ihnen für das Gespräch. Wir teilen Ihnen unsere Entscheidung dann schriftlich mit. Wenn Sie möchten, können Sie sich noch in der Redaktion umschauen. Ich führe Sie gerne herum.

Eric: Danke, das wäre sehr nett.

TR 59 Übung 11

1. Sie kam nicht zu Peters Party. Er hatte sie nicht eingeladen.
2. Endlich konnte ich wieder arbeiten. Ich war lange krank gewesen.

TR 60 Übung 13

1. Ich bin flexibel und belastbar.
2. Ich habe viel Erfahrung in Teamarbeit.
3. Ich kann auch unter Termindruck sehr gut arbeiten.

TR 61 Übung 14

1. Was haben Sie bisher beruflich gemacht?

TR 62 Übung 14

2. Haben Sie Kenntnisse im Umgang mit Computern?

TR 63 Übung 14

3. An welches Gehalt hatten Sie gedacht?

TR 64 Übung 14

4. Warum wollen Sie sich beruflich verändern?

TR 65 Übung 14

5. Welche Fähigkeiten bringen Sie für diesen Beruf mit?

TR 66 Übung 14

6. Haben Sie Erfahrung in Teamarbeit?

LEKTION 15

TR 72 Übung 1

1. Ich bin selbstständige Fotografin.
2. Das hat viele Vorteile.
3. Ich kann meine Zeit selbst einteilen.
4. Ich habe neben dem Beruf Zeit für Hobbys.
5. Ich bekomme viele interessante Aufträge.
6. Ich bin nicht reich, aber ich verdiene genug.

TR 73 Übungen 3, 4

Thomas: So, nun haben Sie fast alles gesehen. Hier ist noch unsere Küche. Ach, da ist ja auch Sylvia, unsere Fotografin.

Eric: Sylvia?

Sylvia: Eric! Was machst du denn hier?

Eric: Ich hatte gerade ein Bewerbungsgespräch und Herr Kowalski war so nett, mir die Redaktion zu zeigen.

Thomas: Ihr kennt euch? Dann kannst du dich vielleicht weiter um Herrn Vanderberg kümmern. Ich habe noch einen Termin und würde mich gern verabschieden.

Sylvia: Klar! Kein Problem. Tschüss, Thomas.

Thomas: Tschüss, Sylvia. Auf Wiedersehen, Herr Vanderberg.

Eric: Auf Wiedersehen und nochmals danke.

Sylvia: Setz dich doch! Möchtest du einen Kaffee? Ich bin wirklich überrascht, dich hier zu sehen. Warum hast du nicht erzählt, dass du dich hier bewirbst?

Eric: Ich wusste ja auch nicht, dass du hier arbeitest. Als wir uns letzte Woche nach dem Türkischkurs verabschiedet hatten, hatten wir beide keine Zeit mehr, um uns zu unterhalten.

Sylvia: Das stimmt. Und wie ist das Bewerbungsgespräch gelaufen?

Eric: Ach, meine Zeugnisse sind sehr gut und ich war eigentlich sehr motiviert für das Gespräch. Ich habe lange über meine Berufserfahrung gesprochen und dann hat man mich nach meinen Qualifikationen gefragt. Ich hatte den Eindruck, dass sie einen Redakteur suchen, der routinierter ist als ich und schon eine langjährige Praxis hat.

Sylvia: Hm, warte doch erst einmal ab! Vielleicht bekommst du ja doch eine Zusage.

Eric: Ja, lass uns über etwas anderes sprechen. Ich weiß zwar, dass du viel fotografierst, aber dass das dein Beruf ist? Bist du hier fest angestellt?

Sylvia: Nein, ich bin selbstständige Fotografin, erledige aber viele Aufträge für die Zeitung.

Eric: Verdient man denn als Freiberufler genug?

Sylvia: Na ja, reich wird man nicht, aber mir sind andere Dinge wichtiger als Geld. Ich kann meine Zeit meistens frei einteilen und ich habe neben dem Beruf Zeit für meine Hobbys. Außerdem habe ich nicht immer mit den gleichen Menschen zu tun. Das hat Vorteile und ist sehr abwechslungsreich, findest du nicht?

Eric: Doch. Eine geregelte Arbeitszeit finde ich persönlich auch nicht so wichtig, aber einen sicheren Arbeitsplatz schon. Die Arbeitslosigkeit ist zurzeit sehr hoch!
Sylvia: Das stimmt schon, aber als Fotografin habe ich bisher eigentlich immer genug Aufträge bekommen.
Eric: Sag mal, vor einiger Zeit gab es eine witzige Serie über ein Krokodil in Düsseldorf. Hast du etwa die Fotos dazu gemacht?
Sylvia: Ja, ja, dafür war ich verantwortlich. Nachdem wir die Nachricht bekommen hatten, sind wir sofort auf die Suche nach dem Krokodil gegangen. Thomas, also Herr Kowalski, Aynur und ich haben damals gemeinsam an der Serie gearbeitet. Aynur - ähm, Aynur studiert Journalismus und hat hier ein Praktikum gemacht -, also Aynur und ich amüsieren uns noch heute darüber.
Eric: Aynur? Aynur Hartmann?
Sylvia: Ja.
Eric: Nun bin ich aber doch sprachlos. Auch ich kenne Aynur recht gut.
Sylvia: Wirklich? Dann bist du der Mann, der ...
Eric: Jetzt verstehe ich gar nichts mehr. Kannst du mich bitte aufklären?

TR 74 Übung 10

Frau Kremer: Ich bin freiberuflich tätig. So kann ich mir meine Zeit frei einteilen und habe neben dem Beruf Zeit für meine Familie und meine Hobbys. Mir ist aber auch wichtig, dass ich interessante Aufträge erledigen kann und dabei gut verdiene.
Herr Holsten: Auch ich lege Wert auf interessante und abwechslungsreiche Aufträge. Ich bin seit neun Jahren bei einer Firma fest angestellt und habe dort sehr gute Arbeitsbedingungen: Ich habe einen sicheren Arbeitsplatz und arbeite mit netten und hilfsbereiten Kollegen zusammen. Mir ist sehr wichtig, eine geregelte Arbeitszeit und ein gutes Einkommen zu haben.

LEKTION 16

TR 75 Übung 1

1. Es ist zum Verrücktwerden!
2. Eric ist nur mit sich beschäftigt!
3. Es ist alles seine Schuld!
4. Mich nervt das Ganze!
5. Ich bin wirklich sauer auf ihn!

TR 76 Übungen 3, 4

Sylvia: Aynur hat in letzter Zeit nicht gerade glücklich ausgesehen.
Eric: Ich gebe zu, dass ich nicht viel Zeit für Aynur hatte. Es wäre sicher besser gewesen, wenn ich mich mehr um sie gekümmert hätte.
Sylvia: Ich denke, du solltest unbedingt mit ihr sprechen und dich für dein Verhalten entschuldigen. Sonst denkt sie noch, dass wir etwas miteinander haben.
Eric: Das hatte ich sowieso vor. Ich treffe mich gleich mit ihr. Willst du nicht mitkommen? Dann könnten wir zusammen alle Missverständnisse aufklären.
Sylvia: Die Idee finde ich nicht so gut. Ich störe dabei bloß.
Eric: Nein, überhaupt nicht. Ihre Freundin Claudia ist schließlich auch da.

Claudia: Na, was gibt's Neues? Hast du endlich dein Liebesleben in Ordnung gebracht?
Aynur: Ach nein, ganz und gar nicht. Inzwischen weiß ich, dass sich Eric mit einer anderen trifft, und zwar ausgerechnet mit Sylvia, einer Freundin. Es ist zum Verrücktwerden!
Claudia: Eric und eine Freundin von dir? Das ist ja heftig! Bist du dir sicher?
Aynur: Na ja. Er kommt gleich und will mir alles erklären.
Claudia: Mensch! Wenn ihr früher miteinander geredet hättet, wäre doch alles ganz anders gelaufen!
Aynur: Ja vielleicht, aber ich war sauer auf ihn und in so einer Stimmung hätte ein Gespräch keinen Sinn gemacht. Mich nervt das Ganze immer noch.
Claudia: Du bist nicht genervt, du bist ganz einfach eifersüchtig. Ha, wenn man vom Teufel spricht, schau mal, wer da kommt!
Sylvia: Hallo, ich bin Sylvia. Und du musst Claudia sein.
Claudia: Stimmt. Ich hab' schon von dir gehört.
Sylvia: Hoffentlich nur Gutes.
Aynur: Eigentlich nicht, ich hab' Claudia gerade erzählt, dass du und Eric ...
Sylvia: Ich und Eric? Oh Aynur, du täuschst dich, es ist alles ganz anders.
Eric: Ja, es ist alles meine Schuld. Ich war die ganze Zeit mit meinen Gedanken woanders. Zuerst die Reise in die Türkei, dann der Türkischkurs, dann die Bewerbung. Ich war so sehr mit mir beschäftigt, dass ich gar nicht gemerkt habe, wie du dich dabei fühlst. Es tut mir schrecklich leid, dass du auf falsche Gedanken gekommen bist.
Aynur: Na ja, ich bin schon irgendwie sauer.
Sylvia: Das musst du nicht sein. Warum hast du mir eigentlich Erics Namen nie gesagt? Dann hätte ich von Anfang an gewusst, wer er ist, als ich ihn im Türkischkurs kennen gelernt habe. Du musst dir wirklich keine Sorgen machen, Eric und ich sind nur gute Freunde, mehr nicht.
Aynur: Wirklich?
Eric: Ja, ganz sicher. Ich hoffe sehr, dass du mir und auch Sylvia nicht mehr böse bist.
Aynur: Nein. Und ihr habt schon Recht. Auch ich bin nicht ganz unschuldig an der Situation.
Claudia: Ja, ja, Liebe macht wirklich blind. Gott sei Dank ist nun alles geklärt.

Sylvia: Ende gut, alles gut! Dann können wir endlich miteinander anstoßen.

Alle: Prost!

TR 77 Übung 6

Claudia: Na, was gibt's Neues? Hast du endlich dein Liebesleben in Ordnung gebracht?

TR 78 Übung 6

Aynur: Ach nein, ganz und gar nicht. Inzwischen weiß ich, dass sich Eric mit einer anderen trifft, und zwar ausgerechnet mit Sylvia, einer Freundin. Es ist zum Verrücktwerden!

TR 79 Übung 6

Claudia: Eric und eine Freundin von dir? Das ist ja heftig! Bist du dir sicher?

TR 80 Übung 6

Aynur: Na ja. Er kommt gleich und will mir alles erklären.

TR 81 Übung 6

Claudia: Mensch! Wenn ihr früher miteinander geredet hättet, wäre doch alles ganz anders gelaufen!

TR 82 Übung 6

Aynur: Ja vielleicht, aber ich war sauer auf ihn und in so einer Stimmung hätte ein Gespräch keinen Sinn gemacht. Mich nervt das Ganze immer noch.

TR 83 Übung 6

Claudia: Du bist nicht genervt, du bist ganz einfach eifersüchtig. Ha, wenn man vom Teufel spricht, schau mal, wer da kommt!

TR 84 Übung 11

1. Ich möchte mich bei Ihnen entschuldigen.
2. Es tut mir schrecklich leid.
3. Bitte entschuldige mein Verhalten!

TR 86 Übung 16

1. Du bist also Sylvia. Ich hab' schon von dir gehört.
2. Stell dir vor, meine Frau trifft sich mit einem anderen.
3. Warum habt ihr nicht früher miteinander gesprochen?
4. Wer hat Schuld an dieser Situation? Vielleicht du?
5. Was hast du eigentlich die ganze Zeit gemacht?
6. Hast du endlich dein Liebesleben in Ordnung gebracht?

CD2

Auf dieser CD finden Sie die komplette Geschichte aus Ihrem Kurs, sowie den wichtigsten Wortschatz der Lektionen und ausgwählte Sätze. Damit können Sie unterwegs üben und wiederholen.
Wenn Sie möchten, können Sie hier unten die Wörter und Sätze in Ihre Muttersprache übersetzen und dadurch ein personalisiertes Mini-Glossar erstellen.

LEKTION 1

TR 1 Wortschatz

die Batterie ______
das Erdgeschoss ______
die Etage ______
die Ewigkeit ______
der Fernseher ______
die Fotoabteilung ______
der Fotoapparat ______
die Freizeit ______
das Heft ______
die Kleidung ______
der Kontakt ______
die Party ______
der Praktikant ______
die Praktikantin ______
die Rolltreppe ______
der Stift ______
der Stock ______
unbedingt ______
Und selbst? ______
der Urlaub ______
der Zufall ______

TR 2 Dialog aus Lektion 1

TR 3 Sätze

So eine angenehme Überraschung!
______
Wir haben uns ja eine Ewigkeit nicht gesehen!
______
Erinnerst du dich noch an die Party bei Peter?
______
Wir müssen uns unbedingt mal wieder treffen.
______
Kann ich Ihnen helfen?
______
Nein, danke, ich schaue mich bloß um.
______
Fahren Sie in die erste Etage.
______
Spielwaren gibt es im zweiten Stock.
______
Wo finde ich die Abteilung für Damen?
______
Ich wollte einen Fernseher kaufen.
______

LEKTION 2

TR 4 Wortschatz

anprobieren ______
anziehen ______
die Baumwolle ______
bestimmt ______
bezahlen ______
die Farbe ______
Gern geschehen. ______
die Hand ______
die Handschuhe ______
hell ______
hellblau ______
der Herbst ______
der Hut ______

die Jeans
kariert
das Kleid
die Mode
praktisch
rot
der Schal
schick
stehen
das Sweatshirt
die Umkleidekabine
die Waschmaschine
weich
die Wolle

TR 5 Dialog aus Lektion 2

TR 6 Sätze

Ich trage Größe 38.

Ich suche eine karierte Bluse.

Ist der Pullover aus Wolle oder aus Baumwolle?

Die Hose passt mir nicht. Sie ist zu klein.

Kann ich das in der Waschmaschine waschen?

Der Hut steht Ihnen ausgezeichnet.

Ich finde dein Kleid sehr schick.

Der Hut gefällt mir nicht.

Wo kann ich die Hose anprobieren?

Die Umkleidekabinen sind dort hinten.

LEKTION 3

TR 7 Wortschatz

der Arm
die Arztpraxis
außerdem
die Bewerbung
dringend
ernst
das Fieber
sich fühlen
das Gespräch
die Gesundheit
die Grippe
der Hausarzt
die Kopfschmerzen
das Krankenhaus
müde
schlecht
schlimm
die Schmerzen
schwach
schwer
die Sprechstunde
die Tropfen
verschreiben
Was fehlt Ihnen?
wehtun
wichtig
zum Arzt gehen

TR 8 Dialog aus Lektion 3

TR 9 Sätze

Der Nächste, bitte!

Was fehlt Ihnen denn?

Ich habe eine schwere Grippe.

Tut dein Arm sehr weh?

Nein, es ist nicht so schlimm.

Wann haben Sie heute Sprechstunde?

Können Sie mir etwas gegen die Erkältung verschreiben?

Wie oft muss ich die Tropfen nehmen?

Ich fühle mich schwach und müde.

Kann ich heute noch in der Praxis vorbeikommen?

LEKTION 4

TR 10 Wortschatz

auf etwas Wert legen

aussehen

eigentlich

eincremen

sich entspannen

sich erholen

fertig

der Föhn

föhnen

gepflegt

das Gesicht

glänzen

Haare waschen

die Haut

hereinkommen

der Kamm

der Lippenstift

die Massage

mild

der Modetrend

neugierig

Nimm dir Zeit.

sich schminken

seltsam

das Shampoo

die Sorte

Stress abbauen

trocken

das Wellness-Hotel

sich wohlfühlen

TR 11 Dialog aus Lektion 4

TR 12 Sätze

die Zähne putzen

sich kämmen

sich eincremen

sich rasieren

die Fingernägel lackieren

sich schminken

sich abtrocknen

die Haare föhnen

die Nase putzen

sich frisieren

LEKTION 5

TR 13 Wortschatz

älter

die Augen

befreundet

begegnen

beschreiben

die Beschreibung

blond

die Chance

charmant

eifersüchtig

enttäuscht

die Enttäuschung

etwas für jemanden empfinden

etwas unternehmen

flirten

ganz nett

gernhaben

gut gekleidet

in letzter Zeit

lachen

der Liebeskummer

der Milchkaffee

niemand

schlank

süß

temperamentvoll

unglücklich

die Uni (Universität)

sich verlieben

zufällig

TR 14 Dialog aus Lektion 5

TR 15 Sätze

Das ist meine feste Freundin.

Claudia ist offen und temperamentvoll.

Ich mag Menschen, die viel lachen.

Sie hat großen Liebeskummer.

Er empfindet nichts für sie.

Er ist immer sehr eifersüchtig.

Ich habe Angst vor einer Enttäuschung.

Seid ihr eng befreundet?

Kannst du sie beschreiben?

Wie sieht er aus?

LEKTION 6

TR 16 Wortschatz

backen

die Beilage

blutig

die Bratkartoffeln

die Butter

das Dressing

englisch

gemischt ______

der Geschmack ______

der Grill ______

das Hähnchen ______

halb durch ______

die Kartoffeln ______

der Knoblauch ______

der Koch ______

die Kräuter ______

lauwarm ______

die Pfeffersoße ______

die Pommes Frites ______

der Reis ______

der Rosmarin ______

scharf ______

selbstverständlich ______

servieren ______

die Spezialität ______

die Tagessuppe ______

der Thunfisch ______

zäh ______

zubereiten ______

die Zwiebel ______

TR 17 Dialog aus Lektion 6

TR 18 Sätze

Als Beilagen nehmen wir Pommes Frites.

______

Ich empfehle Ihnen das Hähnchen mit Reis.

______

Ist es möglich, die Pizza ohne Zwiebeln zu bekommen?

______

Das Fleisch ist zäh und zu scharf.

______

Es schmeckt zu sehr nach Knoblauch.

______

Ja, das Hauptgericht war wirklich lecker.

______

Guten Appetit!

______

Ich glaube, ich nehme eine Pizza und einen gemischten Salat.

______

Es wird auf dem Grill zubereitet.

______

Sie können es halb durch oder englisch bekommen.

______

LEKTION 7

TR 19 Wortschatz

der Apfel ______

bevorzugen ______

die Brühe ______

bügeln ______

den Tisch decken ______

der Essig ______

das Esszimmer ______

die Frittatensuppe ______

das Gewürz ______

das Ketchup ______

der Kloß ______

die Margarine ______

österreichisch ______

der Palatschinken ______

der Pfannkuchen ______

die Pflaumen ______

der Quark ______

riechen ______

der Sauerbraten ______

schneiden ______

die Schüssel

der Senf

die Soße

der Streifen

die Süßigkeit

süßsauer

umrühren

verfeinert

wegfahren

der Wein

TR 20 Dialog aus Lektion 7

TR 21 Sätze

die Wäsche waschen und bügeln

die Wohnung aufräumen und putzen

Die Pizza muss 30 Minuten im Backofen gebacken werden.

Man muss das Fleisch mehrmals wenden und in dicke Scheiben schneiden.

Wie soll ich die Äpfel für den Apfelkuchen schneiden? In dicke Scheiben?

Die Äpfel müssen geschält und dann in kleine Stücke geschnitten werden.

Möchtest du Senf oder Ketchup zu deiner Bratwurst?

Werden die Pfannkuchen mit Margarine gebraten?

Die Pfannkuchen werden mit Quark gefüllt.

Wonach riecht es hier so gut?

LEKTION 8

TR 22 Wortschatz

ausgebucht

die Berge

buchen

ehrlich gesagt

entscheiden

erkundigen

faulenzen

der Flug

das Geld

günstig

die Heimatstadt

ideal

die Insel

das Internet

die Jahreszeit

der Koffer

kulturell

der Kurzurlaub

der Last-Minute-Flug

das Meer

die Möglichkeit

packen

passend

die Pauschalreise

pro Person

das Reisebüro

der Strand

übernachten

vorbereiten

Was hältst du davon?

TR 23 Dialog aus Lektion 8

TR 24 Sätze

Wir planen einen Kurzurlaub in die Türkei.

Wir buchen eine Pauschalreise im Reisebüro.

Wir suchen einen günstigen Flug im Internet.

Wir packen unseren Koffer.

Wir wechseln Geld.

Wo macht ihr Urlaub?

Fahrt ihr wieder nach Antalya?

Nein, wir machen Urlaub auf einer kleinen Insel.

Und wohin fährst du?

Ich fahre nach Österreich, in die Berge.

Eine Reise nach Wien ist ideal in dieser Jahreszeit.

LEKTION 9

TR 25 Wortschatz

die Abflughalle

der Anflug

aufwachsen

das Band

die Bordkarte

eines Tages

der Flugschein

der Flugsteig

die Fototasche

fremd

der Gang

der Gastarbeiter

das Gepäck

die Gesellschaft

die Heimat

im Vergleich

integrieren

der Kapitän

landen

die Mentalität

planmäßig

die Religion

die Scheidung

sich identifizieren

trotz

der Unterschied

vermissen

der Wind

zurückkehren

das Zusammenleben

TR 26 Dialog aus Lektion 9

TR 27 Sätze

Kann ich das als Handgepäck mitnehmen?

Gibt es noch freie Plätze am Gang?

Wo ist die Abflughalle?

Ich hätte gern einen Platz am Fenster.

Im Vergleich zu Deutschland leben in der Schweiz mehr Ausländer.

Die Situation in meiner Heimat ist ganz ähnlich wie in Deutschland.

Nein, bei uns leben nur wenig Ausländer.

Die Tradition und die Religion sind ähnlich.

Ja, Ausländer und Einheimische respektieren sich.

Ja, unsere Gesellschaft ist sehr tolerant.

LEKTION 10

TR 28 Wortschatz

am liebsten

der Anfänger

sich anmelden

die Anschrift

die Aussprache

automatisch

begeistert

die Buchhaltung

die Daten

der/die Fortgeschrittene

gegenseitig

sich geistig fit halten

Gelegenheit haben

gemeinsam

die Grammatik

heutig

Italienisch

der Kurs

die Kursgebühr

lernen

die Muttersprache

das Niveau

nutzen

der Satz

schade finden

Spanisch

üben

überweisen

verbinden

die Volkshochschule (VHS)

TR 29 Dialog aus Lektion 10

TR 30 Sätze

Guten Tag. Kann ich bitte mit Herrn Lehnhardt sprechen?

Kann ich eine Nachricht hinterlassen oder später zurückrufen?

Bitte warten Sie, die Leitung ist leider besetzt.

Kann ich etwas ausrichten?

Ich möchte mich für einen Deutschkurs anmelden.

Ich spreche schon sehr gut Türkisch.

Welches Niveau empfehlen Sie?

Ist die Zahl der Teilnehmer begrenzt?

Muss ich mich persönlich anmelden?

Wie lange dauert der Kurs?

Ich besuche die VHS, damit ich neue Leute kennen lerne.

LEKTION 11

TR 31 Wortschatz

auf jeden Fall

außerhalb

Das kannst du laut sagen!

der Dialog

dumm

erklären

froh

geduldig

die Hausaufgaben

die Klarheit

die Kleinigkeit

der Kursleiter

merken

nebeneinander

die Neuigkeit

nützlich

reichen

schwer fallen

die SMS

sowieso

ständig

stören

sich streiten

der Teilnehmer

die Übung

sich unterhalten

der Unterricht

sich verabreden

weitergehen

TR 32 Dialog aus Lektion 11

TR 33 Sätze

Wenn ich doch mehr Geld hätte!

Ich würde gern Deutsch in Berlin lernen.

Ich stelle mir vor, dass wir uns bald wiedersehen.

Ich träume von einer besseren Zukunft.

Wenn er doch anrufen würde!

Mein größter Wunsch ist, mehr Zeit für dich zu haben.

Wir würden uns gern in Ruhe unterhalten.

Könnten Sie das bitte noch einmal wiederholen?

Wie heißt das auf Deutsch?

Kannst du mir erklären, was das bedeutet?

LEKTION 12

TR 34 Wortschatz

sich ansehen

aufnehmen

sich aufregen

dagegen haben

dranbleiben

ermorden

die Fernbedienung

das Fernsehen

handeln

im Dritten

klingen

der Kommissar

der Krimi

langweilig

Lieblings-

der MDR

die Nachrichten

der Schauspieler

Schuld haben

die Sendung

spannend

der Spielfilm

der Tierfilm

tot

tragisch

verdammt

vergiften

vermuten

das Video

die Werbung

die Wiederholung

das Wohnheim für Behinderte

der Zusammenhang

TR 35 Dialog aus Lektion 12

TR 36 Sätze

Schon wieder langweilige Werbung.

Wir sehen uns eine Sendung über Tiere in Afrika an.

Heute kommt ein Spielfilm mit Joachim Król.

Zuerst kommen die Nachrichten, dann folgt das Wetter.

Gibt es heute etwas Interessantes im Fernsehen?

Was möchtest du dir ansehen?

Wären Sie so freundlich und würden mir mal das Fernsehprogramm geben?

Würde es dir etwa ausmachen, die Sendung für mich aufzunehmen?

Wärst du so nett und würdest das Licht ausschalten?

LEKTION 13

TR 37 Wortschatz

(ab)speichern

ärgerlich

befürchten

der/die Bekannte

die Diskette

das Dokument

der Drucker

der Fachmann

fast

der Fehler

die Festplatte

das Handbuch

hoffen

das Kabel

der Kostenvoranschlag

der Kundendienst

die Maus

merkwürdig

neu

persönlich

reagieren

der Redakteur

reparieren

retten

schwarz

der Teil

verlieren

der Virus

vor kurzem

wahrscheinlich

TR 38 Dialog aus Lektion 13

TR 39 Sätze

Das Gerät ist kaputt.

Der Drucker hat irgendeinen Fehler.

Das Programm meldet ständig Fehler.

Kann man dieses alte Gerät noch reparieren?

Könnten Sie mir einen Kostenvoranschlag machen?

Bitte informieren Sie mich, wenn die Reparatur mehr als 100 Euro kostet.

Dieses Kabel ist fehlerhaft, ich hätte gern ein neues.

Wir können den Drucker reparieren, aber das ist nicht billig.

Kümmerst du dich bitte um die Reparatur.

Das Gerät ist kaputt. Lass bitte einen Fachmann kommen.

Rufst du bitte den Kundendienst an?

LEKTION 14

TR 40 Wortschatz

das Abitur

abschließen

abwechslungsreich

die Ausbildung

der Bankkaufmann

der Bankkunde

belastbar

die Beratung

der Beruf

besetzen

die Betriebswirtschaft

sich bewerben

das Bewerbungsgespräch

entdecken

die Entscheidung

erfolglos

die Fähigkeit

feststellen

flexibel

hauptsächlich

herumführen

interessiert

die Kenntnis

der Lebenslauf

die Lehre

lokal

der Mensch

mitteilen

der Personalchef

schriftlich

die Stelle

die Stellenanzeige

das Studium

tätig

die Tätigkeit

der Termindruck

das Thema

der Umgang

sich umschauen

sich verändern

wirtschaftlich

zusammenarbeiten

TR 41 Dialog aus Lektion 14

TR 42 Sätze

Ich bin als Bankkaufmann tätig.

Ich habe das Studium noch nicht abgeschlossen.

Meine Tätigkeit ist sehr abwechslungsreich.

Ich habe sehr gute Kenntnisse im Umgang mit Computern.

Meine Ausbildung als Ärztin dauerte sechs Jahre.

Endlich konnte ich wieder arbeiten.

Ich war lange krank gewesen.

Ich bin flexibel und belastbar.

Ich habe viel Erfahrung in Teamarbeit.

Ich kann auch unter Termindruck sehr gut arbeiten.

In diesem Beruf brauchst du gute Computerkenntnisse.

LEKTION 15

TR 43 Wortschatz

abwarten

sich amüsieren

die Arbeitslosigkeit

der Arbeitsplatz

die Arbeitszeit

aufklären

der Auftrag

die Berufserfahrung

der Eindruck

erledigen

festangestellt

der Freiberufler

hilfsbereit

langjährig

motiviert

die Praxis

die Qualifikation

reich

routiniert

selbstständig

sprachlos

überrascht

sich verabschieden

verantwortlich

verdienen

der Vorteil

witzig

sich die Zeit frei einteilen

das Zeugnis

die Zusage

zuverlässig

TR 44 Dialog aus Lektion 15

TR 45 Sätze

Ich habe neben dem Beruf Zeit für Hobbys.

Ich bekomme viele interessante Aufträge.

Ich bin nicht reich, aber ich verdiene genug.

In diesem Job braucht man viel Routine.

Man muss selbstständig arbeiten können.

Mir ist wichtig, dass ich hilfsbereite Kollegen habe.

In meinem Beruf ist es wichtig, zuverlässig zu sein.

Unser Betrieb sucht einen Mitarbeiter mit Erfahrung.

das Verhalten

von Anfang an

zugeben

LEKTION 16

TR 46 Wortschatz

auf falsche Gedanken kommen

ausgerechnet

beschäftigt

bloß

böse sein

etwas miteinander haben

ganz und gar nicht

glücklich

Gottseidank!

in Ordnung bringen

inzwischen

das Liebesleben

meine Schuld

das Missverständnis

mit den Gedanken woanders sein

miteinander anstoßen

mitkommen

nerven

nicht gerade

Recht haben

sauer sein

schließlich

sich sicher sein

sich Sorgen machen

die Stimmung

sich täuschen

unschuldig

TR 47 Dialog aus Lektion 16

TR 48 Sätze

Das macht überhaupt keinen Sinn!

Es ist zum Verrücktwerden!

Ich bin wirklich sauer auf ihn.

Ich möchte mich bei Ihnen entschuldigen.

Es tut mir schrecklich Leid.

Wenn man vom Teufel spricht ...

Liebe macht blind.

Reden ist Silber, Schweigen ist Gold.

Ende gut, alles gut.

Was lange währt, wird endlich gut.

Erst die Arbeit, dann das Vergnügen.

LEKTION 1

Übung 1
1. arbeitete; **2.** beendete; **3.** besuchte; **4.** fotografierte; **5.** feierte

Übung 3
richtige Reihenfolge: B - C - A

Übung 4
richtig: **1**, **2**, **4**, **7**; *falsch:* **3**, **5**, **6**

Übung 5
1. Kontakt; **2.** nicht wieder einmal; **3.** Zufall; **4.** lange nicht; **5.** Grüß; **6.** geht

Übung 7
Sätze **2**, **4**, **9**

Übung 8
1 E; **2** A; **3** F; **4** B; **5** C; **6** D

Übung 9
1. Schreibwaren; **2.** Kinderbekleidung; **3.** Lederwaren

Übung 10
1. 2. Etage; **2.** oben; **3.** Erdgeschoss

Übung 11
1. -s; **2.** der; **3.** eines, einer; **4.** -er

Übung 12
1. einer Freundin; **2.** der Hefte; **3.** meines Vaters

Übung 13
1 B; **2** C; **3** E; **4** A; **5** D

Übung 14
1. sagte; **2.** besuchten; **3.** durftet

Übung 15
1. machte; **2.** wollte; **3.** kaufte; **4.** besuchte; **5.** warteten; **6.** war

LEKTION 2

Übung 2
1. dunklen, Wolle, mit der Hand; **2.** weiße, Mantel, sehr gut; **3.** hellen, Hose, zu klein

Übung 3
Titel **1**

Übung 4
1. karierte; **2.** Pullover; **3.** hellblauen; **4.** weich; **5.** Sweatshirt

Übung 5
1 C; **2** B; **3** B; **4** B; **5** A; **6** C

Übung 6
positiv: **1.**, **2.**; *negativ:* **3**

Übung 7
1. klein; **2.** dunkel; **3.** Leinen; **4.** gestreift

Übung 9
1 E; **2** G; **3** F; **4** H; **5** C; **6** B; **7** A; **8** D

Übung 11
1. -es; **2.** -en; **3.** -en; **4.** -e; **5.** -e; **6.** -en

Übung 12
1. Welches; **2.** eine; **3.** Welchen

Übung 13
1. Was für eine; **2.** Welches; **3.** Zu welchem; **4.** Was für einen; **5.** Welche; **6.** Was für ein

LEKTION 3

Übung 2
1 E; **2** G; **3** A; **4** F; **5** B; **6** C; **7** D

Übung 3
richtige Reihenfolge: **3** - **1** - **2**

Übung 4
richtig: **1**, **3**, **4**; *falsch:* **2**, **5**, **6**, **7**

Übung 5
1 C; **2** F; **3** D; **4** B; **5** E; **6** G; **7** A; **8** H

Übung 6
1. bekommen; **2.** bringen; **3.** bleiben; **4.** sein; **5.** kommen; **6.** gehen

Übung 7
1. Hand; **2.** Bein; **3.** Fuß; **4.** Bauch; **5.** Schulter; **6.** Kopf; **7.** Knie; **8.** Rücken; **9.** Brust

Übung 9
Antwort C

Übung 10
1. Husten; **2.** starke; **3.** Erkältung

Übung 11
1 B; **2** B; **3** A

Übung 13
1. trank; **2.** bekam; **3.** fuhr; **4.** gab; **5.** kam; **6.** nahm; **7.** halfen; **8.** ging

Übung 14
1. schrieb; **2.** wart; **3.** fuhren; **4.** traf; **5.** hieß; **6.** fanden; **7.** tat

Übung 15
1. wenn; **2.** als

Übung 16
1 B; **2** F; **3** A; **4** D; **5** C; **6** E

LEKTION 4

Übung 1
1. das Gesicht; **2.** der Bart; **3.** die Augen; **4.** die Nase; **5.** das Ohr; **6.** die Lippen; **7.** die Haare; **8.** die Zähne; **9.** die Fingernägel

Übung 2
1. eincremen; **2.** Lippenstift; **3.** waschen; **4.** die Zahnpasta; **5.** lackieren

Übung 3
nein

Übung 4
Sylvia: **1**, **4**, **6**, **7**, **8**; *Aynur:* **2**, **3**, **5**, **9**, **10**

Übung 5
1. gewaschen; **2.** Kamm; **3.** gepflegt, glänzen; **4.** Shampoo, föhne

Übung 6
1. *betont*; **2.** *unbetont*; **3.** *betont*

Übung 7
1 B; **2** C; **3** A; **4** F; **5** E; **6** D; **7** J; **8** I; **9** H; **10** G

Übung 8
1. mir; **2.** dich

Übung 9
1. Kamm; **2.** Shampoo; **3.** Lippenstift

Übung 10
1 F; **2** C; **3** B; **4** A; **5** D; **6** E

Übung 11
1 B; **2** A; **3** B; **4** C

Übung 12
1. Es ist gesund, grünen Tee zu trinken.
2. Ich habe keine Zeit, ihm zu helfen.
3. Wir haben vor, in die Sauna zu gehen.

Übung 13
1. uns bald zu besuchen; **2.** Tee mitzubringen; **3.** sich täglich einzucremen; **4.** dich zu entspannen; **5.** gut auszusehen

Übung 14
Sylvia: **1**, **2**, **3**, **5**; *Thomas:* **2**, **3**, **6**
Satz 4 sagt keiner von beiden.

Übung 15
Richtige Reihenfolge: B - D - A - E - C

RÜCKBLICK 1

Übung 1
1 E; **2** A; **3** D; **4** B; **5** H; **6** F; **7** C; **8** G

Übung 2
1. zu; **2.** dir; **3.** krank (*oder:* verletzt); **4.** Schmerzen; **5.** gut; **6.** erhole (*oder:* entspanne); **7.** Luft; **8.** fühle

Übung 3
Ärzte: B, C, G; *Patienten:* E, I; *Verkäufer:* A, J; *Kunden:* D, F, H

Übung 4
Mögliche Antworten:
1. Ich bin etwas müde, aber es geht mir sehr gut.
2. Ich höre Musik, mache Yoga oder ich gehe spazieren.
3. Ja, das ist wichtig für mich. Ich wasche jeden Tag meine Haare, ich schminke mich und verwende gern Parfüm. / Ich dusche und rasiere mich täglich und verwende gern Rasierwasser.
4. Zu Hause trage ich gern bequeme Kleidung: Jeans und Sweatshirt.

Übung 5
1. der; **2.** eines; **3.** -es; **4.** -s; **5.** Lisas; **6.** von; **7.** Wessen

Übung 6
1. schwere; **2.** alter; **3.** kleine; **4.** bunten; **5.** starken; **6.** kranken; **7.** neues

Übung 7
1. -en; **2.**-e; **3.** -em

Übung 8
1. (ich) kochte, (er/sie/es) kochte, (wir) kochten;
2. (er/sie/es) ging, (wir) gingen, (sie/Sie) gingen;
3. (du) wusstest, (er/sie/es) wusste, (sie/Sie) wussten

Übung 9
1. Ich bekam Bauchschmerzen.; **2.** Er fuhr nach Berlin.; **3.** Wir kauften Lebensmittel ein.

Übung 10
1 B; **2** A; **3** C; **4** A; **5** C; **6** A

Übung 12
1. an; **2.** mir; **3.** nach; **4.** auf; **5.** lege, auf; **6.** dir; **7.** zu; **8.** stellt

Übung 13
1 A, B, D; **2** A, B; **3** A, B, C, D; **4** B, D; **5** B, C, D; **6** A, B, D

Übung 14
1. schlimm (*passt zu Krankheiten, nicht zu Kleidung*)
2. alles (*antwortet nicht auf die Frage „wie oft?"*)
3. die Seife (*ist ein Kosmetikartikel, kein Medikament*)
4. sich treffen (*ist keine Wellness-Aktivität*)
5. mild (*die anderen drei Wörter bedeuten das gleiche*)
6. mag (*ist eine Form im Präsens, nicht im Präteritum*)
7. die Etage (*ist kein Ort, wo man sich erholen kann*)

LEKTION 5

Übung 1
Foto 1: **1**, **4**, **6**; *Foto 2:* **2**, **3**, **5**

Übung 2
positive Gefühle: die Liebe, gern haben, verliebt sein, die Freude, das Glück, sich freuen
negative Gefühle: die Angst, traurig, unglücklich, die Enttäuschung, der Liebeskummer, nichts empfinden

Übung 3
verliebt

Übung 4
1 A; **2** B; **3** C; **4** A; **5** A; **6** B

Übung 5
1. verliebt; **2.** gern; **3.** charmant; **4.** lacht; **5.** älter als; **6.** blaue, blonde

Übung 6
1 B; **2** A; **3** B; **4** A; **5** A

Übung 7
1. offen; **2.** humorlos; **3.** tolerant; **4.** schüchtern; **5.** sympathisch; **6.** unfreundlich; **7.** romantisch; **8.** gefühlvoll

Übung 9
1. die; **2.** das; **3.** denen

Übung 10
1. der; **2.** den; **3.** die

Übung 11
1. Sylvia, die ich sehr nett finde, ist Aynurs Kollegin.
2. Es gibt viele Themen, für die wir uns interessieren.
3. Es geht um einen Mann, den Claudia nicht kennt.
4. Meine Eltern sind offene Menschen, mit denen ich über alles spreche.

Übung 13
1. *falsch*; **2.** *richtig*; **3.** *falsch*

Übung 14
1. besten; **2.** genauere; **3.** jüngerer; **4.** mehr; **5.** größte; **6.** hübscheres

LEKTION 6

Übung 1
Vorspeisen: **8**, **9**; *Hauptgerichte:* **3**, **7**; *Beilagen:* **1**, **4**, **6**, **9**, **10**; *Nachtisch:* **2**, **5**, **8** (*Käse kann Vorspeise und Nachtisch sein, Salat kann Vorspeise und Beilage sein.*)

Übung 2
1. bestellt; **2.** schmeckt, versalzen; **3.** durch, mag; **4.** vergessen

Übung 3
Eric und sein Vater: **1**, **2**, **4**, **6**; *seine Mutter:* **1**, **3**, **5**

Übung 4
Bedienung: **1**, **4**, **6**; *Gast:* **2**, **3**, **5**

Übung 5
1 B; **2** D; **3** F; **4** E; **5** A; **6** C

Übung 6
1. lauwarm; **2.** blutig; **3.** trocken

Übung 7
1 B; **2** A; **3** C
Übung 8
1. Hauptgericht; **2.** Dessert
Übung 9
1. Ja, wir haben einen Tisch für vier Personen reserviert. (*Oder:* Ja, für vier Personen haben wir ...)
2. Als Hauptspeise nehme ich ein Steak mit Pommes. (*Oder:* Ich nehme als Hauptspeise ...)
3. Ich habe mich noch nicht entschieden.

Übung 10
1 G; **2** D; **3** H; **4** I; **5** C; **6** B; **7** F; **8** E; **9** A
Übung 11
1 E; **2** D; **3** F; **4** C; **5** B; **6** A
Übung 12
1 B; **2** A; **3** C; **4** B
Übung 13
1. reserviert; **2.** schmeckt; **3.** beschweren; **4.** empfiehlt
Übung 15
1. werde/wurde/bin ... worden; **2.** wirst/wurdest/bist ... worden; **3.** wird/wurde/ist ... worden; **4.** werden/ wurden/sind ... worden; **5.** werdet/wurdet/seid ... worden; **6.** werden/wurden/sind ... worden
Übung 16
1. Die Hauptspeisen werden mit Reis serviert.
2. Das Dressing wurde aus Joghurt und Kräutern gemacht.
3. Die Rechnung ist von Herrn Vanderberg bezahlt worden.

Übung 17
1 B; **2** G; **3** A; **4** E; **5** C; **6** F; **7** D

LEKTION 7

Übung 2
Besteck: die Gabel, die Kuchengabel, das Messer, der Löffel, der Kochlöffel
Geschirr: die Pfanne, die Tasse, der Teller, die Schüssel, der Topf
Übung 3
1 A; **2** B; **3** B
Übung 4
ja: **1**, **2**, **3**, **6**, **9**; *nein:* **4**, **5**, **7**, **8**, **10**
Übung 5
1 E; **2** C; **3** A; **4** B; **5** F; **6** D
Übung 6
richtige Reihenfolge: **3** - **4** - **7** - **8** - **1** - **6** - **2** - **5**
Übung 8
1. Wozu; **2.** Worüber; **3.** Auf wen; **4.** Worauf; **5.** Wofür; **6.** Mit wem
Übung 9
1 C; **2** D; **3** A; **4** B
Übung 10
1 B; **2** C
Übung 11
1 G; **2** A; **3** F; **4** H; **5** B; **6** D; **7** E; **8** C
Übung 12
Susanne: **2**, **4**, **6**
Thomas: **1**, **3**, **4**, **5**, **6**

Übung 14
1. Die Getränke müssen aus dem Keller geholt werden.
2. Die Suppe darf nicht zu lange gekocht werden.
3. Zuerst sollen die Pfannkuchen gebacken werden.

Übung 15
1. mussten eingekauft werden; **2.** musste abgespült werden; **3.** mussten gewaschen und gebügelt werden
Übung 16
1. muss; **2.** zubereitet; **3.** gebraten; **4.** gewendet; **5.** können; **6.** gefüllt; **7.** geschnitten; **8.** gelegt
Übung 17
1. Rindfleisch; **2.** Sauerbraten; **3.** Kuchengabel

LEKTION 8

Übung 1
1 C; **2** E; **3** A; **4** E; **5** B
Übung 2
1. Meer; **2.** Jugendherberge; **3.** Vollpension; **4.** Einzelzimmer
Übung 3
1. Wien; **2.** am Meer; **3.** nein
Übung 4
richtig: **1**, **3**, **4**, **5**; *falsch:* **2**, **6**, **7**
Übung 5
1. faulenzen; **2.** übernachten; **3.** erkundigen; **4.** buchen; **5.** fliegen; **6.** anbieten
Übung 6
1. Visum; **2.** Stadtplan; **3.** besorgen; **4.** Reisepässe; **5.** Versicherung
Übung 7
1. Meer; **2.** Wüste; **3.** Strand; **4.** Land
Übung 8
1. ans; **2.** im; **3.** aufs; **4.** in; **5.** ins; **6.** bei; **7.** nach
Übung 10
1 B; **2** B; **3** C; **4** A
Übung 11
1 D; **2** E; **3** B; **4** C; **5** A
Übung 12
1 A; **2** C; **3** A
Übung 14
1. damit; **2.** dafür; **3.** danach
Übung 15
1. Urlaub; **2.** erkundigen; **3.** bleiben; **4.** anbieten; **5.** inklusive; **6.** Meer; **7.** Einzelzimmer; **8.** kostet; **9.** Unterkunft; **10.** Vollpension; **11.** reservieren

RÜCKBLICK 2

Übung 1
1 H; **2** D; **3** G; **4** A; **5** F; **6** E; **7** C; **8** B
Übung 2
1. Pension; **2.** Blick; **3.** Strand; **4.** kennen; **5.** Speisen (*oder:* Gerichte); **6.** packen; **7.** nach
Übung 3
1 B, C; **2** A, B; **3** B, C, D; **4** B, D
Übung 4
1. in; **2.** an; **3.** nach; **4.** von; **5.** über; **6.** auf; **7.** von; **8.** um
Lerntipp: **nach:** riechen, fragen, schmecken; **über:** sich freuen, sich informieren

Übung 5
1. mit ihr; **2.** damit; **3.** in ihm; **4.** daran; **5.** darauf

Übung 6
1. das; **2.** die; **3.** der; **4.** in dem; **5.** mit der;
6. in den; **7.** nach denen; **8.** um die

Übung 7
1. deren; **2.** dessen; **3.** deren

Übung 8
1. Mit wem; **2.**Wovor; **3.** An wen; **4.** Woran; **5.** Wonach

Übung 9
1. Alle Zutaten sind gut gemischt worden.
2. Die Küche musste noch aufgeräumt werden.
3. Die Hemden werden gewaschen, dann (werden sie) gebügelt.
Hinweis zu den Wörtern in den Klammern: Satzteile, die wiederholt werden, muss man nicht noch einmal schreiben.

Übung 10
1. ... das Visum bis morgen beantragt werden muss. (*Oder:* ... bis morgen das Visum beantragt werden muss.)
2. ... der Flug nicht gebucht werden konnte.

Übung 11
1 A, C, D; **2** A, B, C; **3** B, C, D; **4** A, B, D; **5** A, D; **6** A, B, C, D; **7** B, C, D; **8** A, C

Übung 12
1 C; **2** D; **3** A; **4** B

Übung 13
1. das Geflügel (*ist keine Beilage*)
2. nach Hause (*antwortet nicht auf die Frage „wo?"*)
3. salzig (*beschreibt einen Geschmack, nicht den Charakter*)
4. die Beziehung (*passt nicht zum Thema „Reise, Urlaub"*)
5. günstig (*ist kein Gefühl*)

LEKTION 9

Übung 1
1 C: **2** A; **3** B

Übung 2
1. Türkei; **2.** Gastarbeiter; **3.** geboren; **4.** Deutschen; **5.** kehrte, zurück; **6.** Grund

Übung 3
Teil 1: B, E, F
Teil 2: A, C, D, G

Übung 4
1 B; **2** C; **3** A; **4** C; **5** B; **6** B

Übung 5
nicht im Dialog: der Kontakt zu Einheimischen, die Politik, die Religion

Übung 6
1 F; **2** B; **3** E; **4** G; **5** C; **6** D; **7** A

Übung 7
richtige Reihenfolge: I - H - F - C - D - A - B - E - G

Übung 8
1 F; **2** H; **3** A; **4** I; **5** C; **6** G; **7** E; **8** B; **9** D

Übung 9
1. Im Vergleich zu; **2.** ähnlich wie;
3. Im Unterschied zu

Übung 10
1. Die Mentalität hier ist ganz anders als in meiner Heimat.
2. Wir haben die gleiche Situation wie in der Schweiz.

Übung 12
1. weil; **2.** Obwohl; **3.** obwohl; **4.** weil; **5.** obwohl

Übung 14
1. deshalb; **2.** weil; **3.** trotzdem; **4.** obwohl

Übung 16
1. während; **2.** Wegen; **3.** innerhalb

Übung 17
1 E; **2** C; **3** B; **4** F; **5** G; **6** A; **7** D

Übung 18
Gang, fremd, Landung, einchecken, angenehm, Maschine, Heimat, ähnlich

U	Q	G	S	Ä	C	**A**	**M**	M	I	B	T
E	**F**	P	**L**	W	Ö	**N**	**A**	U	S	T	L
R	**R**	A	**A**	I	N	**G**	**S**	X	D	I	A
–	**E**	**I**	**N**	**C**	**H**	**E**	**C**	**K**	**E**	**N**	Y
Z	**M**	P	**D**	G	Ö	**N**	**H**	H	E	Q	U
D	**D**	Ä	**U**	M	**H**	**E**	**I**	**M**	**A**	**T**	**T**
I	F	F	**N**	Y	**Ä**	**H**	**N**	**L**	**I**	**C**	**H**
G	**A**	**N**	**G**	Ü	G	**M**	**E**	C	H	Ö	D
X	W	Y	F	K	E	N	V	U	A	S	S

LEKTION 10

Übung 1
1 C: **2** A; **3** D; **4** B

Übung 2
2. Sprachkurs; **3.** Kursgebühr; **4.** Dauer; **5.** Kursleiter; **6.** Anfänger; **7.** Anmeldung

Übung 3
richtige Reihenfolge: **2** - **5** - **4** - **1** - **3**; *Sie trifft* Eric!

Übung 4
Foto 1: B, D, F;
Foto 2: A, C, E, G, H

Übung 5
1 A; **2** C; **3** B; **4** A

Übung 6
1 C; **2** D; **3** A; **4** E; **5** B

Übung 7
1. damit; **2.** um, zu

Übung 8
1. um mit Einheimischen sprechen zu können
2. um mich für einen Anfängerkurs anzumelden

Übung 9
1. Was muss ich tun, damit du endlich einen Sprachkurs besuchst?
2. Er fährt nach Österreich, um Land und Leute kennen zu lernen.
3. Dieser Kurs ist gut, damit wir die Aussprache üben..
4. Wir lernen Deutsch, um uns auf das Studium vorzubereiten.

Übung 11
1. Fortgeschrittene; **2.** Kursleiter; **3.** Kursteilnehmer (*oder:* Teilnehmer); **4.** anmelden; **5.** Stufen (*oder:* Niveaus)

Übung 12
Foto 1: A, D, F, H, J
Foto 2: B, C, E, G, I

Übung 13
1 E; **2** D; **3** B; **4** H; **5** F; **6** A; **7** G; **8** C

Übung 14
1. Hörverstehen, Leseverstehen; **2.** Grammatik; **3.** Schreiben, Sprechen ; **4.** Landeskunde

Übung 15
1 F; **2** A; **3** D; **4** G; **5** B; **6** C; **7** E

Übung 17
1. für; **2.** zum; **3.** per; **4.** auf; **5.** an; **6.** von; **7.** in

LEKTION 11

Übung 1
1 C; **2** A; **3** D; **4** B

Übung 2
1 E; **2** F; **3** A; **4** D; **5** B; **6** C

Übung 3
1 A, B, D; **2** C

Übung 4
richtig: **2**, **3**, **5**
falsch: **1**, **4**, **6**, **7**

Übung 5
1 G; **2** C; **3** E; **4** A; **5** D; **6** B; **7** H; **8** F

Übung 6
1. können; **2.** müssen; **3.** haben; **4.** sein

Übung 7
1. hätte; **2.** könntest; **3.** dürfte; **4.** wüssten; **5.** müsstet; **6.** wären

Übung 8
1. bräuchte; **2.** wären; **3.** müsste; **4.** solltet

Übung 9
1. Wenn wir doch mehr Zeit hätten!
2. Wenn sie doch hier wären!
3. Wenn ich doch nach Wien fliegen könnte!

Übung 10
(ich) würde; (du) würdest; (sie) würden

Übung 11
1. Würdest du mir die CD geben?
2. Ich würde ihm einen Brief schreiben.
3. Diese laute Musik würde sie stören.
4. Wenn sie doch mit uns sprechen würden.

Übung 12
1. *A:* würdest; *B:* würde (ihm) eine SMS (*oder:* Nachricht) schreiben.
2. *A:* würde; *B:* würde (sich) ein (neues/tolles/ schickes...) Auto kaufen.

Übung 13
Wunsch **3**

Übung 14
1. träume; **2.** doch, würde; **3.** wünsche; **4.** würde; **5.** stelle, (s)treiten; **6.** (größter) Wunsch (*oder:* Traum), (t) reffen

Übung 15
sich umarmen

Übung 17
1. miteinander; **2.** aneinander; **3.** voneinander

Übung 18
1, **3**, **5**, **6**, **7**, **10**

LEKTION 12

Übung 2
1 C; **2** E; **3** A; **4** B; **5** D

Übung 3
1 C; **2** A, D; **3** B

Übung 4
1 B; **2** A; **3** C; **4** B; **5** A; **6** B

Übung 5
1 E; **2** B; **3** D; **4** A; **5** C

Übung 6
1 B; **2** C; **3** A

Übung 7
1. Tierfilm; **2.** Talkshows; **3.** Nachrichten

Übung 8
1 C; **2** E; **3** B; **4** A; **5** D

Übung 10
1. Mord ist die beste Medizin; **2.** Münster; **3.** Hauptrollen; **4.** Regie führt; **5.** streitet; **6.** (plötzlich) tot; **7.** ermordet wurde

Übung 11
1. hätte; **2.** würden; **3.** Müsste

Übung 12
1 D; **2** B; **3** A; **4** C

Übung 13
1. Was würdest du tun, wenn du kein Handy hättest?
2. Wir würden nach Venedig fahren, wenn ihr nicht arbeiten müsstet.
3. Wenn ich Schauspieler wäre, würde ich gern im „Tatort" mitspielen. / Wäre ich Schauspieler, würde ich gern im „Tatort" mitspielen.

Übung 14
1 A, B; **2** A, B, D

Übung 16
1. Würden Sie, einschalten; **2.** Wärst du so lieb; **3.** Könntest du, geben; **4.** Wären Sie so lieb und würden; **5.** Würde es dir etwas ausmachen; **6.** Wärst du so nett und würdest

RÜCKBLICK 3

Übung 1
1 E; **2** G; **3** B; **4** F; **5** A; **6** C; **7** D

Übung 2
1. (F)lughafen; **2.** (M)aschine; **3.** (V)erspätung; **4.** (w) ürdest; **5.** (W)ährend; **6.** (B)esuchst; **7.** (u)nterhalten

Übung 3
1 A, E, G, I; **2** C, F, J; **3** B, D, H

Übung 4
1 D; **2** E; **3** A; **4** C; **5** B

Übung 5
Foto A: **3**, **5**, **6**, **9**, **10**
Foto B: **1**, **2**, **4**, **7**, **8**

Übung 6
Mögliche Antworten:
1. Weil ich mich für Land und Leute interessiere. / Ich möchte mich auf den nächsten Urlaub / auf das Studium vorbereiten.
2. Ich würde sofort Urlaub machen und in viele Länder fliegen. / Ich würde ein großes Haus für mich und meine Familie kaufen. / Ich würde nie mehr arbeiten.
3. Bei uns ist die Situation ähnlich wie in Deutschland. / Die Tradition ist ganz anders. / Im Unterschied zu Deutschland gibt es bei uns weniger Ausländer.

Übung 7
1. Würden (*oder:* Könnten); **2.** wäre; **3.** würde; **4.** wären; **5.** hätte, würde (*oder:* müsste)

Übung 8
1. weil; **2.** trotzdem; **3.** um, zu; **4.** damit; **5.** trotz; **6.** obwohl; **7.** deshalb; **8.** Wegen, zum

Übung 9
1. weil; **2.** denn, deshalb (*oder:* deshalb, denn); **3.** deshalb; **4.** denn

Übung 10
1. Er bleibt heute zu Hause, weil er krank ist.
2. Er bleibt heute zu Hause, denn er ist krank.
3. Er ist krank, deshalb bleibt er heute zu Hause.

Übung 12
1 A; **2** C; **3** B; **4** C

Übung 13
1. von; **2.** über; **3.** von; **4.** von; **5.** an; **6.** über; **7.** mit; **8.** mit, über; **9.** an

Übung 14
1. D - B - A - C; **2.** B - D - A - C; **3.** C - B - A; **4.** B - A - C

Übung 15
1 B; **2** C; **3** C; **4** A

Übung 16
1. einheimisch (*beschreibt keine Sendung im Fernsehen*)
2. die Handlung (*ist keine Person*)
3. von (*ist keine Präposition mit Genitiv, sondern mit Dativ*)
4. unbekannt (*ist kein Synonym für „tot“*)
5. sich umarmen (*ist keine Möglichkeit, wie man Gebühren bezahlen kann*)
6. die Gelegenheit (*beschreibt nicht, wie gut man eine Sprache kann*)

Übung 17
1. Reportage; **2.** Werbung; **3.** Sendung; **4.** Komoedie; **5.** Magazin; **6.** Fernsehprogramm; **7.** Wiederholung; **8.** Serien

LEKTION 13

Übung 1
1. die Tastatur; **2.** der USB-Stick; **3.** das Laufwerk; **4.** die Maus; **5.** der Drucker; **6.** das Kabel; **7.** der Bildschirm; **8.** die Festplatte

Übung 2
1. Virus; **2.** Maus; **3.** schließen; **4.** Dokument; **5.** verloren; **6.** Fachmann

Übung 3
1 A; **2** B

Übung 4
richtig: **2**, **3**, **7**; *falsch:* **1**, **4**, **5**, **6**

Übung 5
1 E; **2** A; **3** F; **4** C; **5** B; **6** D

Übung 6
1. Geräte; **2.** Kostenvoranschlag; **3.** kümmern; **4.** ärgerlich; **5.** merkwürdig

Übung 7
1 E; **2** C; **3** D; **4** A; **5** B

Übung 8
A, C, D, G

Übung 9
1. ist kaputt; **2.** hat irgendeinen Fehler; **3.** meldet ständig Fehler

Übung 10
1. irgendein; **2.** irgendwelche; **3.** irgendwo; **4.** irgendwann

Übung 11
richtig: **1**, **3**, **4**

Übung 12
1 C; **2** D; **3** A ; **4** B

Übung 13
1. Entweder; **2.** oder; **3.** zwar; **4.** aber; **5.** weder; **6.** noch

Übung 15
1. Ich habe mir eine CD brennen lassen.
2. Er ließ seinen Sohn allein nach Berlin fahren.
3. Wir müssen den Fernseher reparieren lassen.

Übung 16
Antwort 1: **3**; *Antwort 2:* **2**; *Antwort 3:* **5**

Übung 17
Kunde: **1**, **2**, **4**, **6**, **9**
Kundendienst: **3**, **5**, **7**, **8**

LEKTION 14

Übung 1
1 D; **2** C; **3** A; **4** B

Übung 2
1. Team; **2.** flexibel; **3.** belastbar; **4.** Erfahrung

Übung 3
Themen im Bewerbungsgespräch: **2**, **3**, **4**, **6**, **7**

Übung 4
1. erfahren; **2.** Stellenanzeigen; **3.** verändern; **4.** Ausbildung; **5.** Tätigkeit; **6.** wirtschaftliche, Hobby; **7.** Fähigkeiten; **8.** Kenntnisse

Übung 5
richtige Reihenfolge: **7 - 1 - 5 - 8 - 3 - 2 - 6 - 4**

Übung 6
1 B; **2** C; **3** B; **4** A

Übung 7
1 C; **2** A; **3** B

Übung 8
1. 2013 habe ich eine Ausbildung zur Fotografin angefangen.
2. Seit einem Jahr bin ich als Bankkaufmann tätig.
3. Von 2012 bis 2014 arbeitete ich bei einer großen Firma.
4. Nach dem Abitur habe ich viele Bewerbungen geschrieben.

Übung 9
1. als; **2.** bei; **3.** um, als; **4.** auf

Übung 11
1. hatte, eingeladen; **2.** war, gewesen

Übung 12
1 E; **2** C; **3** A; **4** F; **5** B; **6** D
Übung 13
1. flexibel und belastbar; **2.** Erfahrung in Teamarbeit; **3.** unter Termindruck sehr gut arbeiten
Übung 14
1 C; **2** F; **3** D; **4** A; **5** E; **6** B
Übung 15
1. nach; **2.** studiert; **3.** Ausbildung; **4.** Beruf; **5.** Gehalt; **6.** Betriebswirtschaft; **7.** interessiert; **8.** an; **9.** bei; **10.** Firma; **11.** Tätigkeit; **12.** kommen; **13.** verändern

LEKTION 15
Übung 1
1. selbstständige; **2.** Vorteile; **3.** einteilen; **4.** Hobbys; **5.** Aufträge; **6.** verdiene
Übung 2
1 D; **2** E; **3** F; **4** B; **5** A; **6** C
Übung 3
Titel C
Übung 4
richtig: **1**, **4**, **5**, **7**, **8**
falsch: **2**, **3**, **6**
Übung 5
1 D; **2** C; **3** E; **4** B; **5** A
Übung 6
1 B; **2** C; **3** A; **4** B
Übung 7
1. routiniert; **2.** verantwortungsvoll; **3.** selbstständig; **4.** zuverlässig
Übung 8
1. Selbstständigkeit; **2.** Motivation; **3.** Flexibilität; **4.** Zuverlässigkeit; **5.** Routine
Übung 10
Frau Kremer: **1**, **4**, **5**
Herr Holsten: **1**, **2**, **3**, **5**, **6**
Übung 11
1. Nachdem ich den Auftrag erledigt hatte, bekam ich viel Geld.
2. Sie rief ihn im Büro an, nachdem er schon gegangen war.
Übung 12
1. erzählt hatten; **2.** bekommen hat; **3.** gegangen waren; **4.** gemacht habe
Übung 14
1 G; **2** D; **3** I; **4** H; **5** E; **6** A; **7** C; **8** B; **9.** F
Übung 16
1 C, G; **2** B, H; **3** A, E; **4** D, F

LEKTION 16
Übung 1
1. Verrücktwerden; **2.** beschäftigt; **3.** Schuld; **4.** nervt; **5.** sauer
Übung 2
1 D; **2** E; **3** F; **4** A; **5** G; **6** C; **7** B
Übung 3
1. *nein*; **2.** *ja*
Übung 4
1 B; **2** A; **3** C; **4** A; **5** B; **6** A
Übung 5
1 F; **2** E; **3** A; **4** G; **5** C; **6** B; **7** D
Übung 7
1. irgendwie; **2.** total
Übung 8
1. wärst; **2.** gekommen; **3.** hätte; **4.** gewusst; **5.** gesagt hättest
Übung 9
1. Es wäre besser gewesen, wenn ich mich mehr um sie gekümmert hätte.
2. Wenn ihr miteinander geredet hättet, hätten wir alle weniger Probleme gehabt.
Übung 10
1. Wenn sie sich nicht getroffen hätten, hätten Aynur und Eric ihre Probleme nicht geklärt.
2. Wenn du nicht alles missverstanden hättest, wären wir nicht so wütend auf dich gewesen.
Übung 11
1. bei Ihnen (*oder* ihnen); **2.** mir schrecklich; **3.** mein Verhalten
Übung 12
1. Ich nehme die Entschuldigung gerne an.
2. Gott sei Dank konnten wir alles klären.
Übung 14
1 C; **2** A; **3** D; **4** E; **5** B
Übung 15
schwaches **e**: **1**, **4**
kein **e**: **2**, **3**
Übung 16
1 E; **2** D; **3** C; **4** A; **5** F; **6** B

RÜCKBLICK 4
Übung 1
1 F; **2** H; **3** B; **4** G; **5** A; **6** C; **7** E; **8** D
Übung 2
1. böse; **2.** gekümmert; **3.** sauer (*oder* wütend); **4.** Stimmung; **5.** Nerven; **6.** klären; **7.** Dank
Übung 3
1 C, F, H, J; **2** A, E, G; **3** B, D, I
Übung 5
1. beendet hatte; **2.** war, gewesen; **3.** installiert hatte
Übung 6
1. *Handlung 2*; **2.** *gleich*
Übung 7
1. sowohl; **2.** Entweder; **3.** noch; **4.** sondern; **5.** zwar
Übung 8
1. von; **2.** für; **3.** um; **4.** auf; **5.** bei; **6.** für; **7.** über
Übung 9
1. darum; **2.** dafür; **3.** daran; **4.** darüber
Übung 10
1. ist; **2.** sind; **3.** sind, waren
Übung 11
1. Die alten Dateien sind gelöscht.
2. Die DVD für Anna ist kopiert.
3. Die Dokumente sind ausgedruckt.
Übung 12
1. wären wir noch geblieben; **2.** Wenn er sich entschuldigt hätte (*oder:* Hätte er sich entschuldigt); **3.**

hätte ich mich sofort beworben; **4.** Hättest du uns angerufen (*oder:* Wenn du uns angerufen hättest)

Übung 13
1. hast, lassen; **2.** ließen; **3.** lässt; **4.** Lass; **5.** lasse; **6.** habt, gelassen

Übung 14
1 A, B, D; **2** B; D; **3** B, C, D; **4** A, C

Übung 15
1. zugegeben; **2.** vergeben; **3.** ergeben; **4.** aufgegeben

Übung 16
1 F; **2** E; **3** G; **4** A; **5** H; **6** B; **7** D; **8** C

Übung 17
1. im Moment; **2.** davor; **3.** vor nicht langer Zeit; **4.** gleich; **5.** oft
Adverbien, die nicht passen: eine Zeit lang, irgendwann

Übung 18
1. klären; **2.** das Zeugnis; **3.** heftig; **4.** Master; **5.** das Lager; **6.** herunterladen; **7.** abgeholt

BILDNACHWEIS

Fotolia, New York
008.1 (davis); **012.1** (zhu difeng); **012.2** (misha_ru); **024.1** (RioPatuca Images); **024.2** (JPC-PROD); **024.3** (Dron); **026.1** (Astrid Gast); **032.2** (Kalim); **035.10** (Alliance); **035.2** (Alliance); **035.3** (dusk); **035.4** (Dragon Images); **035.6** (berc); **035.6** (Aubbotina Anna); **035.8** (wildworx); **035.9** (undergroundstudios); **040** (Syda Productions); **060.1** (EcoPim); **060.3** (neirfy); **060.5** (chetianu); **060.6** (ExQuisine); **060.7** (msl33); **060.8** (koss13); **060.9** (philippoto); **064.2** (kab-vision); **064.3** (Ildi); **066** (kab-vision); **081.4** (dusk); **088.1** 122.2: (Picture-Factory); **092** (Monkey Business); **097.2** (Claudia Paulussen); **103** (Thorben Wengert); **112.4** (mma23); **115.1** (Matthew Cole); **116** (Andre Bonn); **118.1** 127: (FM2); **120** (Sergey Furtaev); **122.1** (Rido); **140** (Daniel Ernst); **147** (maho); **155** (Piotr Marxhinski); **157.1** (Ana Blazic Pavlovic); **158.1** (Anna Bolotnikova); **158.2** (JackF); **158.4** (WavebreakmediaMicro); **158.5** (LoloStock); **161.1** (Jürgen F hle); **161.3** (RioPatuca Images); **166.1** (A_Bruno); **166.3** (RioPatuca Images)

PONS GmbH Archiv, Stuttgart
082 (Lucky_Guy);

Shutterstock, New York
008.2 (zhu difeng); **008.3** (scyther5); **008.4** (goldnetz); **008.5** (Goran Bogicevic); **008.6** (dotshock); **008.7** (bikeriderlondon); **008.8** (Africa Studio); **009** (Goran Bogicevic); **010.1** (Nature Art); **010.2** (Oksana Alekseeva); **015** (Pavel L Photo and Video); **016.1** (Tarzhanova); **016.2** (mimo); **016.3** (Venus Angel); **016.4** (sagir); **016.5** (Karkas); **016.6** 17: (Irina Rogova); **016.8** (Chiyacat); **019** (Africa Studio); **025.1** (Orange Line Media); **025.2** (Photosebia); **026.2** (mangostock); **026.3** (Alliance); **026.4** (Poznyakov); **026.5** (Image Point Fr); **026.6** (gpointstudio); **026.7** (artproem); **026.8** (Di Studio); **027.1** (Denys Prykhodov); **027.2** (Artem Furman); **027.3** (portumen); **027.4** (Christo); **027.5** (cristovao); **027.6** (Alberto Zornetta); **027.7** (FineShine); **027.8** (T Anderson); **027.9** (Khamidulin Sergey); **032.3** (Robnroll); **032.4** (ruslanchik); **032.5** (Sergieiev); **032.6** (Aleksandr Markin); **032.7** (kuleczka); **032.8** (aastock); **032.9** (Nadya Lukic); **033** (Piotr Marcinski); **035.1** (Dragon Images); **038** (Kzenon); **048.1** (Olly); **048.2** (Jochen Schoenfeld); **050** (courtyardpix); **054** (William Perugini); **057** (Tatiana Popova); **060.2** (MaraZe); **060.4** (ElenaGaak); **064.1** (Slawomir Fajer); **068.1** (lightwavemedia); **068.2** (wavebreakmedia); **069.1** (Andrey_Popov); **069.2** (Alliance); **072.1** (Naypong); **072.2** 77.2: (Pawel Kazmierczak); **072.3** (Syda Productions); **073.1** (Bravavod161); **073.2** (Yarygin); **077.1** 81.3: (imagIN.gr photography); **077.3** (Iryna Rasko); **078** (racorn); **080** (Morten Normann Almeland); **081.1** (Dzinnik Darius); **081.2** (Rohappy); **088.2** (Igor Karasi); **088.3** (Tupungato); **090.1** (Ivan Galashchuk); **090.2** (wavebreakmedia); **093** 126.1: (michaeljung); **097.1** 101.1: (Goodluz); **101.2** (Goodluz); **104.1** 126.4: (Maryna Pleshkun); **104.2** (anweber); **104.3** 126.2: (David Pereiras); **104.4** (kanvag); **105.1** (lightwavemedia); **105.2** (nunosilvaphotography); **109.1** (arek_malang); **109.2** (LuckyImages); **109.3** (stockshoppe); **110** (Alinute Silzeviciute); **111** (racorn); **112.1** 126.3: (wavebreakmedia); **112.2** (Nomad_Soul); **112.3** (Galyna Andrushko); **112.5** 118.2: (Petr Kopka); **112.6** (Robert Crum); **114.1** (doglikehorse); **114.2** (cobalt88); **114.3** (picturepartners); **128.1** (rangizzz); **128.2** (Ingvar Bjork); **128.3** (Sarut.kla); **128.4** (AG-PHOTOS); **128.5** (Bohbeh); **128.6** (Artush); **128.7** (Thomas Pajot); **128.8** (redstone); **129** (Monkey Business Images); **131.1** (bioraven); **131.2** (bioraven); **131.3** (Rawpixel); **133** (dotshock); **135** (mangostock); **136.1** (michaeljung); **136.2** (Pressmaster); **136.3** (Nowarit); **136.4** (wavebreakmedia); **137** (racorn); **144** (Kuzma); **148.1** (Sheftsoff Women Girls); **148.2** (sireonio); **150.1** (kurhan); **151.1** (YanLev); **151.2** (Jessie Eldora Robertson); **151.3** 166.4: (Brocreative); **151.4** (Iakov Filimonov); **152.1** (PathDoc); **152.2** (wavebreakmedia); **152.3** (Photographee.eu); **157.2** 166.2: (lightwavemedia); **158.3** (Anna Bolotnikova); **160** (g-stockstudio); **161.2** (wavebreakmedia); **164.1** (Aleksei Lazukov); **164.2** (EDHAR);

Thinkstock, München
016.7 (Hemra Technologies); **025.3** (LincolnRogers); **035.7** (moodboard); **115.2** (Ingram Publishing); **145** (Hemera Technologies und thinkstock (eduardrobert));